河北省太行山区生态农业发展模式与推进机制研究

卢秀茹　李　辉　崔永福　著

中国农业出版社

北　京

图书在版编目（CIP）数据

河北省太行山区生态农业发展模式与推进机制研究 /
卢秀茹，李辉，崔永福著. —北京：中国农业出版社，
2023.4

ISBN 978-7-109-30603-5

Ⅰ.①河… Ⅱ.①卢… ②李… ③崔… Ⅲ.①太行山
—山区—生态农业—发展模式—研究 Ⅳ.①F327.22

中国国家版本馆 CIP 数据核字（2023）第 062379 号

中国农业出版社出版

地址：北京市朝阳区麦子店街 18 号楼
邮编：100125
责任编辑：王秀田　文字编辑：张楚翘
版式设计：杨　婧　责任校对：吴丽婷
印刷：三河市国英印务有限公司
版次：2023 年 4 月第 1 版
印次：2023 年 4 月河北第 1 次印刷
发行：新华书店北京发行所
开本：700mm×1000mm　1/16
印张：11.75
字数：220 千字
定价：68.00 元

序

河北省太行山区具有独特的政治、经济和区位特点，既是革命老区、经济欠发达区和生态脆弱带，又是河北省防护林建设、农林牧综合发展的重要基地和京津冀的天然生态屏障，在京津冀社会经济发展和生态平衡维护中发挥着重要作用。在历史和现实、理论和实践、国内和国际的交互发展过程中，生态农业作为最基本物质、品质保障走进了人们的生活和视野。生态农业采取现代科学技术和现代管理手段，将农业各生产要素按照最佳的方式进行科学有效的配置，一改传统农业的高投入、高能耗、高污染、高产出生产模式，以生态、绿色、品质、共享为目标，实现生态效益、经济效益和社会效益帕累托最优。

在习近平生态文明思想指导下，《河北省太行山区生态农业发展模式与推进机制研究》写作团队遵循"绿水青山就是金山银山""绿色发展、循环发展、低碳发展"等生态文明理念，顺应"五位一体"总体布局"四个全面"战略布局，在对河北省太行山区生态资源禀赋条件以及生态农业发展现状进行分析的基础上，研究了太行山区周年 NDVI（归一化植被指数）变化，从地形、植被、水体三个方面对河北省太行山区生态农业生态敏感性进行了评价，为后续生态农业布局提供了理论和现实依据。该书重点分析了太行山区生态农业发展的五种模式及特点，并基于 EES 评价指标框架，构建了相应的评价指标体系，对河北省太行山区生态农业发展质量进行了评价。结合国内外生态农业发展的先进经验，重点研究了河北省太行山区生态农业利益联结机制，测算了河北省太行山区生态服务价值，探讨了河北省太行山区生态农业金融扶持机制，最后提出了河北省太行山区生态农业高质量发展的优化路径、模式及相应的对策建议。

　　该书秉持良好生态环境是最普惠的民生福祉、山水林田湖草沙是生命共同体，用最严格制度、最严密法治保护生态环境，坚持共谋全球生态文明建设等理念，集成比较优势、资源禀赋、生态绿色、农业多功能性、智慧农业、品牌溢价、金融扶持、利益分配、生态服务价值等于一体，提出并优化了河北省太行山区生态农业发展模式及推进机制，研究成果可为相关部门决策提供参考。

国际欧亚科学院　　院士

河北农业大学　　终身教授

2022 年 10 月 2 日

前　言

习近平生态文明思想是集思想性、时代性、前瞻性、创新性、系统性于一体的科学体系，是在历史和现实、理论和实践、国内和国际的辩证统一中形成、积累、凝练、发展起来的宏观指南，为我国生态文明建设指明了方向与目标。"绿水青山就是金山银山""绿色发展、循环发展、低碳发展"等生态文明理念指导着人们微观探索，生态农业作为最基本物质、品质保障广泛地走进了人们的生活与视野。生态农业是在生态学、农学、经济学等学科学理集成基础上，采取现代科学技术和管理手段，将农业各生产要素按照最佳的方式科学有效的配置，一改传统农业的高投入、高能耗、高污染、高产出生产模式，以生态、绿色、品质、共享为目标，以期实现生态效益、经济效益和社会效益最大化的高效农业生产方式。

河北省太行山区具有独特的政治、经济和区位特点，既是革命老区、经济欠发达地区、典型的生态脆弱带，又是河北省防护林建设、农林牧综合发展的重要基地和京津冀的天然生态屏障，在维护京津冀生态平衡中发挥着重要作用。要实现河北省太行山区经济的快速健康发展，就必须因地制宜，根据当地资源环境特点建立现代化、可持续的农业生产模式。如何改善山区农村生态环境，充分挖掘山区优势资源，科学评价其生态价值并将其转化为经济优势，推进山区生态环境与经济协调发展，加快山区农民的致富步伐，是河北省山区发展的重大战略任务，对促进河北省经济社会可持续发展具有深远意义。

《河北省太行山区生态农业发展模式与推进机制研究》在对河北省太行山区生态资源禀赋条件以及生态农业发展现状进行分析的基础上，依据河北省太行山区坡度、坡向、数字高程，研究了太行山区周年

NDVI（归一化植被指数）变化，从地形、植被、水体三个方面对河北省太行山区生态农业生态敏感性进行了评价，为后续生态农业布局提供了理论、现实依据；分析了太行山区生态农业发展的五种模式。即特色产业型发展模式、太行山农业创新驿站、循环农业型发展模式、生态观光型发展模式与生态文明村建设模式；基于 EES 评价指标体系框架，构建了相应的评价指标体系对河北省太行山区生态农业发展质量进行了评价。结合国内外生态农业发展的先进经验，重点研究了河北省太行山区生态农业利益联结机制、测算了河北省太行山区生态服务价值、探讨了河北省太行山区生态农业金融扶持机制。最后提出了河北省太行山区生态农业发展的路径优化措施与相应的对策建议。

第 1 章提炼了河北省太行山区生态农业发展模式的研究背景、研究意义、研究内容与研究方法。从生态农业概念的提出和完善、生态农业发展模式、生态农业效益评价、生态农业发展现存问题和发展对策等方面对国内外研究现状进行述评，分析了现有生态农业研究的创新点和不足。

第 2 章为生态农业发展历程与河北省太行山区生态敏感性评价。本部分首先回顾了国内外生态农业发展历程，然后在河北省太行山区坡度、坡向、数字高程和 2000 年、2010 年、2020 年河北省太行山区 30 米地表覆盖分析的基础上，对该研究区的自然资源总体概况进行了系统梳理，研究了太行山区周年 NDVI 变化。最后从地形、植被、水体三个方面对河北省太行山区生态农业生态敏感性进行了评价。研究发现近些年的流域综合治理工作降低了该区域生态敏感性，除一些海拔较高、坡度较大的山区要注意开展工程性防护措施防止水土流失外，其他地区均为生态农业适宜区。

第 3 章为河北省太行山区现行的五种生态农业发展模式。生态农业模式是在生态学原理和经济学原理的指导下，结合现代农业科技手段及科学的管理经验，以追求农业生态效益、经济效益和社会效益协调统一，促进资源循环永续利用、农业健康可持续发展为目标的现代化农业发展模式。河北省太行山区经过多年的探索和发展，在多个地区推行了不同的生态农业发展模式，本部分主要介绍了太行山区主要采用的五种生态农业发展模式：特色产业型发展模式、太行山农业创新驿站、循环农业型发展模式、生态观光型发展模式与生态文明村建设模式，并结合在不同地区的具体实施案例，探讨了不同模式之间不同的发展区别及核心侧重。

第4章为河北省太行山区生态农业发展质量评价研究。本书采用因子分析法从经济、生态、社会三个维度构建评价指标体系，对2006—2019年14年间河北省太行山区的生态农业发展质量进行评价，结果显示14年间该地区生态农业发展质量综合得分呈现波动上升趋势，河北省太行山区推行的生态农业发展道路是一条积极向好、健康可持续发展的道路。同时对该地区的25个县进行地区间的生态农业发展质量评价，结果显示25个县的生态农业发展质量还是存在地区间的发展差异，其中14个县的综合得分高于0分，11个县的得分低于0分，虽然发展好的地区占多数，但得分较低的地区依旧需要积极探索适合当地发展的生态农业模式，走农业可持续发展道路。

第5章为国内外生态农业发展经验借鉴。国内外生态农业发展经验可以为河北省太行山区发展生态农业提供有效借鉴。从国内范围来看，目前有代表性的基本模式有五种类型，即沼气生态循环农业模式、空间多维开发型生态农业模式、多功能融合型生态农业模式、互联网＋科技型生态农业模式、庭院经济型生态农业模式；从国外范围来看，代表国家如美国、英国、日本、德国、以色列、巴西等，普遍将重心从传统农业模式转移到生态农业模式上来，并且各国根据自己的特色形成了不同的发展模式。目前，国外生态农业的发展大致可分为五种模式，即：物质再利用模式、精细农业模式、能源化模式、农业园模式和休闲农场模式。纵观国内外生态农业发展的模式和现状，不论河北省太行山区具体实施哪种发展模式，均应以有利于提高生态效益、经济效益、社会效益为目标，结合先进农业技术，立足于本地资源禀赋特色，依靠本地资源优势，加强技术创新与人才培育，推动全方位、多产业、多渠道科学发展，以便于通过提升山区经济的整体发展水平促进山区的乡村振兴。

第 6 章为河北省太行山区生态农业发展利益联结机制创新。在分析河北省太行山区利益联结机制类型的基础上，结合河北省太行山区实际情况，设计问卷走访调研，基于 logistic 模型分析、计算得出利益联结机制影响因素。同时归纳出生态农业发展利益联结机制存在问题，比如各利益主体认知差异导致机制协调性较差，各个参与主体联结不紧密，农业龙头企业规模较小导致带动能力有限，生态农业发展受生产配套设施和农业服务水平的制约，缺乏有效的统一监管等。进而提出完善河北省太行山区生态农业利益联结机制的建议，比如壮大农业龙头企业，提升企业辐射带动能力，培育壮大农民专业合作社，多元化利益分配机制，依托农业产业生态资源禀赋，优化产业结构，培育现代化高素质农民，提速生态农业发展进程，加强政府的监管作用，完善相关法律法规，完善利益分配及保障机制，创新利益联结模式，推动农业产业数字化转型，加强利益共同体建设等举措，为山区生态农业高质量发展提供政策、机制、制度保障。

第 7 章为河北省太行山区农业生态服务价值测算研究。基于相关学者的研究基础，首先回顾了生态服务价值测算发展历程。在探讨生态系统服务概念的基础上回顾了生态系统服务分类体系发展历程，探讨了更为适合河北省太行山区的农业生态服务价值方法。通过搜集整理河北省太行山区农业生态服务价值测算相关数据，基于谢高地修订后的生态系统生态服务价值当量因子法，分别测算了河北省太行山区食物生产生态服务价值等 11 种分项生态服务价值，最后利用地理信息系统的空间计算方法加总测算了河北省太行山区生态服务总价值单位面积数值，其取值范围为 0 到 545 409 元，从分布空间来看，海拔较高的地方贡献较大，山前平原贡献度较低，分布上局部集聚明显。

第 8 章为河北省太行山区生态农业发展金融扶持机制创新研究。生态农业的发展离不开金融体系的支持，就目前河北省生态农业的金融支持情况来看，首先，河北省生态农业发展处于起步期，缺乏较高的经济效益，与金融资本的逐利性存在一定矛盾。其次，政府支持政策有待于进一步加强，仍然缺乏系统性的扶持体系设计，未能为生态农业高效发展保驾护航。再次，金融供给方面，一是缺乏服务于生态农业发展的创新型金融产品，不能实现金融资金与生态农业无缝对接；二是金融行业结构不完善、环境脆弱、资金配置失衡，进而产生资金供需结构不合理问题；三是农业保险发展相对滞后，农业生产风险得不到有效规避。最后，农村居民金融素养有待提高，只有较高的金融素养才能更加有效地利用资金以及维持良好的金融秩序。因此，必须加快生态农业金融制度、金融产品、金融组织创新，建立适合生态农业发展的金融体系。就国外建设情况看，美国、日本、孟加拉国等国家建立了较为成熟的支持生态农业发展的金融体系，对我国有着积极的启示作用。政府应给予大力支持，完善制度设计，充分发挥农业保险的作用，因地制宜进行农村金融创新等。结合河北生态农业金融支持情况以及国外先进经验，河北省在加快生态农业金融支持体系建设中应加快生态农业自身发展，优化生态农业金融扶持政策，加快金融创新与提升金融能力，优化生态农业金融扶持环境，加快农业保险发展，培育农民金融素养以及优化生态农业金融资金布局等，从而不断促进河北省生态农业建设进度。

第9章为河北省太行山区生态农业发展的路径优化研究。生态农业发展路径优化要求兼顾农业生产发展和生态环境保护；生态农业的发展要以市场为主体，发挥政府组织引导；生态农业要向规模化、产业化方向发展；逐步健全关于生态农业的法律法规，并在执行过程中加强监管，使之严格遵守国家有关生态经济发展的法律法规。再次，介绍生态农业发展路径优化的理念，包括绿色发展理念、创新理念以及树立农业基本功能保持与多功能培育并重理念。最后提出太行山区生态农业发展路径优化的具体措施，具体包括生态农业生产基地的优化；生态农业发展的人才质量提升；支持加快生态农业发展的法律法规创设；采用循环经济模式，提高资源利用率；整合资源打造特色品牌，实施绿色产品质量标准化。

第10章为结论和建议。

本书从以下几个方面进行了创新性研究：①应用空间分析方法对研

究区域进行了单因子和多因子的生态评价。空间分析方法属于交叉学科，其来源于理学和经济学等学科。通过收集整理河北省太行山区生态因子，基于空间分析方法对研究区域进行单因子和多因子的生态评价，为整体布局河北省太行山区生态农业发展提供了依据。②综合质性和量化研究方法系统研究了国内外和太行山区生态农业发展模式。基于案例等质性研究方法梳理了国内外和河北省太行山区的生态农业发展模式，并利用量化研究方法对河北省太行山区生态农业发展水平进行了评价。该创新性研究有助于河北省太行山区借鉴已有发展模式并结合研究结论，对本区域生态农业发展进行优化与顶层设计。③基于生态系统生态服务价值当量因子法测算了河北省太行山区农业生态服务价值。通过搜集整理河北省太行山区农业生态服务价值测算相关数据，本书基于谢高地修订后的生态系统生态服务价值当量因子法，分别测算了河北省太行山区食物生产生态服务价值等 11 种分项生态服务价值，最后利用地理信息系统的空间计算方法加总测算了河北省太行山区生态服务总价值单位面积数值，其取值范围从 0 到 545 409 元，从分布空间来看，海拔较高的地方贡献较大，山前平原贡献度较低，分布上局部集聚明显。④首次提出了河北省太行山区生态农业发展路径优化的具体措施。基于生态农业发展路径优化的要求，逐步健全关于生态农业的法律法规，并在执行过程中加强监管。以市场为主体，发挥政府组织引导，兼顾农业生产发展和生态环境保护，在高效利用自然资源的基础上，引导生态农业向规模化、产业化方向发展。在此基础上首次提出了生态农业生产基地的优化、人才质量提升、相关的法律法规创设、采用循环经济模式提高资源利用率、整合资源打造品牌化和标准化等具体措施。措施的提出有助于河北省太行山区生态农业的健康稳定发展。

由于编者水平有限，书中不妥之处恳请同行专家、学者及读者批评指正。

著　者

2022 年 9 月

目　　录

第1章 引 言

1.1 研究背景与意义

为了解决温饱单纯追求产量的传统农业已经暴露出土壤污染、水体污染、空气污染等诸多弊端，伴随而生的许多食品安全问题凸显，习近平总书记的"绿水青山就是金山银山"两山理论正逐步引导大家向科学配置资源、提高资源利用效率、提升生态农业地位转型，以期提高农产品竞争力、赢得我国农业话语权和定价权，促使农业高质量发展。根据国家统计数据，2021年我国粮食总产量达 68 285 万吨，粮食播种面积为 11 763 万公顷，粮食单位面积产量为 5 805 千克/公顷。推动石油农业向生态农业转型，发展生态农业在当前形势下显得尤为重要。生态农业在我国起步较晚，相关研究还有待丰富，然而生态农业对于建设可持续发展、资源节约、环境友好型的农业具有重要作用。目前，我国正优化调整产业结构布局，改善农业环境，促进生态发展，而生态农业正是促进社会经济发展的一个重要内容，可以通过规模化、集约化、产业化的发展，提高农民的收入水平，使农业多主体获得生态效益，在加快农业发展的同时，也促进了生态环境的改善与提质。

河北省太行山区具有独特的政治、经济和区域特点，是生态环境脆弱、经济欠发达的革命老区，也是京津冀的天然生态屏障，防护林建设以及农林牧综合发展基地等，发挥着维护京津冀生态平衡的重要作用。河北省太行山区要实现经济的快速健康发展，就必须因地制宜，根据当地资源环境特点建立现代化、可持续的农业生产模式。将河北省太行山区资源优势转化为经济优势，改善山区农村生态环境，协调发展山区生态环境与经济，推动山区农民的脱贫致富，对促进河北省山区经济发展具有重大战略意义。

1.2 国内外研究现状

生态农业的概念起源于20世纪20年代的欧洲，虽然我国生态农业开始的实践较早，但我国对生态农业的系统研究开始于 20 世纪七八十年代[①]（郭晓娜，等，2020）。

1.2.1 生态农业概念的提出和完善

20 世纪 20 年代以来，特别是第二次世界大战以后，以大量使用石油产品、高投入高产出为特征的石油农业对自然生态系统和生态环境的影响已远远超出传统农业，达到了前所未有的程度，主要表现在：第一，大量农药化肥的使用会引起土壤的内部变化，破坏土壤结构，从而对农产品生长产生不利影响，造成周围环境严重污染[②]（郝文革，2012），比如"镉大米"事件严重影响身体健康。第二，由于土地利用不当、耕作技术不合理、乱砍滥伐、过度放牧等，造成土壤耕作层被侵蚀破坏，导致水旱灾害频发，严重影响农业生产[③]（Yue 等，1999）。第三，农业生产过程中产生的植物秸秆、家畜粪便、生活废物等无法进行有效利用，造成严重的环境污染、巨大的经济损失和资源能源浪费[④]（吴群，2013）。

传统农业在提高劳动生产率和丰富物质产品的同时，还引发了严重的环境危机。面对上述问题，各国开始探索农业发展的新模式、新途径，生态农业应运而生。1978 年，澳大利亚学者 B. Mollison 和 D. Holmgren 提出了一种基于爱护土地、爱护人类和分享剩余等伦理观念的 Permanent Agriculture 方法[⑤]（Mollison 等，1978）。1981 年 M. K. Worthington 提出从环境和审美等方面对当前的农业发展进行系统化的升级和改造，通过较小的成本而获得更生态和更经济的农业效益，从多维度对生态农业系统进行结构调整[⑥]（Worthington，1981）。1988 年美国联邦政府率先提出了"低投入可持续农业计划"，1990 年提出了"高效持续农业计划"，同年颁布了"有机农业生产条例"[⑦]（HOOD-

---

① 郭晓娜，董喜涛. 河南省高效生态农业发展模式研究［J］. 安徽农业科学，2020，48（14）：244－247.

② 郝文革. 用现代农业思维认识绿色农业树立发展农村经济新理念［J］. 农业部管理干部学院学报，2012（04）：74－82.

③ Yue Hongguang，Qi Jizhong，Zhao Yongchun，等. 水土保持与生态农业建设［J］. 中国生态农业学报，1999，7（3）：80－81.

④ 吴群. 农业废弃物资源化利用的现实意义与对策建议［J］. 现代经济探讨，2013（10）：3.

⑤ Mollison B C & Holmgren D. Permaculture 1：A perennial agriculture system for human settlements［M］. Hobart：University of Tasmania，1978.

⑥ Worthington M K. EcologicalAgriculture：What it is and how it works［J］. *Agriculture and Environment*，1981.

⑦ HOODESL，SLIGHM，BEHARH，et al. From the marginsto the mainstream，advancing organic agriculture in the US［M］. Pittsboro：Rural Advancement Foundation International，2010.

ESL，SLIGHM，BEHARH，等，2010）指出从种苗、肥料和农药等农业生产资料着手，降低投入成本，增加有效产出，提高农业生产价值，进而提高农民收益，保证环境与农业和谐、健康、可持续发展。

中国生态农业研究虽然起步较晚，但众多学者也结合国内农业发展实际从不同角度对生态农业进行了探讨。第一，农业结构改革与种植结构改革是农业生产永葆活力的重要源泉。生态农业的建设不仅要考虑农业结构调整所面临的资金投入不足、技术创新乏力、农业人才短缺等问题，还需要考虑农业生产活动中不合理地开发利用导致的环境污染、生物多样性减少、水土资源短缺等一系列生态问题①（骆世明，1997）。第二，农业要素的有效聚合是合理开发和利用环境资源的前提条件。生态农业能够将农业生产中的各种要素以生态化、经济化的方式有效组合起来，根据不同地区农业发展现状，优化各种要素的组合方式，实现经济效益、生态效益的最大化②（张壬午、计文瑛、徐静，1997）。第三，农业生产方式的改变是农业可持续发展的强大动力。生态农业吸取中国传统农业之精华，充分认识到人与自然和谐共生的关系，以生态学、生态经济学和生物学理论为指导，来改变传统农业生产方式，促进农业、农村经济可持续发展③（郝耕、孙维佳，2020）。

综合国内外专家学者的研究，可以发现生态农业在合理利用农业资源的基础上，综合运用生态经济学原理和系统工程方法，以生态协调为首要，以绿色发展为导向，合理规划各类农业生产活动，不断推进农业高质量发展。值得注意的是生态农业在实践中要求因地制宜，在当地现有的资源和环境条件下，采取一种既相对稳定又有所变化的农业和种植结构。当前，我国已进入"互联网＋数字经济"时代，人工智能、大数据、区块链、5G、物联网、遥感等高新技术和现代管理手段得到全方位应用，生态农业向高效化、工程化、智能化发展是必然趋势④（胡涛、齐晔、孙鸿良，2021）。

1.2.2　生态农业发展模式研究

近年来，寻求农业可持续发展方式成为世界各国的共同选择，但农业具有较强的地域性、季节性和周期性，因此，各国在进行农业生产时要因地制宜、

①　骆世明．以生态农业建设作为发展农业经济的龙头 [J]．广东经济，1997（06）：30－31．
②　张壬午，计文瑛，徐静．论生态农业模式设计 [J]．生态农业研究，1997（03）：3－7．
③　郝耕，孙维佳．农业生产方式变革是乡村振兴的根本出路 [J]．西安财经大学学报，2020，33（06）：66－74．
④　胡涛，齐晔，孙鸿良．中国生态农业四十年：回顾与展望——纪念生态农业理念倡导者马世骏先生逝世 30 周年 [J]．中国生态农业学报（中英文），2021，29（12）：2107－2115．

特色发展，并结合地区经济发展水平、人文历史条件、特色产业优势等因素，选用不同的生态农业发展模式。

日本是一个岛屿国家，耕地资源有限，且在第二次世界大战后，面临着严重的粮食危机，需要加紧、努力消除饥饿。因此，日本政府为快速恢复农业生产，保障经济平稳运行，大力推进农业化学化，促进粮食增产。但 20 世纪 50 年代后期，由于农业生产过程中过量施用化肥、农药，不仅造成资源严重浪费，还威胁到生态环境，为改善这一问题日本政府提出了发展生态农业的构想，开启了日本独特的生态农业模式。总的来说，日本生态农业发展模式呈多元化：一是再生利用型。通过农业废弃物还田及有序轮作减少农业生产过程中的无机资源投入，合理利用土地的有机资源，从而减轻农业生产过程中的环境负担[①]（胡启兵，2007）。二是有机农业型。即在农业生产过程中，既不使用转基因生物及其制品，也不使用化肥、农药、添加剂等物质，采用符合有机认证的投入品，依赖自然与生物之间的循环，并辅以有机农业生产技术，来保障农业生产的持续稳定[②]（李娜，2015）。三是稻作农业生态模式。稻作农业生态模式分为两种：一类是"稻作—畜产—水产"三位一体轮作模式；另一类是"家禽—稻作—沼气"模式。形成生态系统的良性循环，从而实现经济效益和生态效益双赢[③]（刘星辰、杨振山，2011）。四是"美多丽"生态农业模式。"美多丽"作为一种新型生态农业模式，在实施过程中以农户为主体，以水土资源精细化利用为基础，以水利化、机械化和农业服务体系社会化等为抓手，发展特色农业、设施农业、观光农业等现代生态农业，促进城乡协同发展，建设水土宜居家园[④]（全斌、李壁成、陈其春，2010）。与欧美地区相比，同样面临地少人多、人口老龄化问题的日本生态农业发展模式值得中国研究与借鉴。

美国地域辽阔，人均耕地面积大，得天独厚的自然条件为美国农业生产的规模化奠定基础，家庭农场在美国的农业生产中占据了主导地位。近年来由于农业工业化发展带来的弊病，美国也在不断探索农业转型，尝试建设生态农

---

① 胡启兵. 日本发展生态农业的经验 [J]. 经济纵横，2007 (21)：64 - 66.

② 李娜. 日本农业废弃物循环利用及产业发展的经验与启示 [J]. 世界农业，2015 (08)：162 - 166.

③ 刘星辰，杨振山. 日本稻作生态农业发展途径与模式 [J]. 经济地理，2011，31 (11)：1891 - 1896.

④ 全斌，李壁成，陈其春. 日本"MIDORI"模式对华南现代都市生态农业发展的启示 [J]. 热带地理，2010，30 (01)：50 - 56.

场①（周岩，2019）。美国的生态农场具有三个主要特点：一是极简业态，不需要"建设用地"，不以农场建筑为重点，重视农业和内容；二是采取"循环农业"模式，通过能量的多级利用和物质的循环再生，实现农场生物自身的生态平衡，不仅能降低化肥农药对土壤的破坏，不对环境造成任何负担，还能有效促进农场增产；三是通过"CSA（社区支持农业）＋农夫市集＋商铺餐馆"的方式销售生态农产品，美国生态农场除销售自产农产品，还会进行相应的深加工，出售加工制成品，不仅有助于弘扬生态理念，促进环境可持续、经济可持续，还有利于实现根植于社区的包容性发展。

荷兰是一个人多地少、资源匮乏、地势低洼之国，长年光照不足，但其农业并未受到地理环境的限制，反而形成独具特色的高科技绿色现代农业。荷兰在世界农业中所占的地位是十分靠前的，在西方发达国家中，荷兰的农业产值仅次于美国和法国稳居世界第三，其农业净出口产值仅次于美国排名第二，这也得益于荷兰积极开发设施农业、循环农业、低污染农业，探索出独具特色的荷兰生态农业模式。一是设施农业。荷兰为解决土地资源有限、气候条件不便等问题，将信息化技术与农业生产相结合，建设现代化温室，便于检测花果蔬菜生长，保证农作物品质②（陶卫民、陈媛，2000）。二是循环农业。荷兰政府高度重视农业循环技术的研发和应用，特别是在无土栽培、精准施肥、雨水收集、水资源和营养液的循环利用等方面进行了大量的技术创新，既减少农业面源污染，又可提高农业废弃物利用率③（张斌、金书秦，2020）。三是低污染农业。通过对土地进行规划，划分农业的"管理区"和"保护区"，科学合理地适度规模经营，并修复之前由于集约化生产造成的土壤污染或退化，最大限度地降低对环境的影响，促进农业可持续发展④（刘彦、张晓敏，2021）。荷兰仅2％的人从事农业生产，但仍领先世界农业水平，也为其他国家生态农业发展提供经验借鉴。

中国幅员辽阔，不同农业区域存在显著的地理环境差异，发展生态农业要因地制宜，选择适合地区发展的生态农业范式。2002年，农业部面向全国征集了370个生态农业模式和技术体系，选出具有代表性的10个生态模式类型，包括北方"四位一体"模式、南方"猪—沼—果"模式、平原农林牧复合模式、草地生态恢复与可持续利用模式、人工草地生态种植模式、生态畜牧业生

① 周岩．艾米农场：美国小型生态农场的样板［J］．中国农垦，2019（04）：67-68.

② 陶卫民，陈媛．荷兰的设施农业［J］．新农村，2000（11）：24.

③ 张斌，金书秦．荷兰农业绿色转型经验与政策启示［J］．中国农业资源与区划，2020，41（05）：1-7.

④ 刘彦，张晓敏．荷兰怎样发展高效生态农业［N］．学习时报，2021-11-19（002）.

产模式、生态渔业模式、丘陵山区小流域综合治理利用型模式、设施生态农业模式和观光生态农业模式等[①]（闵庆文，2006），并将其作为未来一段时期农业工作的重点任务。

通过分析十类生态农业模式的种类、种植方法、适用条件等，根据生态学的组织层次，将生态农业的模式分为地域性生态循环模式、治理性生态循环模式和需求性生态循环模式三个层次，并向下分支各类小型生态农业类型[②]（翟挺楷、储玉凡、林碧英等，2020）。一是按地域性生态循环模式可分为北方"四位一体"模式、南方"猪—沼—果"模式。北方多为"四位一体"生态农业模式，以土地资源为基础，以太阳能为动力，以沼气为纽带，利用生物能源转换技术，将畜禽舍、厕所、沼气池、日光温室连接起来，形成了农业生产的良性循环，达到了低成本、高效率的生产目的[③]（陈豫、杨改河、冯永忠等，2008）。南方多为"猪—沼—果"模式，以农户为主体，以山地为依托，开发果园、建畜禽舍、建沼气池，畜禽的粪便入沼气池后发酵，产生的沼气可用作燃料或照明，沼气废液可用作果园的有机肥，充分利用了农业废弃物资源，提高了能源利用效率[④]（张君媚、周秋慧、田芦明等，2014）。二是按治理性生态循环模式可分为平原农林牧复合模式、草地生态恢复与可持续利用模式、人工草地生态种植模式、生态畜牧业生产模式、生态渔业模式、丘陵山区小流域综合治理利用型模式。对于平原而言，地势平坦、开阔，灌溉便利，农田设施完善，有助于充分利用农业技术资源，实现两个或两个以上产业复合发展，是平原地区农业发展的关键[⑤]（颜复文，2021）；对于草地而言，遵循自然规律，合理修复被破坏草地植被，提高草地生产力，促进草地畜牧业可持续发展；对于丘陵而言，利用地势地貌特点，发展农、林、牧综合特色生态农业，达到效益最大化。三是按需求性生态循环模式可分为设施生态农业模式和观光生态农业模式。设施生态农业模式以生物能循环、节水灌溉和机械化生产为基础，开展有机农业种植和养殖，利用系统化、信息化技术提高能源

---

① 闵庆文．全球重要农业文化遗产——一种新的世界遗产类型［J］．资源科学，2006（04）：206－208．

② 翟挺楷，储玉凡，林碧英，等．生态农业模式和技术研究进展［J］．福建热作科技，2020，45（03）：69－72．

③ 陈豫，杨改河，冯永忠，等．"四位一体"生态农业模式区域适宜性评价与实证研究［J］．西北农林科技大学学报（自然科学版），2008（09）：45－50．

④ 张君媚，周秋慧，田芦明，等．庆元县"猪—沼—果、牧草—猪"循环农业模式发展探析［J］．现代农业，2014（08）：40－41．

⑤ 颜复文．我国生态农业模式分析及发展观念的哲学反思［J］．现代化农业，2021（03）：55－58．

转化率和资源平衡[①]（周益添、崔绍荣，2005）。观光生态农业由观光渔业、观光农场、观光畜牧、观光园艺构成，生态农业与旅游发展相辅相成，保护生态环境的同时有效促进农业经济发展[②]（骆世明，2009）。

根据不同国家和地区农业发展的实际情况，借鉴其他国家发展生态农业的成功经验和优秀范例，选择合适的生态农业模式，有利于人与自然和谐共生，实现经济效益、生态效益、社会效益共赢。

1.2.3　生态农业的效益评价

生态农业是以生态经济学为基础建立的，实现生态效益、经济效益、社会效益三者结合的农业生产体系[③④]（孙鸿良、齐晔等，1986；马世俊、李松华，1987），生态农业效益评价指标体系包括生态效益评价指标、经济效益评价指标、社会效益评价指标。农业生产部门及众学者对生态农业的效益评价集中在经济效益和生态效益两方面[⑤]（颜春起、高歌阳等，1987）。经济价值包括直接经济价值、间接经济价值，是经济行为主体对人和社会做出的经济衡量，农业经济价值还包含自产经济价值、自销经济价值[⑥]（周其沐，2018）。生态价值可以理解为"生态的价值"和"生态性价值"，前者是指生态本身具有的价值，后者是指对于生态方面的价值或具有生态属性的价值，其本质是指良好的生态所具有的价值，从主客体关系来看，生态价值是指人与生态的关系中，生态对人需要的满足[⑦]（谢斐，2013）。

生态农业经济效益评价研究。不同区域生态资源差别较大，同时人类对生态系统加以干预，就会产生出不同水平的生态经济效益。对农业生态经济系统进行评价，掌握现状摸清底细可提高农业生态经济系统的功能水平，减少不必要的劳动消耗[⑧]（曲福田，1987）。生态经济效益是深入分析人地矛盾、解决

① 周益添，崔绍荣. 生态技术在设施农业中的应用探析［J］. 中国生态农业学报，2005（02）：170－172.

② 骆世明. 论生态农业模式的基本类型［J］. 中国生态农业学报，2009，17（03）：405－409.

③ 孙鸿良，齐晔，顾武，等. 生态农业效益综合评价的原则方法与指标体系［J］. 农业现代化研究，1986（03）：26－29.

④ 马世俊，李松华. 中国的农业生态工程［M］. 北京：科学出版社，1987.

⑤ 颜春起，高歌阳，王玉坤. 生态农业效益评价指标体系探讨［J］. 自然资源研究，1987（03）：24－31.

⑥ 周其淋. "家庭农场＋农民专业合作社"的经济效益分析［J］. 云南农业大学学报（社会科学），2018，12（03）：58－63.

⑦ 谢斐. 生态系统服务价值评估理论的发展现状［J］. 经济研究刊，2013（16）：207－209.

⑧ 曲福田. 农业生态经济评价及其指标体系探讨［J］. 农业经济问题，1987（04）：31－34.

特色优势农业产业发展模式面临困境的重要方法。农业生态经济系统是由农业生态系统和经济系统耦合而成的复合系统,研究生态农业经济效益需要设计一套综合指标体系[1](周衍平、陈会英,1992)。以平和县五寨镇前岭村蜜柚园两种发展模式的经济效益评价为例,罗旭辉、卢新坤等学者(2019)应用能值分析法测评平和县五寨镇前岭村蜜柚园生草模式和蜜柚园清耕模式的能值自给率、能值投资率、净能值产出率、环境负载率、有效能产出率和能值反馈率,发现与清耕模式相比,生草模式购买能值比重大,具有更高的能值投资率,同时商品果能值表现出更强的经济活力,生草措施对劳动力的节支大于增量。研究结果对于扭转蜜柚产业生产与生态矛盾的作用日趋显现、产业发展下行压力不断增强的被动局面具有积极意义,为生草模式的推广应用奠定重要基础[2]。

生态农业生态效益评价研究。普琼、郝明德等(2010)运用中尺度生态农业建设效益评价指标体系,建立了长武县生态农业建设效益评价指标体系,对长武县29年来的生态农业综合效益进行评价。研究发现综合效益呈明显增长态势,农业生态效益持续健康发展,持续改善农业生态环境,推进生态效益,能使生态农业系统整体功能得到进一步发展[3]。林爱红、张建芬等(2011)通过对新郑市现有林业资源的土壤保持功能、蓄积养分功能、涵养水源功能、平衡大气功能、保护农田功能、净化环境功能、保护野生动物功能、减少自然灾害功能、森林景观休闲功能等9种生态功能的效益评价,计算出新郑市林业年生态效益,研究显示新郑市林业资源生态效益势头显著[4]。姜力玮、李绍辉等(2020)利用熵值赋权与变异系数的综合确权法和系统耦合协调度模型,构建了农业生态系统可持续性评价体系,对甘肃省农业生态系统的可持续性进行测度评价。结果表明经济效益和生态效益是推进甘肃省生态农业系统可持续发展的两大重要动力,协调好社会效益和经济效益、生态效益的关系也是实现甘肃省农业生态系统可持续性的关键,与此同时甘肃省的生态系统可持续发展还存在巨大潜力[5]。

---

[1] 周衍平,陈会英.农业生态经济系统评价指标体系研究[J].生态经济,1992(02):14-20.

[2] 罗旭辉,卢新坤,刘岑薇,等.基于能值分析的蜜柚园生草模式生态经济效益评价[J].中国生态农业学报(中英文),2019,27(12):1916-1924.

[3] 普琼,郝明德,史培,等.长武县生态农业建设效益评价[J].水土保持通报,2010,30(05):168-172.

[4] 林爱红,张建芬,李东伟.新郑市林业生态效益评价[J].安徽农学通报(上半月刊),2011,17(15):166-167.

[5] 姜力玮,李绍辉,陈强强.甘肃省农业生态系统可持续性评价[J].新疆农垦经济,2020(08):23-30.

生态农业综合效益评价研究。用统一的量纲来表现由生态效益、经济效益和社会效益三者有机结合起来的综合效益，可以用来评价和比较不同地区、不同地理环境下的生态农业模式的优劣，推进生态农业的发展水平[1]（朱孔来、张华，1991），在理论和生产实践上都具有重要意义。关于生态农业综合效益评价方法，国内外已有大量相关文献，评价体系和方法多种多样，但在实际工作中，还没有完善系统的方法对生态农业的综合效益进行科学评价[2]（袁平夫、叶仁南等，2006）。目前我国生态农业评价指标体系所得评价结果可以比较不同规模、不同类型的农业生态系统，并且可以应用到对于不同地区、不同农村的分析比较，具有一定的普遍意义。陈培彬、张精等学者（2019）以浙江省生态农业发展为例，从社会效益、经济效益、生态效益3方面共13个指标构建生态农业综合效益评价指标体系，运用主成分分析法对浙江省的11个地级市的生态农业综合效益进行评价，研究发现要从生态农业社会辐射、生产效率、资源基础、现代化水平四个方面评价浙江省的生态农业综合效益，浙江省生态农业效益整体呈现浙中最优，南北两面居中，东西两翼较弱的布局，省内各地级市因地制宜采取分区的方法，根据各区具备的条件采用多样的生态农业发展模式，城乡统筹兼顾、主导与特色相结合[3]。刘文胜（2020）将安徽省生态农业建设区划分为不同的功能区，在此基础上，从经济效益、生态效益、社会效益三个维度评价安徽省农田水利建设的效益，采取定性分析和定量计算相结合的思路，选用AHP熵值法、组合赋权法进行评价，评定各区的综合效益，对安徽省的农田水利投资建设提供支持，同时也对其他省区的类似研究提供方法和实践层面的借鉴[4]。

1.2.4 生态农业现存问题及发展对策研究

我国生态农业发展起步较晚，经过多年发展，我国已经在理论上和实践上走出了一条符合中国国情的生态农业路径，在改善农业发展方式和保护生态自然环境方面做出了突出贡献。但是面临日益开放的国际国内市场和加速发展的

① 朱孔来，张华．生态农业综合效益评价方法的研究［J］．农业技术经济，1991（02）：62-65.

② 袁平夫，叶仁南，曾长荣，等．生态农业综合效益评价方法探析［J］．中国生态农业学报，2006（03）：184-187.

③ 陈培彬，张精，曾芳芳，等．基于主成分分析的浙江省生态农业综合效益评价［J］．浙江农业科学，2019，60（08）：1345-1349.

④ 刘文胜．基于生态农业区划的安徽省农田水利建设效益评价研究［J］．水利技术监督，2020（06）：144-145，164，208.

生态农业科技[①]（张中正等，2021），且各地区生态农业效益差异较大，农业资源禀赋不同，生态农业模式需因地制宜，根据各地区发展生态农业具备不同的优劣条件，探索完善过程中会出现不同的问题及针对性对策。

华北地区典型生态农业案例研究。以南阳市生态循环农业为例，其主要采用的模式有"种养一体生态循环农业"模式、"种植—养殖—沼气—种植"模式、"沼气—设施农业＋蔬菜种植"模式和"种植—沼气—种植（农业园区＋有机肥）"模式，并以相应的模式为案例进行探讨，以问题为导向存在以下不足：对生态农业循环发展的理念认识不到位；配套政策不完善、政策落地性差，财政对生态农业支持力度小；沼气生态循环农业推行过程中体制机制不健全，实施过程中各环节衔接黏性较差；该模式需要的技术、工程、工艺不配套，模式运行相对粗放，缺乏精细化、数字化、智能化匹配管理；产业链、价值链、利益链发育不成熟，综合效益发挥不充分，制约当地生态农业的发展。相应的对策：有贯彻落实习近平生态文明思想和新发展理念；完善生态农业发展的激励、补偿等政策，健全相关标准体系；改革优化现行的行业管理体制、投融资体制和运行机制，强化利益联结机制，统筹兼顾利益各相关主体；强化科技创新，加快农业大基建建设，更新生态农业需要的技术、装备、资金、人才，从国外先进的技术、模式、机制中探索适合我国的生态农业发展模式，引进先进农机装备；将生态循环农业基地进行产业化升级、生态化改造，推进生态农业产业化发展进程[②]。

东北地区典型生态农业案例研究。辽宁省生态循环农业循环生产方式尚处于初级阶段，未能开展产业链整体推进。但是，生态循环农业产业体系尚未形成，致使综合效益不明显，传统农业生产思想难以扭转，三产融合发展融合度不够，资源禀赋产出率不高。从粗放型农业生产经营方式到生态循环农业不可能一蹴而就，与生态农业低投入、高产出、集约高效的目标还存在较大差距；众所周知生态循环农业发展项目周期长、见效慢、投资大、风险高，难以筹措完整资金支持生态循环农业的起步、成长、成熟、拓展、纵深发展；现有的生态循环农业发展的支撑体系不完善，还需要进一步加大环境工程技术、清洁生产技术、废弃物资源化利用等技术的研发、示范和推广力度。相应的对策在鼓励农户、企业自身构建局部小循环的基础上，政府主导大循环，加快生态循环

---

① 张中正，赵庆蔚. 我国生态农业产业化发展问题与对策研究［J］. 农业经济，2021（08）：38-40.

② 白清敏. 南阳市沼气生态循环农业发展现状存在问题及对策［J］. 安徽农业科学，2021，49（01）：214-217.

农业产业体系建设；加大宣传生态循环农业的现实战略作用，转变全民发展观念，提高节约资源、保护环境意识，采用多渠道、多形式宣传生态循环农业技术、效益、功能及长远利益，在全社会引导形成共建生态循环农业的良好氛围；加大生态循环农业的资金投入，建立多元化投入机制，形成以主体投入为主导、政府扶持为导向、社会力量为补充的投资体系；构建科研院所、高校联盟，利用其技术优势、资源优势、科研优势、人才优势，加快生态农业领域的新技术研发，整合农业科研资源和力量，攻克核心技术，尤其是产业链各环节融合融通共促攻坚，结合农艺、农技、农机，建设生态农业技术支撑体系；完善生态农业相关法律法规体系，为发展生态农业提供政策支持、制度保障，建立完善农产品市场准入制度、食品安全可追溯体系等①。

西北地区典型生态农业案例研究。以陕西商南县为例，商南县地理状况呈现"八山一水一分田"，地理特色显著、植物资源丰富，具有建设生态农业发展观光农业资源条件，被批准为国家级标准化农业示范区，特色产业渐成规模。商南县的农业发展态势良好，但在生产过程中存在超量施用化肥农药现象，降低了当地农产品品质，污染了当地的土壤环境，导致当地生态失衡；同时管理者因不了解茶树生长习性和生产技术诉求，造成部分茶树死亡，影响当地茶园茶文化的宣传；加之当地农民前期片面追求经济效益，收入下降后进行过度开发，导致自然环境破坏加重，又进入生产减产、收入下降的恶性循环中，造成植被破坏、资源消耗的被动局面。面对这样一系列问题，学者们问诊把脉提出了相应的对策建议：应用新的栽培技术应对可能出现的病虫害问题，精准测土配方降低化学农药的使用，采用信息可追溯体系监测农药残留问题和农药对环境的污染；优化农业生产模式，整合区域内现有资源禀赋，综合施策加强山区的水利建设和造林工程，建设小流域综合治理工程，实现经济社会和生态环境的协调可持续发展；加强观光旅游茶园的顶层设计、规划管理，提高管理人员的素质，实行科学合理有效的、可视化管理手段，注入历史、文化、艺术等要素进行创意设计与组合，增加茶园的颜值和吸引力，促进旅游业的数字化、特色化、持续化发展；开发利用农业生产中可循环利用的废弃材料，例如利用玉米芯和秸秆制作出压缩燃料，玉米皮可以做屉布、工艺品等，提高资源循环利用效率，减少资源浪费；挖掘本地独特资源优势，认真细分市场、错位布局特色农产品产业，利用荒山开发生态养殖，利用植物资源优势发展生态养蜂和野生种质资源发展花卉产业，多渠道、多元化增加农民收入，完善山区生态农业经济格局；在商南县发展农林复合生态系统，协调农林用地矛盾，保

---

① 葛天航. 辽宁省生态循环农业发展存在的问题及对策［J］. 农家参谋，2020（18）：14，18.

护生物多样性和生态环境，提高土壤肥力，实现山水林田湖草田园经济体可持续发展[①]。

南方地区典型生态农业案例研究。海南是农业大省，虽然农业生产条件和北方相比有较大差别，但绿色生态农业发展模式同样也是海南省未来农业可持续发展的主要途径。自2006年党的十六届六中全会提出生态农业的概念以来，海南充分利用地域资源禀赋加速发展绿色生态农业，成效显著。我国整体生态农业发展时间较晚，在技术水平、机械化程度、管理水平等方面不及生态农业发达国家，海南绿色生态农业相关技术水平也较低，绿色生态农业技术推广难度大、标准不统一，没有专业研究平台和研究人员的现状，限制了海南绿色生态农业的发展效率；海南省当前绿色生态农业项目的资金支持主要来源于政府，缺少社会投融资，而且政府支持资金有限导致项目资金不充足，资金回流速度慢，外加经营主体实力不强，经营模式单一、经营资源分散，缺少平台和政府部门的系统性扶持，导致生态农业发展进程较慢；海南省绿色生态农业方面的政策法规缺少针对性，且匹配度偏低，相关政策法规还存在落实不到位的情况。针对这一系列问题，赵云龙、汪汇源等学者（2020）提出了针对性的解决措施：一是进行切实有效的绿色生态农业改革，以县乡镇为基点进行相关技术的示范与推广，统一绿色生态农业衡量指标，利用废弃物科学处理和循环利用技术，提高资源利用效率；二是提高资金的回流速度，建立大型海南省绿色生态农业商会，重点培训生态农业企业带头人，整合海南省绿色生态农业资源和经营主体的力量，鼓励农户再学习，学习先进的生态农业理念和管理经验及技术，启用线上线下科学高效的销售模式；三是政府制定系统的绿色生态农业扶持计划，为农户普及绿色生态农业发展理念，深刻领会并灵活运用生态农业扶持政策，促进绿色生态农业模式在海南地区的推广和拓展。海南省农业相关部门结合海南农业未来的发展目标、方向、趋势，通过考察当地绿色生态农业发展现状，出台针对性较强的政策法规；在政策执行过程中制定完整的落实规划，明确落实过程中的工作重点，促进落实政策更好地符合海南地区绿色生态农业发展的实际情况和未来发展趋势[②]。

1.2.5　研究现状述评

综上所述，各地区的生产条件不同、地域资源禀赋存在差异，发展生态农

---

① 王宏，闫慧玲，李为民，等．商南县建设生态农业问题及对策［J］．绿色科技，2020（15）：151-152，155.

② 赵云龙，汪汇源，徐磊磊，等．海南绿色生态农业发展存在问题及对策［J］．安徽农业科学，2020，48（12）：249-251，254.

业各有不同的发展困境和相应的解决对策。但也具有普遍存在的问题，诸如生态农业相关的政策体系不完善，针对性、适用性不强，传统农业理念亟待向生态农业发展理念转变，生态农业技术支撑体系不系统，未能从产业链角度衔接各个环节，生态农业发展目标、发展方向、发展路径、机制保障亟须完善。如何借力、错位构筑生态农业发展布局，提高保护环境、资源循环利用效果值得关注与研究。以问题为导向，生态农业可以很好借力"双碳"目标，调整利益分配机制、生态资源定价机制、投融资机制，更好发挥政府、社会和农业经营主体的作用，根据实际情况打破生态农业发展困境，更好地促进生态农业高质量发展和有效推广。

1.3 研究内容

本书在对河北省太行山区生态资源禀赋条件以及生态农业发展现状进行分析的基础上，重点研究了太行山区生态农业发展的五种模式："立体治山＋特色产业"型发展模式、生态观光型发展模式、循环农业型发展模式、多功能农业发展模式和生态文明村建设模式；从生态效益、经济效益和社会效益三个维度进行生态农业综合效益的测算，并基于 EES 评价指标体系框架，构建了相应的评价指标体系对河北省太行山区生态农业发展质量进行了评价。最后提出了河北省太行山区生态农业发展的路径优化措施，并基于项目整体研究提出了相应的对策建议。

（1）生态农业发展历程与河北省太行山区生态敏感性评价

本部分首先回顾了国内外生态农业发展历程，然后在河北省太行山区坡度、坡向、数字高程和 2000 年、2010 年、2020 年河北省太行山区 30 米地表覆盖分析的基础上，对该研究区的自然资源总体概况进行了系统梳理，研究了太行山区周年 NDVI 变化。最后从地形、植被、水体三个方面对河北省太行山区生态农业生态敏感性进行了评价，研究发现近些年的流域综合治理，使该区域生态敏感性均有所降低，除一些海拔较高、坡度较大的山区要注意开展工程性防护措施防止水土流失外，其他地区均为生态农业适宜区。

（2）河北省太行山区现行的五种生态农业发展模式及相应案例

我国是具有数千年耕种发展史的农耕大国，农业不仅是与人类生产生活密切相关的行业，更是与生态环境联系密切。自人类进入工业时代以来，随着石油农业的普及和大机器化的生产，农业生态环境受到了严重威胁，耕地、淡水资源紧张，农业的稳定可持续发展面临前所未有的挑战。生态农业模式是在生态学原理和经济学原理的指导下，结合现代农业科技手段及科学的管理经验，以追求农业生态效益、经济效益和社会效益协调统一，促进资源循环永续利用、农业健康可持续发展为目标的现代化农业发挥模式。河北省太行山区经过多年的探索和发展，在多个地区推行了不同的生态农业发展模式，本部分主要介绍了太行山区主要采用的五种生态农业发展模式，并结合在不同地区的具体实施案例，探讨了不同模式之间不同的发展区别及核心侧重。

（3）河北省太行山区生态农业发展质量评价研究

国内外众多学者就不同地区的生态农业模式进行过质量评价研究，多从经济效益、生态效益和社会效益三个层面构建指标体系进行评价。本部分采用因子分析法从经济、生态、社会三个维度构建评价指标体系，对 2006—2019 年 14 年间河北省太行山区的生态农业发展质量进行评价，结果显示 14 年间该地区生态农业发展质量综合得分呈现波动上升趋势，河北省太行山区推行的生态农业发展道路是一条积极向好、健康可持续发展的道路。同时对该地区的 25 个县进行地区间的生态农业发展质量评价，结果显示 25 个县的生态农业发展质量还是存在地区间的发展差异，其中 14 个县的综合得分高于 0 分，11 个县的综合得分低于 0 分，虽然发展好的地区占多数，但得分较低的地区依旧需要积极探索适合当地发展的生态农业模式，走农业可持续发展道路。

（4）国内外生态农业发展借鉴

国内外生态农业发展经验可以为河北省太行山区发展生态农业提供有效借鉴。从国内范围来看，目前有代表性的基本模式有五种类型，即沼气生态循环农业模式、空间多维开发型生态农业模式、多功能融合型生态农业模式、互联网＋科技型生态农业模式、庭院经济型生态农业模式；从国外范围来看，代表国家如美国、英国、日本、德国、以色列、巴西等，普遍将重心从传统农业模式转移到生态农业模式上来，并且各国根据自己的特色形成了不同的发展模式。目前，国外生态农业的发展大致可分为五种模式，即：物质再利用模式、精细农业模式、能源化模式、农业园模式和休闲农场模式。纵观国内外生态农业发展的模式和现状，不论河北省太行山区具体实施哪种发展模式，均应以有利于提高生态效益、经济效益、社会效益为目标，结合先进农业技术，立足本地，依靠本地资源优势，加强技术创新与人才培育，推动全方位、多产业、多渠道科学发展，以便于通过提升山区经济的整体发展水平促进乡村振兴的进一步发展。

（5）河北省太行山区生态农业发展利益联结机制创新

基于分析河北省太行山区利益联结机制，结合河北省太行山区实际情况，设计问卷走访调研，基于 logistic 模型分析、计算得出利益联结机制影响因素。同时归纳出生态农业发展利益联结机制存在问题，比如各利益主体认知差异导致机制协调性较差，各个参与主体联结不紧密，农业龙头企业规模较小导致带动能力有限，生态农业发展受生产配套设施和农业服务水平的制约，缺乏有效的统一监管等。进而提出完善河北省太行山区生态农业利益联结机制的建议，比如壮大农业龙头企业，提升企业辐射带动能力，培育专业的农业合作社，提升农民素质，培育现代化高素质农民，完善相关法律法规，加强政府的监管作用，优化各方信息获取途径，实现信息共享，加强契约约束与法律约束，完善利益分配及保障机制，创新利益联结模式，加强利益共同体建设等举措，为山区生态农业高质量发展提供利益联结机制保障。

(6) 河北省太行山区农业生态服务价值测算研究

基于相关学者的研究基础，首先回顾了生态服务价值测算发展历程。在探讨生态系统服务概念的基础上回顾了生态系统服务分类体系发展历程，探讨了更为适合河北省太行山区的农业生态服务价值方法。通过搜集整理河北省太行山区农业生态服务价值测算相关数据，基于谢高地修订后的生态系统生态服务价值当量因子法，分别测算了河北省太行山区食物生产生态服务价值等 11 种分项生态服务价值，最后利用地理信息系统的空间计算方法加总测算了河北省太行山区生态服务总价值单位面积数值，其取值范围从 0 到 545 409 元，从分布空间来看，海拔较高的地方贡献较大，山前平原贡献度较低，分布上局部集聚明显。

(7) 河北省太行山区生态农业发展金融扶持机制创新研究

生态农业的发展离不开金融体系的支持，就目前河北省生态农业的金融支持情况来看，首先，河北省生态农业发展处于起步期，缺乏较高的经济效益，与金融资本的逐利性存在一定矛盾。其次，政府支持政策有待于进一步加强，仍然缺乏系统性的扶持体系设计，未能为生态农业高效发展保驾护航。再次，金融供给方面，一是缺乏服务于生态农业发展的创新型金融产品，不能实现金融资金与生态农业无缝对接；二是金融行业结构不完善、环境脆弱、资金配置失衡，进而产生资金供需结构不合理问题；三是农业保险发展相对滞后，农业生产风险得不到有效规避。最后，农村居民金融素养有待提高，只有较高的金融素养才能更加有效地利用资金以及维持良好的金融秩序。因此，必须加快生态农业金融制度、金融产品、金融组织创新，建立适合生态农业发展的金融体系。就国外建设情况看，美国、日本、孟加拉国等国家建立了较为成熟的支持生态农业发展的金融体系，对我国有着积极的启示作用。政府应给予大力支持，完善制度设计，充分发挥农业保险的作用，因地制宜进行农村金融创新等。结合河北生态农业金融支持情况以及国外先进经验，河北省在加快生态农业金融支持体系建设中应加快生态农业自身发展，优化生态农业金融扶持政策，加快金融创新与提升金融能力，优化生态农业金融扶持环境，加快农业保险发展，培育农民金融素养以及优化生态农业金融资金布局等，从而不断促进河北省生态农业建设进度。

（8）河北省太行山区生态农业发展的路径优化研究

首先，生态农业发展路径优化要求兼顾农业生产发展和生态环境保护；生态农业的发展要以市场为主体，发挥政府组织引导；生态农业要向规模化、产业化方向发展；逐步健全关于生态农业的法律法规，并在执行过程中加强监管，使之严格遵守国家有关生态经济发展的法律法规。其次，介绍生态农业发展路径优化的理念，包括绿色发展理念、创新理念以及树立农业基本功能保持与多功能培育并重理念。最后提出太行山区生态农业发展路径优化的具体措施，具体包括生态农业生产基地的优化；生态农业发展的人才质量提升；加快支持生态农业发展的法律法规创设；采用循环经济模式，提高资源利用率；整合资源打造特色品牌，绿色产品质量标准化。

1.4 研究方法

（1）文献研究法

通过查阅相关文献资料和各种专业数据库，梳理生态农业发展的相关基础理论知识，结合生态系统理论、生态经济理论和可持续发展理论对文献展开深入分析，为项目研究奠定理论基础。

（2）实地调查法

项目采用一般问卷调查和典型调查相结合的方式，深入河北省太行山区实地调研获取一手资料。通过一般问卷调查了解各微观主体的行为动机及其影响因素；通过典型调查，深入了解生态农业现有发展模式及其制约因素，为进一步分析提供数据支撑。

（3）规范分析与实证分析相结合

通过查阅相关文献，梳理生态农业发展的脉络，结合国内外生态农业发展先进经验，阐述生态农业可持续发展的意义；在生态经济学相关理论的基础上，结合河北省太行山区生态农业发展现状，探究河北省太行山区生态农业发展模式及其最优路径。

1.5 创新点与不足

1.5.1 创新点

(1) 应用空间分析方法对研究区域进行了单因子和多因子的生态评价

空间分析方法属于交叉学科，其来源于理学和经济学等学科。通过收集整理河北省太行山区生态因子，基于空间分析方法对研究区域进行单因子和多因子的生态评价，为整体布局河北省太行山区生态农业发展提供了依据。

(2) 综合质性和量化研究方法系统研究了国内外和太行山区生态农业发展模式

基于案例等质性研究方法梳理了国内外和河北省太行山区的生态农业发展模式，并利用量化研究方法对河北省太行山区生态农业发展水平进行了评价。该创新性研究有助于河北省太行山区借鉴已有发展模式并结合研究结论对本区域生态农业发展进行优化。

(3) 首次提出了河北省太行山区生态农业发展路径优化的具体措施

基于生态农业发展路径优化的要求，逐步健全关于生态农业的法律法规，并在执行过程中加强监管。以市场为主体，发挥政府组织引导，兼顾农业生产发展和生态环境保护，在高效利用自然资源的基础上，引导生态农业向规模化、产业化方向发展。在此基础上首次提出了生态农业生产基地的优化、人才质量提升、相关的法律法规创设，采用循环经济模式提高资源利用率、整合资源打造品牌化和标准化等具体措施。措施的提出有助于河北省太行山区生态农业的健康稳定发展。

1.5.2 研究不足

在后续研究中还需要进一步补充经营主体的投入产出数据，开展生态农业全要素生产率的测算及评价工作，为不同经营主体的生态农业发展提出相应的对策建议。

第2章 生态农业发展历程与河北省太行山区生态敏感性

2.1 生态农业的基本特征

2.1.1 生态农业的概念

"生态农业"一词根据西方现代"石油农业"对资源、生态环境产生破坏的问题而被提出，其立足于生产系统，以生态学原理为指导，坚持可持续发展理念，通过现代农业的耕作手段和管理技术，维持整个农业系统的持续稳定发展。美国土壤学家 W. Albreche 最早阐述这一概念，他认为：使用有机肥料，能够为生态农业建立良好的土壤条件，从而帮助农作物健康生长；较少的使用化肥，可以减少对农作物的损害，使农作物的营养成分得到提高，但不能使用化学制药品，因为灭虫所需的浓度会达到很高，这就在一定程度上给土壤、生态环境等造成了污染。之后也有研究者因"生态农业"概念是根据农业生物与环境之间的相互关系形成的，具有极大的系统性和时代性，从而广泛认可这一含义，并不断与时俱进，进行系统科学的研究。

我国的生态农业在 20 世纪 80 年代中期得到科学家和各级政府的积极推动，受国际替代农业和我国国情的影响，众多科学家提出了因地制宜等农业思维，并在我国传统农业中实践、研究、讨论，不断从简单化更新迭代到综合化，逐渐表现为较为相同的观念：生态农业作为一种新型综合农业体系，在协调人与自然和谐共处关系的同时，坚持"整体、协调、循环、再生、绿色"的基本原则，把农业生产、农村经济发展和生态环境治理保护、资源培育和高效利用融为一体，具有较强的外部性，把传承发扬传统农业技术优势并汲取现代农业科学技术作为要素投入，把农业可持续发展的战略意识与农民农户的微观经营、脱贫致富、乡村振兴作为重点强调，不断优化调整农林牧渔大系统生产结构，建立健全在层次、专业和产业部门之间的异同点都全面协作起来的综合管理体系。

2.1.2 发展生态农业的重要性

第一，农业生产和服务体系存在部分失衡问题，尤其是现代农业既造成了土壤部分营养元素过量又造成部分微量元素的不足，所以说发展生态农业能够在一定程度上改变当前状况，从根本上有效缓解因大量使用农药化肥带来的生态、环境污染，改善农业生态环境，提高土壤肥力，保护水资源。对于农业生态系统与大自然资源的共处起到了很大的作用，保证了生态与农业的永续发展。

第二，发展生态农业能够较好解决农业发展、农村稳定、农民增收等一系列问题，帮助政府打好脱贫攻坚战。通过生态农业优化资源配置，可以将产业布局做到最优，使产业结构得到升级拓展，充分发挥农业多功能性，提高农业相关产品的产出效率，增加农民的收入和效益，同时生态环境的发展保护了农村的环境和资源，实现了农村的新生态建设。

第三，在农业产品产销问题方面，目前农业产品竞争激烈，发展生态农业对适应该背景有着强有力的支撑。长期以来，在国际农产品市场产业链中我国一直处于末端，农产品在流入发达国家的市场时屡次遭到绿色壁垒的制约。而发展生态农业能够较好改善这一问题，因此高品质、新生态农产品的产出，能够有效增强我国农业产品参与国际市场的机会和竞争力。

2.1.3　生态农业发展的基本特征

第一，追求综合效益目标。我国国土面积广阔，生态资源总量丰富，但人均占有量较少，农业面临着资源短缺、环境恶化的双重危机。发展生态农业依旧要考虑解决"三农"问题。因此，我国发展生态农业，首要任务就是要注重发挥农业的多功能性，不仅要作为粮食等食物的来源，还要结合社会经济发展，做到和第二产业、第三产业的有机融合，进而实现经济、生态和社会效益。

第二，合理增加投入。基于我国农业国情及其发展需求，要保持绿色产品的快速发展就要增加对农业发展的合理投入，其核心要依托现代技术。现代科学技术为传统农业优势做推进，传统农业为现代科学技术做基础，二者实现有效结合，提高施肥效率，改善对土壤、水等生态资源的污染问题，推进农业产业发展。

第三，强调发展可持续性。发展生态农业以生态学原理为理论指导，以推动生态农业可持续发展为核心目标，以乡村振兴全面实现的实际需求为现实依据，发挥农业生态系统的整体功能，逐渐摆脱污染、浪费、自然资源及能源阻碍，维持土壤肥力地力以及生态再生能力，大力推动生态保育功能作用，从而实现长期可持续化生产和发展。

第四，具有模式多样性。将当地自然资源和社会资源进行合理有效的整合和利用，为形成具有区域特色的多种生态农业模式不断探索与试验。针对地理位置、资源禀赋、产业特色等不同维度、不同区域、不同产业推行因地制宜理念下具有地域特色的多样化发展模式，保证生态农业发展高效多样。

第五，产品具有生态性。为满足消费者绿色消费升级趋势，生态农业发展的产出品是生态的绿色安全食品。一般包含以下三块内容：①生产环节注重生态性，生态农产品在生产源头就要注意，产地周围空气、水源、土壤等的生态化，产品的生产和收获环节也要注意做全程监督管理；②强调生态环保技术的研发和综合应用，所谓技术的运用就是为有效保障食品安全而通过相关技术支持规范并抑制化肥、农药等化学用品的使用；③"生态溢价"效应伴随着生态农业产品中的生态效益而出现，又通过价格机制传导到消费行为中，以节约消费，发挥产品生态性。

2.2　国外生态农业发展历程

在国外，生态农业叫法不一，有称之为"生物农业"的，也有被叫做"有机农业"的，其生产的食品有的直接叫生态食品，也有的被冠以自然食品或有机食品等。1924年，鲁道夫·斯蒂纳首先在欧洲开设了"生物动力农业"课程，该课程的开设标志着生态农业在欧洲的兴起。20世纪的三四十年代，生态农业开始在欧洲的瑞士和英国获得发展，亚洲的日本也开始跟进，同一时间在亚洲开展了生态农业实践。欧洲的大多数农场则是在20世纪60年代以后，跟随瑞士和英国开始实现生态耕作。在20世纪90年代以后，生态农业在各国开始得到重视，生态农业实践者不断从政府得到补贴和支持，实现了较大发展。20世纪80年代以来，可持续发展思想逐渐成为全球共识。如从面积来讲，澳大利亚生态农用地面积最大，欧洲国家生态农用地占比普遍较大，相较于欧洲，大多数亚洲国家生态农用地占比较小；如从生态农业产品的需求情况看，欧洲是世界上最大的生态食品消费市场；从发展速度来看，欧盟国家是生态农业发展最快的国家。通过梳理欧美等发达国家的经验及做法发现，这些国家普遍具有比较完备的适应生态农业发展的法律体系环境。如美国实施低投入的可持续农业。联邦及州县政府制定了有机农业相关的法规，从立法角度明确了农药的使用数量及可供使用的范围，明确界定了有机农业的概念，制定了一系列农业用地的保护政策。美国政府在农业发展的基础研究方面给予了较大的支持，建立并完善了相应的农业科研机构体系。欧洲的生态农业发展较早，其相应的法规政策体系也较为完善，德国政府实施积极的财政支持政策，支持生态农业发展过程中农业发展、生产和服务等三个方面。德国政府不断加强对农民的培训和教育，这个在政府层面已达成共识。亚洲生态农业虽然规模较小，但是也走出了自己的特色发展道路，如日本实施环境保全型农业。日本为发展生态型农业，开始学习西方并结合本国实际不断修订完善相关的法律法规体系。日本的农业发展立法体系目前是世界上最完备的。日本对高新农业技术的研发和应用较为重视，并且制定了一系列良好农产品认证制度。

结合国内外学者们的研究，可以看出国外生态农业的发展大致经历了如下一系列时期：20 世纪 30 年代开始，英国的农学家 A. 霍华德率先提出有机农业的概念，得到了当时主流社会的认可，其之后基于该概念开展了相关实验，推动了有机农业的快速发展；20 世纪 50 年代，美国的罗代尔创办了有机农场，开办有机农业研究所开展有机农业研究，成为美国在生态农业方面的先驱人物；20 世纪 70 年代以后，由于工业的高速发展，人类生存环境产生了急剧恶化，保护农业生态环境的思潮在世界各国风起云涌，陆续开展了改良农业的活动，国际有机农业运动联盟（IFOAM）在法国的成立成为有机农业发展的里程碑，该联盟召开了国际会议，生态农业获得了与会者的高度赞扬；20 世纪后期，尤其是进入 21 世纪以后，可持续发展已经成为全球的共同目标，生态农业发展有了质的飞跃，已经成为中坚力量，开始进入一个发展的新时期。

2.3　国内生态农业发展历程

我国的生态农业发展历史悠久。4 000 多年来，我国的农民积累了大量的实践经验。这些经验非常符合农业生态的环境规则，例如不同作物的间作套种技术、轮作与养地技术，实施生物防病虫害技术等。新中国成立后，由于人口迅速增加，农药、化肥等化学物品开始进入农田系统，对农业生态环境破坏较大，尤其是 20 世纪七八十年代剧毒高残留农药的使用，对农田生态系统造成了极大的破坏。20 世纪 80 年代以来，我国开始注重生态农业的理论发展和实践，陆续形成了三个发展阶段。

2.3.1　探索实验阶段（1980—1992 年）

20 世纪 80 年代以来，我国开始引入生态农业，一些学者开始对生态农业不断进行理论研究，结合我国农业发展实际开展了相应的实践探索。1982 年，中国农业生态环境保护协会主办了学术研讨会，提出了在我国发展生态农业的建议，其后开始在各地开展不同形式的生态农业试验及实践工作。北京市环保局联合相关部门选定北京市大兴区留民营村开展试点，留民营村成为我国第一个生态农业系统工程建设试点村；1983 年，"生态农业"术语的提出者——西南农学院叶谦吉教授，在重庆市选定了 58 个农户开展了生态农业户的建设实验；重庆市科学技术委员会也在大足区选了 114 个村开展"大足区南北山生态农业实验区"的建设试点。此后，全国部分地区陆续开展了形式多样的"生态农业户"等试点工作，同时阜阳市颍上县张庄、泰州市姜堰区河横村、杭州市萧山区山一村、宁波市奉化滕头村、宁波市鄞州区上李家村等 7 个村获得联合国环境规划署授予的"全球 500 佳"称号。

2.3.2　扩大试点建设阶段（1993—2000 年）

到 1993 年，我国共有 250 个县和 10 多个市区相继开展了生态农业的建设工作，一些试点示范典型区域已经形成。在此基础上，1993 年，农业部会同 6 个部委（局）基于不同发展水平和资源环境禀赋选择了 51 个县开展全国生态农业县试点工作，1995 年始，国家环保总局先后在全国各地启动了生态示范区的创建工作。2000 年，农业部等 7 个部委（局）召开了第二次全国生态农业县建设工作会议，在全面系统总结生态农业试点基础上，开始部署第二批共计 50 个生态农业试点县的建设工作，2000—2003 年为建设期，提出了推广和发展生态农业已成为我国农业发展的第一要务。

2.3.3　持续稳定发展阶段（2001 年至今）

2004 年以来的中央 1 号文件除 2011 年外，几乎都直接或间接强调了要发展生态农业，促进我国的农业可持续发展。2002 年，农业部面向全国共征集了 370 种生态农业技术体系或模式。2005 年，浙江省青田县的稻鱼共生系统作为首批全球重要农业文化遗产保护试点获得联合国粮农组织认定，得到国际社会的高度认可。2007 年，农业部确定开展循环农业示范市建设工作，初步选定了河北省邯郸市、山西省晋城市等 10 个市（自治州）。2013 年，农业部又开展了现代生态农业创新示范基地建设，地点定在辽宁、河南、湖北、广西、甘肃等省份，作为生态农业创新技术发展的孵化器开始着力构建。2010 年开始，农业部又认定 3 批共计 283 个示范区，开始组织实施国家现代农业示范区工程，这些示范区作为农业生态化发展的重要载体取得了一定成效，并带动了邻近地区的快速发展。近些年国家及相关部委相继出台包括生态补偿、绿色补贴政策、项目基金扶持、减税、免税、贴息、政府补助等多种经济支撑手段，支持生态产业的发展，使其综合竞争能力增强。

2.4　河北省太行山区生态敏感性

太行山区山地资源丰富、耕地资源稀缺，山地资源条件虽然限制了当地农业的发展，但同时也成为当地尚未开发的最具潜力的自然资源优势。太行山区生态环境脆弱，地势东高西低，自上往下依次可分为亚高山、中山、低山、丘陵、平原五种地带，山体多由石灰岩、砂页岩、花岗片麻岩等成分组成，土壤贫瘠、土层较薄，耕地较少，植被覆盖率低。太行山区属暖温带大陆性季风气候，春秋季节光照充足，夏季炎热多雨，冬天寒冷少雪，秋天少雨干燥，地区降水量不均，低山丘陵地区降水稀少，植被覆盖率低。水土流失严重是造成太行山区恶劣自然条件的根源，成为当地亟待改善与解决的问题。太行山区的发展除了受到自然条件的限制，也受当地社会环境的限制，由于脆弱生态环境的制约，太行山区的产业发展和居民生活水平普遍偏低，技术落后、交通闭塞、信息流通不畅、经济发展滞后等一系列问题更是使当地陷入了亟须突破的困境。太行山区是全国"十三五"脱贫攻坚规划的集中连片特困地区，通过多年的精准扶贫、多措并举，全部解决了基本的温饱和贫困问题，但在乡村振兴战略实施和转型过程中，传统农业已经凸显出要素生产率较低、品牌创新与溢价能力不足、支柱产业不稳定、山民综合素质偏低以及现代化、机械化、信息化、智能化、社会服务化水平不高等问题，这些问题不同程度制约着山区生态农业的发展与达标。太行山区不仅面临生态恢复、生态保护与建设的压力，更是需要满足脱贫致富提高当地人民生活水平的诉求。生态与贫困的双层桎梏，都是当地人民和政府关注和急需突破的重点任务。特殊的生态环境和社会环境要求太行山区必须走生态农业发展的路径，因地制宜，将当地的水、土、气及地质地貌等自然因素结合起来，因势利导形成良好的生态循环，宜林则林、宜牧则牧、宜农则农、宜游则游，合理规划布局，只有形成不同地区的错位发展格局，才能有效促进本地农业的可持续发展，实现生态环境建设和经济发展的协调。

2.4.1　太行山区自然资源总体概况

河北省太行山区共包含 25 个县市区，分别为涞源县、涞水县、易县、唐县、满城区、顺平县、曲阳县、阜平县、灵寿县、行唐县、平山县、鹿泉区、井陉县、井陉矿区、赞皇县、元氏县、临城县、邢台县、内丘县、沙河市、武安市、涉县、复兴区、磁县、峰峰矿区。

由太行山坡度分析图可知，河北省太行山区土地坡度分布范围为 0°～39°，其中 0°～2°的农用地属于最优的土地资源，很少出现水土流失现象。2°～6°的农用地需注意做好水土保持工作，在耕作过程中处理不好会发生轻度土壤侵蚀现象。6°～15°的农用地应采取工程和技术措施，加强水土保持工作。15°～25°的农用地必须采取综合措施防止水土流失。25°～39°的农用地为《水土保持法》规定的开荒限制坡度，严禁开荒种植农作物，并且对于已经耕作的逐步退耕还林还草。低坡度区多处于靠近平原区的低平原地区，中坡度区处于低平原区往高坡度区过渡的地区，高坡度区多位于河北山西交界地带。

在坡向分布中，以正北向为极高生态敏感度，东北和西北为高敏感度，正东和正西为中敏感度，东南和西南为低敏感度，平地和正南为非生态敏感地区。由河北省太行山区坡向分布图来看，处于高敏感的地区占到约四分之一，多数处于中低敏感区。由河北省太行山区数字高程 DEM 数据可知，河北省太行山区海拔高度从 30.42 米到 1 724.85 米，海拔较高的地方多分布在河北省与山西省交界的地带，也属于生态极度敏感区。

从 2000 年到 2010 年再到 2020 年，河北省太行山区 30 米地表覆盖均有不同程度的变化，2020 年由于遥感技术的提升，地表覆盖类型精度更高，具体分析见如下数据。

由表 2-1 可知，2000 年河北省太行山区耕地、林地、草地、灌木地、湿地、水体、人造地表所占总面积比例分别为 0.429 55、0.416 89、0.096 95、0.000 03、0.000 45、0.006 61、0.049 53，显然耕地和森林占到了总数的 84.6%，人类居住区（人造地表）仅占到 5%。

由表 2-2 可知，2010 年河北省太行山区耕地、林地、草地、灌木地、湿地、水体、人造地表所占总面积比例分别为 0.432 24、0.416 01、0.094 49、0.000 18、0.000 59、0.006 17、0.050 32，耕地、灌木地、湿地、人类居住区（人造地表）占比稍有上升，林地、草地、水体占比稍有下降。

由表 2-3 可知，2020 年河北省太行山区耕地、林地、草地、灌木地、湿地、水体、人造地表、裸地所占总面积比例分别为 0.391 47、0.407 81、0.098 52、0.000 18、0.002 40、0.010 25、0.088 85、0.000 52，其中耕地、林地占比有所下降，草地、湿地、水体、人类居住区（人造地表）占比有所上升，灌木地没有变化，部分县市区有裸地出现。

表 2-1　2000 年河北省太行山区各县地表覆盖图

单位：公顷

县市区	耕地	林地	草地	灌木地	湿地	水体	人造地表
沙河市	70 776.32	14 312.62	7 293.40	0.00	12.12	366.12	5 815.13
邢台县	131 903.27	37 694.12	23 980.06	0.00	0.00	311.76	6 425.48

（续）

县市区	耕地	林地	草地	灌木地	湿地	水体	人造地表
内丘县	56 107.23	17 618.36	2 078.79	0.00	0.00	5.32	3 682.21
临城县	58 329.33	14 353.69	3 365.69	0.00	16.72	480.22	2 501.78
平山县	58 735.62	169 463.13	27 366.06	0.00	867.52	4 507.76	6 580.02
灵寿县	54 088.44	40 917.13	4 256.77	0.00	118.04	1 711.17	7 149.17
行唐县	72 883.64	10 269.49	5 193.52	0.00	7.06	412.92	8 401.67
鹿泉区	41 978.41	8 324.20	2 195.56	0.00	0.00	1 158.33	8 733.55
元氏县	52 961.15	6 770.05	2 722.52	0.00	25.96	234.96	5 810.28
赞皇县	52 555.50	26 001.93	5 592.93	0.00	0.00	202.00	1 936.30
井陉县	53 160.46	66 037.05	15 491.95	0.00	49.19	282.71	4 043.35
井陉矿区	3 775.56	1 758.83	248.26	0.00	0.00	12.65	1 398.63
涉县	53 681.66	57 354.56	36 027.41	4.21	0.00	134.45	3 529.72
武安市	105 172.18	37 016.85	31 003.39	0.00	0.00	93.92	9 553.29
复兴区	20 691.13	0.00	165.53	0.00	0.00	50.85	5 183.28
磁县	43 839.55	8 232.41	10 725.91	0.00	141.70	2 393.79	5 723.31
峰峰矿区	22 382.44	1 414.90	3 690.85	0.00	0.00	59.08	5 751.74
涞水县	44 151.42	104 707.22	11 634.71	47.34	3.41	233.43	6 394.15
涞源县	36 634.80	189 902.34	19 066.07	33.45	7.22	112.11	2 902.52
易县	78 258.82	163 122.19	7 130.94	0.96	19.46	1 407.25	8 471.65
满城区	34 951.11	18 102.00	1 255.14	0.00	0.00	114.98	10 050.22
顺平县	40 490.46	23 099.60	2 005.35	0.00	0.00	76.03	6 953.58
唐县	51 629.39	66 570.53	11 255.53	0.00	35.15	2 830.95	11 883.49
曲阳县	63 314.87	15 844.00	17 012.93	0.00	12.79	1 824.66	11 276.51
阜平县	17 628.80	182 298.01	47 178.32	0.00	76.25	1 286.93	2 053.77
合计	1 320 081.57	1 281 185.19	297 937.57	85.96	1 392.58	20 304.35	152 204.80
占比	0.429 55	0.416 89	0.096 95	0.000 03	0.000 45	0.006 61	0.049 53

表 2-2　2010 年河北省太行山区各县地表覆盖图

单位：公顷

县市区	耕地	林地	草地	灌木地	湿地	水体	人造地表
沙河市	69 047.68	14 128.53	7 263.29	0.00	36.05	503.10	7 599.42
邢台县	131 098.15	37 618.77	23 888.54	0.00	55.42	213.02	7 439.66
内丘县	55 894.95	17 467.57	2 060.99	0.00	0.00	5.18	4 061.56
临城县	58 345.26	14 644.48	2 903.85	0.00	33.83	369.25	2 750.68
平山县	59 395.22	168 687.13	28 062.68	0.00	249.79	4 757.81	6 366.15

（续）

县市区	耕地	林地	草地	灌木地	湿地	水体	人造地表
灵寿县	54 611.94	40 824.49	4 054.92	0.00	85.34	1 710.11	6 954.02
行唐县	74 459.81	10 168.94	5 060.16	0.00	0.00	492.97	6 984.99
鹿泉区	40 701.33	8 144.03	2 167.98	0.00	0.00	1 294.54	10 082.28
元氏县	52 565.32	6 659.84	2 721.77	0.00	18.13	320.65	6 238.36
赞皇县	53 582.05	26 065.99	4 384.90	0.00	21.77	254.05	1 981.57
井陉县	53 716.80	65 280.44	15 523.07	0.00	0.00	348.45	4 195.97
井陉矿区	3 821.62	1 687.13	258.21	0.00	0.00	17.87	1 409.08
涉县	50 570.10	57 370.90	36 290.21	85.56	0.00	32.43	6 386.95
武安市	106 655.56	36 675.24	29 224.63	398.54	50.30	165.77	9 668.41
复兴区	20 963.67	0.00	0.00	0.00	0.00	51.64	5 075.61
磁县	43 634.31	8 134.82	10 587.03	0.00	343.06	2 308.27	6 051.33
峰峰矿区	22 678.89	1 368.75	3 409.36	0.00	0.00	36.82	5 805.20
涞水县	43 763.64	104 650.21	11 223.64	47.79	17.12	103.21	7 370.41
涞源县	36 474.04	190 051.50	18 641.91	33.24	0.00	17.01	3 437.38
易县	79 736.73	162 843.75	5 998.83	0.98	350.02	998.11	8 482.45
满城区	37 064.57	17 997.09	905.09	0.00	16.81	54.10	8 434.11
顺平县	41 920.77	23 131.48	1 886.11	0.00	0.00	28.02	5 658.99
唐县	55 375.80	66 757.92	10 468.01	0.00	31.28	2 086.07	9 484.93
曲阳县	64 653.75	16 047.99	16 198.78	0.00	13.58	1 615.53	10 755.96
阜平县	17 619.81	182 059.26	47 215.39	0.00	497.31	1 163.09	1 968.34
合计	1 328 351.78	1 278 466.26	290 399.35	566.10	1 819.82	18 947.08	154 643.83
占比	0.432 24	0.416 01	0.094 49	0.000 18	0.000 59	0.006 17	0.050 32

表 2-3　2020 年河北省太行山区各县地表覆盖图

单位：公顷

县市区	耕地	林地	草地	灌木地	湿地	水体	人造地表	裸地
沙河市	57 208.79	14 074.38	7 259.96	0.00	2 173.58	1 125.33	16 734.53	0.00
邢台县	118 395.36	37 511.06	23 737.21	0.00	2 256.70	953.61	17 459.07	0.00
内丘县	48 258.76	17 463.46	2 057.36	0.00	1 225.45	325.07	10 159.97	0.00
临城县	48 828.33	14 607.19	2 821.18	0.00	757.22	1 038.45	10 995.17	0.00
平山县	56 735.01	158 028.71	36 419.05	0.00	0.24	7 797.45	8 535.76	0.00
灵寿县	51 469.28	40 353.71	5 641.96	0.00	6.65	2 171.51	8 597.94	0.00
行唐县	70 992.10	10 114.26	6 329.34	0.00	0.00	750.82	8 981.29	0.00
鹿泉区	34 397.01	8 043.47	2 411.32	0.00	0.00	1 479.90	16 058.46	0.00

（续）

县市区	耕地	林地	草地	灌木地	湿地	水体	人造地表	裸地
元氏县	45 015.69	6 644.63	2 821.54	0.00	14.42	489.17	13 538.90	0.00
赞皇县	45 722.14	25 679.41	4 327.89	0.00	0.00	1 125.41	9 434.77	0.00
井陉县	48 984.11	64 926.84	15 195.91	0.00	0.00	333.88	8 879.18	743.83
井陉矿区	2 731.46	1 648.31	231.74	0.00	0.00	0.00	2 582.41	0.00
涉县	48 472.25	57 276.48	36 022.74	82.42	0.00	137.26	8 745.68	0.00
武安市	92 627.93	36 608.07	30 864.41	388.00	0.97	1 181.13	21 167.75	0.00
复兴区	19 060.41	0.00	3.15	0.00	0.00	0.00	7 027.57	0.00
磁县	40 320.92	8 160.50	10 504.39	0.00	319.09	3 742.64	8 012.11	0.00
峰峰矿区	20 899.99	1 370.25	3 679.72	0.00	0.00	1.29	7 347.75	0.00
涞水县	37 408.84	103 980.88	12 879.78	47.05	0.00	299.92	12 558.13	0.00
涞源县	37 213.35	185 302.71	18 041.76	32.87	0.00	75.21	7 520.93	468.45
易县	73 182.85	161 536.70	7 589.33	0.92	303.82	1 688.18	13 715.58	392.86
满城区	32 195.23	17 621.36	764.53	0.00	0.00	116.62	13 773.36	0.00
顺平县	40 299.35	23 587.28	1 845.49	0.00	0.00	148.14	6 744.92	0.00
唐县	50 626.18	66 260.26	10 110.49	0.00	9.47	2 845.53	14 353.73	0.00
曲阳县	60 662.12	15 115.39	15 930.36	0.00	0.15	2 096.45	15 480.82	0.00
阜平县	21 346.42	177 352.59	45 277.94	0.00	294.95	1 589.67	4 658.87	0.00
合计	1 203 053.88	1 253 267.89	302 768.56	551.26	7 362.70	31 512.61	273 064.65	1 605.14
占比	0.391 47	0.407 81	0.098 52	0.000 18	0.002 40	0.010 25	0.088 85	0.000 52

2.4.2　太行山区周年 NDVI 变化分析

NDVI 称作归一化植被指数，也叫标准差异植被指数，通过测量近红外（该波段被植被强烈反射）和红光（该波段能被植被吸收）之间的差异来量化植被。NDVI 的取值范围始终为（－1，＋1）。NDVI 是分析人员在遥感中最常用的指标。与其他波长相比，健康的植被（叶绿素）反射更多的近红外（NIR）和绿光。但是它吸收更多的红色和蓝色光，所以归一化植被指数（NDVI）在其公式中使用了 NIR 和红色通道。

本书选择了 2019 年 7 月至 2020 年 6 月共一个周年的 NDVI 进行了图形分析。表 2-4 基于时间发展尺度，从 NDVI 指数分布范围来看，极值月度间有一定波动。单纯由图形的空间表现来看，NDVI 呈周期性变化，2019 年 7 月至 10 月变化不大。2020 年 3 月到 4 月，绿值逐渐增加，5 月和 6 月变化差异不大，但较 7 月和 8 月有一定差距。

表 2-4　NDVI 月度极值变化范围（2019.7—2020.6）

月份	7	8	9	10	11	12	1	2	3	4	5	6
高值	0.92	0.92	0.92	0.9	0.708	0.92	0.544	0.92	0.86	0.9	0.9	0.92
低值	0	0.028	0	0	0	0	0	0	0	0	0.06	0

2.4.3　河北省太行山区农业生态敏感性评价

（1）数据准备与相关生态因子

实施生态敏感性分析一般情况下可以从地形、植被、水体三个方面开展分析研究。数据需求主要有两类，一是太行山区的数字高程模型 TIF 格式或者高程数据信息，二是该地区植被覆盖的相关信息 TIF 格式或者要素类。生态因子赋值如表 2-5、表 2-6 和表 2-7。

表 2-5　生态因子及其影响范围所赋属性值表

生态因子	二级因子	分类	敏感性等级	权重
地形因子	坡度（度）	32～40	极高敏感	0.2
		24～32	高敏感	
		16～24	中敏感	
		8～16	低敏感	
		0～8	非敏感	
	高程（米）	大于 2 200	极高敏感	0.1
		980～2 200	高敏感	
		720～980	中敏感	
		360～720	低敏感	
		小于 360	非敏感	
	坡向	正北	极高敏感	0.1
		东北、西北	高敏感	
		正东、正西	中敏感	
		东南、西南	低敏感	
		平地、正南	非敏感	

（续）

生态因子	二级因子	分类	敏感性等级	权重
植被因子	植被	0（有植被）	高敏感	0.3
		−1（裸地）	非敏感	
水体因子	水系	1（河流）	高敏感	0.2
		0（无）	非敏感	
	河流缓冲（米）	大于 150	极高敏感	0.1
		100～150	高敏感	
		50～100	中敏感	
		25～50	低敏感	
		小于 25	非敏感	

表 2-6　敏感性量化

敏感性等级	敏感性数值
极高敏感	5
高敏感	4
中敏感	3
低敏感	2
非敏感	1

表 2-7　敏感性等级分类方法

敏感性数值区间	敏感性等级
大于 4，小于等于 5	极高敏感
大于 3，小于等于 4	高敏感
大于 2，小于等于 3	中敏感
大于 1，小于等于 2	低敏感
大于等于 0，小于等于 1	非敏感

（2）生态单因子评价

坡度敏感性分级。运用 arcgis10.8 软件，对河北省太行山区数字高程模型图生成坡度栅格图，对生成的坡度栅格图进行重分类，生成坡度敏感值栅格图层。其中坡度较为敏感地带多处于高海拔地区，部分中低海拔地区有零星分布。

高程和坡向敏感性分级。利用同样的方法按照表2-5对河北省太行山区数字高程模型图的高程和坡向进行重分类，得到高程敏感值栅格和坡向敏感值栅格。由高程敏感值栅格分布来看，其分布态势和坡度敏感度趋近。而坡向敏感性分级则显得较为分散，以中间值居多，极度敏感和极度不敏感地区较少。

地表植被敏感性分级。利用2020年河北省30米精细地表覆盖数据，选择所有植被覆盖的图斑和非覆盖图斑，分别赋值为"高敏感"和"非敏感"。通过栅格计算和栅格转换得到地表植被敏感值栅格。由分析结果来看，多数地带处于高敏感地区，只有处于低平原往高海拔过渡的地区敏感性偏低，此分布态势与该地带多为林地有关，而且坡度偏低。

水系水体敏感性分级。利用2020年河北省水体矢量数据，通过提取，选择所有水体图斑和非水体图斑，分别赋值为"高敏感"和"非敏感"。通过栅格计算和栅格转换得到水系水体敏感值栅格。水体敏感性较高地区多为水库、河流等地带，其他地方敏感度偏低。

河流缓冲分级。利用2020年河北省水体矢量数据，通过提取，选择arcgis中的邻域分析中的"多环缓冲区分析"工具，按照表2-5进行缓冲区分析。通过栅格计算和栅格转换得到河流缓冲敏感分级栅格。该分布态势与水系水体分布态势差别不大。

2.4.4　生态多因子集成评价

将前面单因子分析的栅格按照表2-5规定的值进行加权叠加生成集成栅格，再按照表2-7设定的值进行栅格重分类，最终得到生态敏感性评价栅格。河北省太行山区多因子生态敏感性评价数值范围为0.2~1.9，高敏感区较为分散，只有涞水、易县、涞源和石家庄以及邯郸部分地区存在小范围的集中连片分布，说明近些年的流域综合治理，使生态敏感性均有所降低，除一些海拔较高、坡度较大的山区要注意开展工程性防护措施防止水土流失外，其他地区均为生态农业适宜区。该评价结果对于河北省太行山区生态农业总体布局具有一定的指导作用，对于生态高敏感区要做好生态保护，对于生态中低敏感区可以进行适宜的农业开发。

第3章 河北省太行山区生态农业发展模式

生态农业是指根据生态学、农学、经济学等现代专业知识，利用现代农业科学技术，加强一二三产融合，探索农业多种经营模式，诸如农林复合经营模式，通过合理搭配不同的生产要素，取得"1+1>2"的效果，在追求农业经济效益的同时，兼顾农业的生态效益，实现经济效益、生态效益双赢，在农业生产的同时，修复之前过度追求经济效益造成的环境破坏，促进农业走可持续发展道路。研究发现，河北省太行山区生态农业发展模式主要包括：特色产业型发展模式、太行山农业创新驿站、循环农业型发展模式、生态观光型发展模式与生态文明村建设模式。

3.1 特色产业型发展模式

特色产业型发展模式是指依托当地的水、土、光、热等自然资源因素，集中生产某一种农作物，成立专门的公司进行专业化、市场化运作，连接农业生产的产前、产中、产后等环节，积极开发农产品深加工，延长产业链，建立统一的生产标准，实行安全化、规范化、标准化种植模式，采取科学的现代管理手段和生产技术，打造特色农产品品牌，实行品牌化销售，推动特色农产品行业的产业化运营，促进特色农产品提质增效，高端安全。

特色产业型农业发展模式可以凭借当地独具特色的农业资源，独特的农产品培育、种植、加工、销售等技术手段，开发具有区域特色和较高市场竞争力的优质农产品，并对其进行深加工以延长产业链条，形成具有当地区域特色的农产品产业化经营模式。在这种农业经营模式下（图3-1），特色农产品是其根本，发展新动能是其源泉，生态文明是其灵魂，以特色产业为发展方向，同时需要兼顾政府的引导作用、企业的主体作用。

（1）特色农产品是特色产业型发展模式的根本

比如邢台岗底村的富岗苹果挖掘利用当地的环境优势、农业种植优势，结合当地独特的自然资源、人文环境，培育带有地区特色的农产品，创造独特的农产品竞争优势。

（2）发展新动能是特色产业型发展模式的源泉

转变农业发展方式，引进优势的农产品品种和先进的农业种植技术，强化科技支撑引领，调整优化产业结构，发展适度规模经营，激活特色产业型农业发展新动能。比如阜平"乡菇"助力脱贫攻坚取得经济效益、社会效益和生态效益，为后续的乡村振兴培育了新动能。

（3）生态文明是特色产业型发展模式的灵魂

在习近平总书记"绿水青山就是金山银山"思想的指导下，摒弃传统的农业经济发展方式，在农业生产中坚持"尊重自然、顺应自然、保护自然"的理念，协调农业生产与生态环境保护的关系，积极开展清洁生产、引导绿色消费，让农业绿色发展覆盖农业产业的全领域、渗透农业生产的全链条。

（4）特色产业是特色产业型发展模式的发展方向

要将区域内独特的农业资源开发为区域特有的名优产品，增强生态农业的新引擎动力和实力，以市场需求为导向，以科技为支撑，以农业产业链为主线，突出区域特色，高效配置各种生产要素，形成独具特色、高效运转、效益良好、规模适度的现代化农业产业体系。

（5）整合农业资源、引导多方参与是特色产业型发展模式的必由之路

坚持政府引导，整合农业资源，做好配套的基础设施建设，完善扶持引导政策，调动各方主体参与的积极性，着力培育壮大新型农业经营主体，发挥企业、合作社、家庭农场等新型经营主体的桥梁纽带作用，一方面连接政府和市场，一方面连接小农户，更好地实现各种生产要素向农业领域嵌入，以需定产，推进调整种植结构、优化农业产业结构，生产更多市场期待和认可的特色优质农产品。

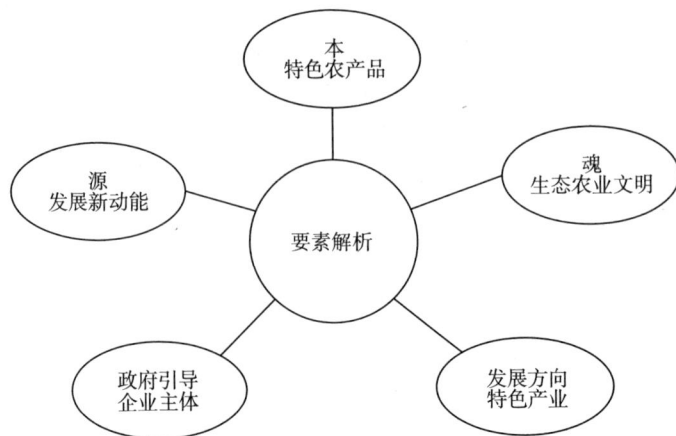

图3-1 特色产业型农业发展模式要素解析

还需注意，特色农业的核心是实现农业产业化经营，规模和品牌对于产业化经营必不可少，二者并驾齐驱。有规模无品牌会导致消费者对优质农产品缺乏记忆，在市场竞争中处于不利地位；有品牌无规模会导致优质农产品无法规模生产，农产品供应量不足同样会导致在激烈的市场竞争中处于劣势地位。特色产业型发展模式要求农业也要打造自身的品牌，形成巨大的生产规模，改变以往农业小规模经营、分散种植、低水平生产、农产品质量良莠不齐的弊端。

特色产业型发展模式和农户之间利益联结相对紧密，该模式集中当地现有的资源，倾斜投入当地特色农产品的培育和研发，改良品种、升级农作物品质，培育具有区域特色的优质农产品，实行一个产品定制一个规划的策略，确定重点生产区域，划定优质农产品生产示范区，以村集体或农业大户为单位成立农业龙头企业，研发培育优质农产品的核心生产种植加工技术，推广一系列的配套技术，对当地农民进行技术培训和经验传授，和农户建立良好的合作关系，推动农户统一种植高品质农作物，形成区域性集中统一种植，打造具有区域特色的优质农产品品牌，引导和带动农业结构调整。特色产业型农业发展模式可以形成保质保量的规模化生产，切实实现农产品增产提质，将优质农产品的发展福利惠及每一位农民，促进农户增产增收，提高农户的生活水平。

案例：内丘县富岗苹果

以邢台市内丘县富岗苹果为例，岗底村以村集体为单位，成立河北富岗食品有限公司，统一经营富岗苹果，将富岗苹果打造为当地的特色农产品，提升富岗苹果的品质，打造富岗苹果的品牌化效应，将富岗苹果这一产业作为当地的支柱产业做大做强。岗底村原来山体多是裸露的岩石，土层比较薄，土壤贫瘠，难以实现农作物种植生产。后来联合河北农业大学的教授、学者实地调研、实践探索，摸索出一条适宜岗底村的生态环境改造和农业生产发展之路。改造过程中，将山体分为三层（图 3-2）。在上层种植樟子松和刺槐等植物，这类植物可以涵养水分、保持水土，有效地改善当地土层稀薄、土壤贫瘠、水土流失严重等一系列问题，为农作物种植创立良好的生态环境。在中层种植板栗、苹果树等经济林，既能提高当地的植被覆盖率，修复被破坏的生态环境，改善农业生产的自然条件，又能发展以苹果种植为主的特色产业，走出当地的特色发展道路，为农民创收，提高农民的收入和生活水平。在底层打造梯田用于农民需要的农业生产生活，满足农民的日常生活需要，这样形成立体式的生态体系，保障小流域治理模式的生态效益，同时也为山区经济效益的可持续发展奠定了坚实的基础。

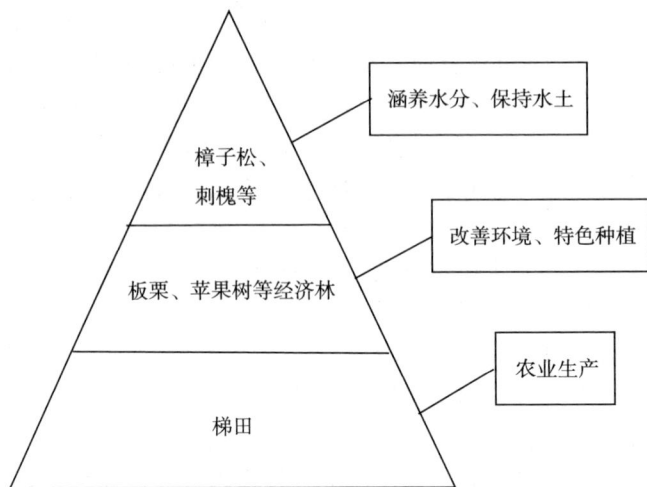

图 3-2　岗底村治山模式

2020 年，岗底村已实现山场全部绿化，耕地已退耕还林还果，种有苹果 3 500 亩*，优质板栗 2 000 亩。岗底村的山场治理采取"五统一分"的方式，即实行统一规划、统一施工、统一服务、统一标准、统一验收和分户管理。该村苹果的生产经营方面确定了"五分一统"模式，即实行"分户专业承包、分散经营管理、分类技术指导、分清权利责任、分级独立核算、统一品牌销售"，管山、管树、管产业的"统分"结合的管理体制，实现了山场有效的治理和管理，达到了经济追求和生态规划的协调发展，既收获了经济效益又实现了生态效益，融合了生态和环境协调发展，带领岗底村的村民走出了一条"立体治山＋特色产业（图 3-3）"的可持续发展之路。

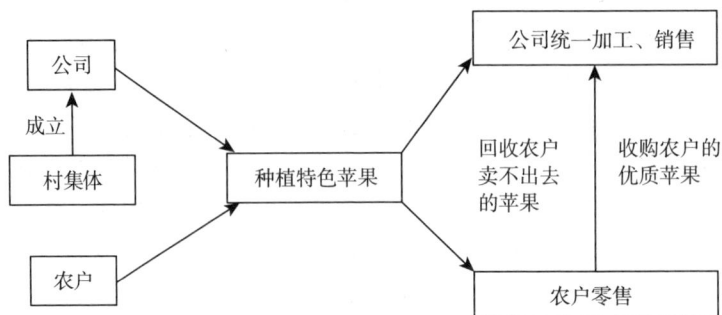

图 3-3　岗底村特色苹果产业经营模式

---

　　*　1 亩≈667 平方米。

　　岗底村的苹果种植经历了长时间的探索和实践创新，20世纪80年代岗底村和太行山区的众多山村一样，山荒人穷，当时的村党支部书记杨双牛同志为了脱贫致富带领农民种植苹果，想走苹果种植的农业生产路径，但由于种植经验不足缺乏技术支持，种植出来的苹果成品都是品质低劣的次品。为了突破这一困境，岗底村请来了中国农业大学的教授胡小松、河北农业大学的教授李保国和邢台市农业学校的专家讨教苹果种植技术。李保国教授先在村里推行苹果套袋技术，实践证明了套袋技术的成功后，李保国教授又先后培育了适宜岗底村自然条件种植的富岗一号、富岗二号、富岗三号苹果品种。富岗苹果的培育和发展离不开人才和技术的支持，李保国教授不仅从理论方面以书面形式总结了苹果种植技术的精髓，更是在整个产业发展的全局方面提供技术指导，为农民提供手把手地免费种植技术，传授种植经验。李保国教授将苹果种植技术专业化、标准化、简洁化，编写形成了通俗易懂的128道苹果标准化种植管理工序手册，人手一本，把191位农民培养成了"持证上岗"的果树专家，这些简单易懂却十分有效的技术让农民走上了吃"技术饭"的道路。

　　按照突出重点、适地适种、规模发展的原则，引导优质果品向优势产区集中，在太行山山区形成了以富岗苹果为主的苹果、板栗、柿子等优质干鲜果品生态经济林带。在岗底村家家户户都从事苹果种植，依托太行山丰富的绿色资源，形成了以苹果为核心的绿色生产基地。岗底村村民通过几年时间将流转到户的土地统一收回、统一治理，根据李保国教授"生态大花园"的理念，摸索出了太行山区"高层盖帽、中层拦腰、底层环绕"的生态林业模式，即顶层种樟子松、刺槐等林木涵养水分，中层种植板栗、核桃等干果，山脚种植苹果树。该生态林业模式实现了生态效益和经济效益的统一，成功将荒山变为"金山"。2018年，岗底村建立800亩的苹果示范园，采用"公司＋标准＋基地＋农户"的生产经营模式，打造苹果全产业链体系。至2020年，岗底村林木覆盖率达90％以上，改造老果园100多亩，亩产达到2 888.1千克，果农得实惠600多万元，村民人均收入达4.6万元。208名果农参加了果树专业技术培训，191名分别获得国家颁发的初、中级果树工证书，岗底村成为全国第一个持证务农的村庄。集体成立的富岗食品有限公司已引导1 481户贫困户入股并与其签订收购合同，达到其收购标准的苹果以每斤*高于市场价0.1元的价格收购，直接带动了周边35个贫困村的1 481户贫困户增收致富，人均增收3 000元以上。

---

* 1斤＝0.5千克。

岗底村的特色发展道路取得了巨大成功，不仅恢复了被破坏的生态环境，有效改善了当地的人居环境，形成了均衡运行的生态系统，还创造了巨大的经济效益，形成产业化生产链条，打造了中国驰名商标"富岗苹果"，形成品牌效应，帮助全体村民脱贫致富，辐射周边地区，实现了地区经济发展。相比其他地区发展的生态农业模式，富岗苹果的生产经营模式和农户的联系更加紧密，更有效地实现了农业增产、农民增收、农村增绿。岗底村村民成功地在太行山开辟了一条可持续发展道路，但同时这条道路上也有一些问题亟待解决。经过对村民的走访调研，我们了解到，岗底村的苹果种植目前依旧以人力劳动为主，科技的投入水平还保持在一个相对较低的水平，劳动力生产成本投入高，机械化程度不够，虽然当地已经形成了专业化规模化种植，但是距离机械化种植依旧有一段距离。农户种植的苹果虽然大方向上有统一的质量标准，但每个农户个体对于品种的选择和种植过程的把握依旧有所差别，岗底村虽然成立了村集体公司，但公司主要从事中高端优质果的加工和销售，对于农户种植出来的苹果筛选过程烦琐、耗费时间较长，贮存成本居高不下，公司和农户联结不够紧密，大多数农户的苹果销售还是以零售为主。整体而言，村民销售苹果的销路还需要不断扩宽，挖掘多种销路，与当前流行趋势相结合，发展当地的物流、电商等行业。从生态角度考虑，每年大规模的苹果生产，可能会引起当地的水循环失衡，需要在种植苹果的同时充分考虑涵养水分，保持生态平衡。果树种植过程中农药化肥的使用也可能对环境造成一定的影响，要注意控制农药化肥的使用量，避免农药化肥的大规模使用破坏土壤肥力，导致生态环境恶化。

3.2　太行山农业创新驿站

"太行山农业创新驿站"是一个科技兴农、科技扶贫的平台载体，是以企业（园区）为主体、以市场为导向、以产业为支撑、以科技为动力，产学研深度融合的农业科技创新和发展模式。在"太行山农业创新驿站"的建设和推进中，遵循"六个一"模式①。

太行山农业创新驿站的建设离不开政府、企业和农户三方主体的共同发力，更离不开河北农业大学的科技支撑。保定市及各县政府高度重视建设太行山农业创新驿站，保定市政府和河北农业大学签订建设"太行山农业创新驿站"协议后，由各县安排专项经费用于筛选出的 30 个驿站的前期建设，并在

---

① 徐华. 保定全力打造太行山农业创新驿站［N］. 河北日报，2017 - 08 - 22 (011).

土地、水电、用工等方面给予政策倾斜，促进驿站建设计划迅速实施落地。驿站成立后，由企业和园区共同负责为驿站建设提供必要的硬件设备，以及为专家团队提供生活及科研办公场所。企业负责落实专家团队提供的发展项目和规划，以及驿站园区的日常管理工作。驿站园区的建设不仅为当地农业开辟了新的发展模式，更带动了周围农户的增收致富。驿站建设促进当地的土地流转进程，企业园区将农民流转的土地集中起来，统一规划经营，不仅为农民提供技术培训，还为农民提供了更多的就业岗位和途径，将农户的利益和企业的利益紧密联结在一起，得到了当地农民的广泛支持。太行山农业创新驿站的建设离不开专业的科技支撑，河北农业大学的 300 多名专家教授成立了农、林、牧、加工等多方面的 30 多支专家团队，进驻驿站园区，为园区提供全产业链的科技支持、技术服务、市场指导、产品加工、贸易接洽。驿站建设以来，各专家团队积极推进农作物新品种、新技术在驿站的应用推广，实施测土配方技术、水肥一体化技术、无土栽培技术等多种农业科技工程，依托当地特有的优势品种进行升级改造，成立具有当地特色的农业产业技术创新联盟，打造农业科技研发引进推广的孵化平台，构建现代生态农业技术体系，在驿站农产品品质、科技含量、市场竞争力等多方面进行了全新升级。

"太行山农业创新驿站"建设是对"太行山道路"的深化与扩展，具备层次提升、效益增加、范围延伸、对接精准等显著的特点。"太行山农业创新驿站"运用诸如数字管控技术、土肥水综合管控技术等先进的农业生产技术，助推由传统农业科技到现代农业科技转变。金融扶持由传统的扶持小农户转为扶持农业企业，由企业和园区带动农户，从而带动整个产业和区域的发展，扶持力度和带动作用更上一层楼。"太行山农业创新驿站"不仅覆盖地域范围变广，产业类型上更是转向包括食用菌、药材、盆景等与农业相关的全产业类型，产业链条向上游及下游延伸，形成包括产前、产中、产后所有环节的全产业链，与之配备的专家团队也由部分学科专业转向全学科、多专业参与。驿站建设坚持以问题和需求为导向，精准对接企业、园区和当地的特色农业产业，为园区发展遇到的困难和瓶颈配置不同领域的优势资源，为园区规划提供专业的咨询策划技术和服务，为园区所在地的农业产业提供系统精准的发展规划前景。

案例：阜平县各具特色的农业创新驿站

以保定市阜平县为例，阜平县具备优越的自然资源以及悠久的农业产业发展历史，形成了规模相对集中的特色产业布局，农业发展具有明显的后发优势。在此基础上，阜平县建立了红草河村博嘉苹果、南粟元铺村嘉鑫食用菌、固镇村瑞博梨、店坊村林发大枣、万宝庄村禾木丽园酸枣等具有典型特色的农业创新驿站。

博嘉农业创新驿站位于天生桥镇红草河村，是种植苹果等多种果树的适宜区，是重点打造的扶贫项目西线果品产业带的核心区。2018 年，该驿站核心区占地 500 亩，其中苹果种植面积 350 亩，樱桃新品种引种示范 8 亩，玉露香、红香酥等梨新品种试验园 15 亩。博嘉农业创新驿站在充分利用当地地理优势的前提下，以河北农业大学专家教授团队提供的技术支持为支撑，努力实现苹果产业技术本土化、新成果孵化和熟化，辐射带动全区域苹果产业全面升级。在经营模式上采取"公司＋园区＋农户"的模式，按照苹果不同的培育和生长阶段将任务分给公司、园区和农户，在公司和农户间建立紧密的利益联结机制，农户可以通过土地租金、入股分红、劳动薪金等多种收入渠道增收，有效实现当地苹果产业的提质增收。

嘉鑫农业创新驿站主要发展食用菌产业，核心区位于南栗园铺村、龙王庙村，占地 700 亩，至 2019 年建成标准化香菇大棚 217 个，建立了智能化生产管理系统，实现了生产过程全程网络化管理和核心园区全覆盖。依靠菌种快速繁育技术体系、香菇菌棒工厂化生产技术体系和香菇精准化栽培出菇管理技术体系，实现了菌种生产成本降低、生产产量提高、产品品质提高、市场竞争力提高等多方面优势集成。嘉鑫农业创新驿站选择采取"政府＋科技＋企业＋基地＋农户＋金融"的"六位一体"经营模式，对食用菌生产采取统一建棚、统一菌种、统一制棒、统一技术、统一品牌、统一销售、菌棒分户精细管理的"六统一分"生产模式，两种模式结合应用实现了该驿站发展食用菌产业的标准化、产业化进程，实现了产业转型升级，破解了当地食用菌产业发展技术、管理、资金、市场等诸多难题。驿站不仅将食用菌大棚承包给附近的农民，还在装菌棒、灭菌等多个环节招收农民务工，为当地的农民增加了就业岗位，在 2018—2019 年度实现辐射带动周边 6 个乡镇，15 个园区，1 327 个大棚，1 089 户农户。

瑞博农业创新驿站位于北果园乡固镇村，主要发展产业为梨产业，园区面积为 780 亩，种植梨树 6.5 万株，包括玉露香、新犁 7 号、秋月、雪青和红香酥等新品种。除新品种外，该园区还采用新模式及新技术，即推广梨产业生产的机械化、省力化、标准化和矮密化的"四化模式"，采用绿色生产技术、生草覆盖技术、诊断施肥技术和节水灌溉技术等新技术，在建设高标准梨生产基地的基础上，结合旅游业，打造集梨树种植、旅游观光、娱乐采摘为一体的体验式林果园。在经营模式上，瑞博农业创新驿站采取"公司＋园区＋农户"的模式，农户可从土地流转、园区务工、园区利润分红等方面增加收入，有效促进了辐射范围内的农户增收致富。

林发农业创新驿站位于店坊村，园区规划面积 461 亩，以枣树绿色种植为特色，集新品种、新技术引进、研发、集成于一体，建设集固定棚结构、配套温度控制、设施栽培与防雨、品质提升等关键技术于一体的设施高效栽培技术体系，形成具有示范性的科技先导型的一流山区现代枣业综合站。驿站建设有试验示范园、干制枣生产示范园、鲜食枣生产示范园等多个用于培育新品种、研发新技术的示范性实验园区。驿站技术培训、引领示范，培育一批以枣种植为职业、具有专业知识技能的职业农民，通过就业充分带动了周边农户增收致富，促进了河北省山区枣产业技术进步、枣产业跨越发展。

禾木丽园农业创新驿站位于城南庄镇万宝庄村，种植酸枣 2 500 亩。该驿站围绕阜平县农业产业的生态、经济、社会发展需求，以推进农业产业科技创新为重点，以河北禾木丽园农业科技股份有限公司为平台，依托河北农业大学科研团队，进行酸枣新品种、新技术、新成果、新装备的引进、试验、示范和推广。此外，驿站还对酸枣进行深加工产品研发，建设现代化的酸枣加工基地、冷藏及生产辅助设施，引进先进的酸枣生产成套设备，开展酸枣系列产品研发，采取"公司＋合作社＋农户＋基地"的产业化经营模式，辐射带动全县酸枣种植农户。

太行山农业创新驿站建设是对"太行山道路"进一步深化拓展的有益探索，它以企业为主体、以市场为主导、以科技为支撑，整合了多方优势资源，实现了当地农业产业的转型升级，扩大了农业科技的研发、培训、普及和推广范围，它通过发挥科技的引领示范作用，以产业为纽带，将农户和企业园区的利益紧密联结起来，实现了当地的产业脱贫和农业可持续发展。

3.3　循环农业型发展模式

循环农业是相对于传统农业提出的一种新的农业发展模式，即摒弃了传统农业粗放、浪费、对环境污染大的弊病，又不需要像现代农业一样投入大量的资金设备。循环农业结合生态学、农学、生态经济学和可持续发展理论等原理，通过采用物质循环技术、物质多层次利用技术和生态工程学方法，提高农业生产过程中的资源循环利用效率，降低废弃物排放，最大限度地将农业生产的各环节结合起来，促进资源在各农业生产环节自然有序的流动，实现节能减排和增产增收的目的。

循环农业是一种低投入、高产出、兼具经济效益和生态效益的农作方式，它在提高农业种养效益的基础上，还兼顾实现节约资源、平衡生态、保护环境的可持续发展目标。循环农业要求实现"资源开采度低、利用效率高、向环境排放废弃物少、物质与能量再循环利用"①。循环农业的循环链条一般由多个相关联的链条主体构成，链条主体各具特点，可能分属于不同的农业生产部门，如种植业、养殖业等，但由于各主体链条存在于一个统一的循环体中，所以各主体间存在很强的共生型，各主体相互促进、彼此互补、缺一不可，任何一个主体出现问题，循环链条必然不能正常运行。

典型的循环农业模式为种养结合型农业循环模式（图3-4）。种养结合型农业具备种养分离型现代农业不可比拟的可持续发展优势，其通过自然→植物→动物→（植物）→人的循环路径将资源进行高效利用，进一步降低了投入提高了产出②。通俗来讲，种养结合就是通过建立绿色优质、生态环保、科学循环的可持续发展模式，发展农产品种植业和畜牧业相结合的生产方式，形成人与作物、家畜、土壤、环境的良好循环互动关系。

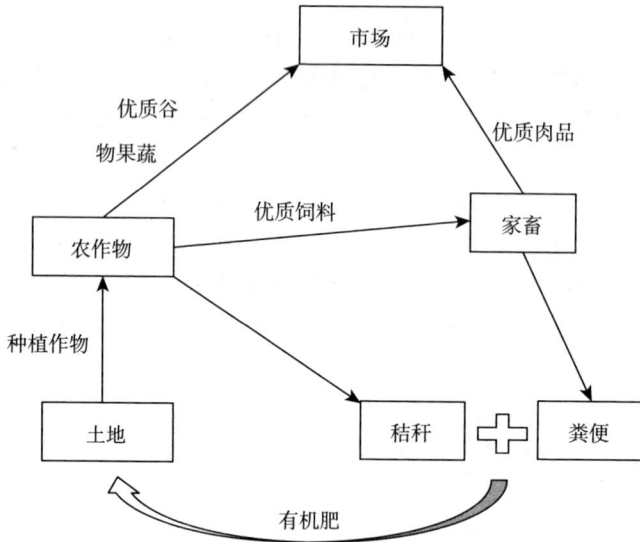

图3-4 种养结合型农业循环模式

河北省太行山区总国土面积6 067.1万亩，占河北省国土总面积的17%，其中干旱丘陵区占太行山区面积的25%左右。太行山丘陵区是太行山最特殊的类型区，最典型的特征是极度干旱缺水、土层极薄、自然植被覆盖率低、单位面积人口众多、人均山场资源少、山场坡度较缓。由于水分土壤等自然条件

---

① 辛红霞. 种草养畜的高效生态农业模式研究［D］. 南京：南京农业大学，2011.
② 高书凝，胡丹，苏春硕，等. 发展种养结合生态农业模式的可行性分析［J］. 湖南畜牧兽医，2021（06）：12-14.

很差，所以其开发利用率一直较低，至今未被开发的、处于荒废状态的山场占太行山丘陵区总面积的 50% 以上。河北农业大学郭素萍研究员主持的"太行山干旱丘陵区果草畜结合的立体生态型农业发展模式研究"在太行山干旱丘陵区开发出了基于水土资源平衡的"聚土集雨"隔坡沟状梯田工程技术，实现了土层加厚、减少水土流失、林木速生丰产的目标；通过采用集雨节水的方法，积蓄天然降雨和地表径流，与节水灌溉相结合，建成了一套高效用水技术，破解了当地水资源不足的窘境；创立多种果草畜相结合的高效生态的循环农业型发展模式（图 3-5），实现了亩产值 3 000 元以上。在太行山干旱丘陵区应用这些技术措施对改善当地生态环境、增加农民收入、改变当地群众贫困落后状况具有重要意义。该模式具备五种开发途径（图 3-6）：

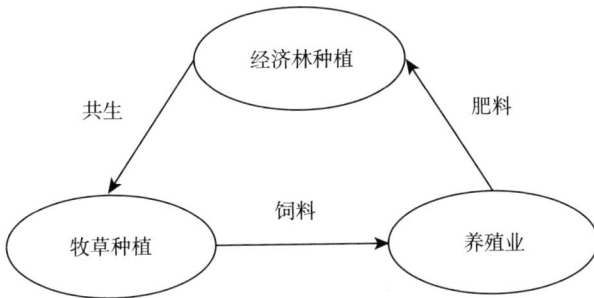

图 3-5　循环农业型发展模式

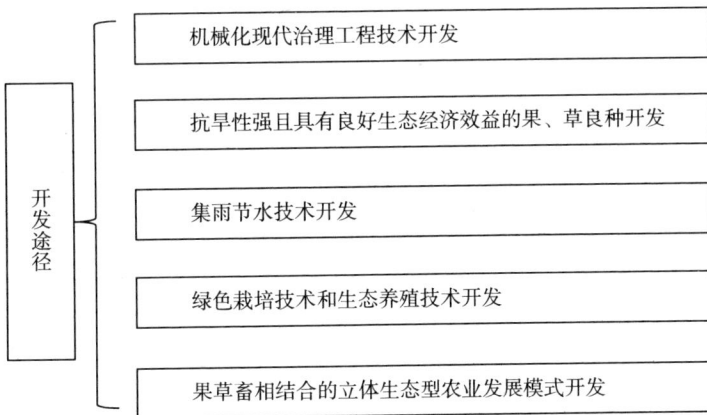

图 3-6　循环农业型发展模式的五种开发途径

（1）机械化现代治理工程技术开发

在太行山丘岗地部分，采用隔坡沟状梯田工程技术，进行梯田改造，实现聚土集雨，增加土壤厚度之余积蓄一定量的天然降水，防止水土流失。

（2）抗旱性强且具有良好生态经济效益的果、草良种开发

从节水抗旱和经济效益两方面考虑选择适宜的果草种类。干旱丘陵岗地以发展核桃、杏、李为宜，根据规模发展和市场选择核桃为最佳；豆科饲草材料以紫花苜蓿最为适宜，适应性强，产草量高，生长年限长，能连续生长 6 年以上。

（3）集雨节水技术开发

采用集成聚集地表径流、地面覆盖保水和节水灌溉相结合的"聚、保、节"高效用水配套技术进行农用地开发。

（4）绿色栽培技术和生态养殖技术开发

采用通过了有机认证的肥水管理技术、病虫害防治技术、花果管理技术、整形修剪全套技术的有机核桃栽培技术和生态养鸡技术等一系列技术进行农用地综合开发利用。

（5）果草畜相结合的立体生态型农业发展模式开发

建立果草畜相结合的"核桃—草—鸡"模式、"核桃—草—羊"模式、"甜柿—苜蓿—猪"模式和"杨树—草—牛"模式等 4 种立体生态型农业模式进行当地的农业开发和推广。

案例：临城县绿岭核桃

绿岭核桃小镇位于临城县绿岭太行山东麓，属浅山区，干旱缺水，乱石密布，被称为"洪积冲积多砾石岗底"，开发难度极大，是世界性难题。1999年，李保国教授来到凤凰岭，经过实地勘察和大量实验，成功开创了"开沟换土、客土造林"的治理模式，将千百年来的荒山秃岭变成了一望无际的"绿岭"。在李保国教授和众多专家的勘探测算下发现，绿岭地区最适宜种植优质薄皮核桃。绿岭人按照李保国教授提出的治理标准，在荒岗上统一挖掘长 1.5米、宽 1.2 米水平等高条形种植沟，挖走原来的石头胶泥和僵石，运来好土与鸡粪、农作物秸秆混合回填，保证绿岭核桃的正常生长。李保国教授研究出核桃的最佳培育方法后，手把手地教给农民，为农民提供免费的技术服务和种植经验咨询，帮助农民熟练把握核桃的种植方法。李保国教授开创的核桃矮化密植技术，通过将核桃树密植、树枝拉平，实现了核桃的连年稳产。李保国教授针对核桃树行间管理需要的除草、施肥、林间管理等大量繁重的工作，精心研究出了"树上结核桃，树下苜蓿草，草中鸡和鹅，吃虫又吃草，粪便壮果树，空中黑光灯，不用药不锄草"的立体生态种养模式，对传统林下单纯的"种"和"养"进行创新，既增加了经济效益又提高了生态效益。

绿岭核桃小镇位于浅山区，干旱缺水，曾是一片开发难度极大的荒山。李保国教授通过对绿岭山区不断地研究勘探，开发出"树上结核桃，树下苜蓿草，草中鸡和鹅，吃虫又吃草，粪便壮果树，空中黑光灯，不用药不锄草"的立体生态种养模式，打造国内北方最大的核桃生产基地。采用林下经济的发展方式，将种核桃和畜禽养殖相结合，引进优种苗木、生态养鸡、小管注流、黑光灯防虫、沼气等十几种先进的技术，创新种养结合新形式。既保障了绿岭核桃的产量和品质，打造绿岭核桃这一特色优质农产品品牌，又为当地山区走出一条可持续发展道路。在核桃种植方面，绿岭公司坚持以生产优质健康的产品为宗旨，采用"树、草、畜、沼"的生态作业模式，杜绝化学药品的使用，为环境减负。绿岭公司主营安全健康的有机农产品，绿岭核桃已经通过了最权威的欧盟有机认证，绿岭核桃乳不添加香精、色素、防腐剂之类的成分，荣获核桃乳类唯一的金奖，其他的核桃油、核桃蛋白片等产品也是以安全健康为原则，不添加任何食品添加剂，最大限度保留核桃的营养成分。

绿岭核桃采用公司经营的形式，实行统一种植的方式，严格保证了核桃的质量，走出了一条一二三产融合的发展道路。绿岭公司实行滚动式发展，不断扩大租用荒地的范围，扩大荒山的治理范围和核桃的种植面积。除种植销售核桃外，绿岭公司还建立了苗木培养基地，培养优质的绿岭核桃苗木对外销售。绿岭公司在当地创造了大量的就业岗位，不仅如此还对农民实行包干制，对农民进行免费的技术培训，发挥龙头企业、合作社等新型经营主体的带头作用，将农民紧密联结起来，规范生产过程，统一产品质量标准，发挥主体间的利益联结机制，促进当地的小农经济向现代农业经济转变，有效促进当地农民脱贫。一户农民种植两公顷的土地，农民根据每年的收成定量上交核桃，如果核桃丰收超过上交数目，公司还会以市场价格收购核桃。绿岭公司不仅销售核桃的初级农产品，还进行核桃深加工，将核桃加工成优质的核桃乳、核桃干果零食，此外还依托核桃产业基地打造旅游景点，建设养老公寓、游乐园、滑雪场等一系列娱乐设施，在核桃林下散养鸡、鹅，带动相关产业的发展，通过实现产业融合发展，打造绿岭地区"生态＋旅游"的模式，核桃不仅是普通的农产品和食品加工品，更是将绿岭核桃打造成旅游产品，挖掘产业价值，整合"绿"字相关的资源，建设一条42公里*长的自行车骑行长廊，提高生态旅游业的综合竞争力。绿岭公司的发展壮大辐射了周边地区，带动了相关村镇的发展，有效地实现了为农民创收为农业增效，实现了经济效益和生态效益的同步增长。一二三产融合发展带动了"绿岭"溢价功能，为乡村振兴进行了品牌、产业架构、资金、路径等物质、文化、精神层面的积累。

---

* 1公里＝1千米。

绿岭公司不仅在多年发展中成为行业领跑企业，更是辐射带动周边地区发展。至 2019 年，仅临城县已成立有 37 家农业公司、75 个核桃专业合作社，8 个乡镇、1.16 万农户参与绿岭的产业化经营，种植薄皮核桃 26 万亩，帮助 1 万多户农户通过种植核桃脱贫致富，人均增收 3 000 元以上。其特有的薄皮核桃种植可实现三年结果，五年丰产，亩产坚果 200～260 千克，核桃品种优异，平均单果 12.8 克，壳厚 0.8mm，脂肪含量 60.9%～65.8%，蛋白质含量 19.1%～21.5%。除推广产品外，核桃种植技术也在全国范围内得到广泛推广。据不完全统计，截至 2020 年，李保国绿岭科技服务队在全国举办技术讲座 1 900 多场，培训 3 万多人，累计向全国推广优质核桃苗木 1.1 亿多株，覆盖全国 239 个县、区，形成优质核桃种植面积 260 多万亩。绿岭所在的邢台市建设的"太行山百里百万亩薄皮核桃产业带建设工程"覆盖 30 个乡镇 799 个村 63.4 万人，其产业链提供就业岗位近 20 万个。2011 年绿岭公司总投资 3.2 亿元、占地 200 余亩，建设核桃深加工基地。9 条生产线建成后，年加工核桃原果 3 万吨，生产原味和多味休闲核桃及保鲜核桃、核桃乳、精制核桃食用油等多种产品共 13.85 万吨，生产核桃蛋白片 900 万盒，核桃苗年产 300 万株，年总产值达 26.6 亿元，提供相关就业岗位 5 000 个。其开发的手剥烤核桃产品自上市以来，产品销量一路走高，2017 年到 2020 年销量分别为 25 万千克、75 万千克、150 万千克、200 万千克，年增速分别为：200%、100%、33%，虽然增速有所降低，但年销量依旧保持持续增长状态。

但当地也有一些固有问题会影响核桃生长。与当地气候相关，绿岭核桃生产基地的核桃容易受到日灼的伤害，冬春季节白天阳光充足，晚上气温骤降，夏季核桃树蒸腾加快无法得到充足的水分补充等一系列问题都会对核桃树造成伤害。此外，绿岭核桃生产基地的核桃树还常常受到晚霜的危害，损坏核桃树的主干、新梢、根茎和花芽，从而降低核桃产量。

3.4 生态观光型发展模式

生态观光型发展模式是指根据顶层设计，利用不同种源特性、时令季节轮回，按照一定的工艺种植布局调整结构，生长出具有一定色彩、一定图案的稻田、梯田，比如贵州、云南多彩梯田等，把旅游资源和农业资源合理搭配组合，将旅游观光和生态农业建设结合起来的一种发展模式。生态观光型发展模式是近些年新发展起来的一种新模式、新业态，是一种新的城郊型的园林农业发展范式与趋势，这种模式以市场需求为导向，由种植业入手结合农产品加工行业，以农业高新技术产业化开发为连接纽带，以旅游观光服务为手段，在提升传统农业效益的同时，培育特色农产品，结合第三产业服务业等新兴产业，打造品牌效应，加大宣传推广力度，进行农业观光园建设，促进一二三产融合发展，追求发展的综合效益。

生态观光型农业有效整合了当地的旅游资源并将其与农业发展结合起来，形成一种新的经济发展模式，该模式以旅游业和生态农业为核心，宣扬生态文明理念，进一步推进生态效益和经济效益的统一，是现代化农业发展的重要表现形式之一。生态观光农业要求具有特色的观光地区、优质农产品和高质量的农家乐服务，因此在健全生态观光农业产业链的过程中要重视农产品和农家乐服务的安全性和规范性，为游客提供符合生态农业标准的绿色有机农产品和农家乐服务①。根据国内外学者对生态观光型农业发展模式的研究，结合我国生态观光农业的发展现状，我们可以将生态观光农业分为六种不同的模式（图3-7）。

(1) 观光旅游模式

以自然型农业生态观光旅游为主，利用现有的旅游资源，将生态农业和旅游相结合，以当地特有生态农业经营模式、风土人情和观光环境为卖点，打造旅游景区吸引游客观光、休闲、体验、度假，是在发展农业生产的基础上开发的新型旅游开发模式②。

(2) 休闲度假模式

以城市型农业生态观光旅游为主，是指将休闲度假与新农村建设结合起来，在城郊或者是离市区相对较近、交通便利的地方，建设农家乐、生态采摘园、度假村等休闲度假项目，主要以消遣娱乐、康养健身、休憩疗养、放松身心为主要目的，为市民提供周末假期短期旅游度假、亲近自然的场所。

(3) 森林公园模式

森林公园是以天然林或大面积的人工林为基础，规划建设的公园，由天然林建设的森林公园保存有天然的自然景观，对其进行人工修正后可以为游客提供游览观光及短期自由休假，使其成为具有一定景观系统的森林，游客在其中观光游览不仅能领略自然人文景观，更可以体会回归大自然的乐趣。

(4) 科普教育模式

在农业产业基地、农业园区或红色旅游景点等基础上发展起来，以农业科技示范、发展历程、名人事迹为主，融入文旅元素，对游客开展现代化的栽培

① 孟菲. 探析生态观光农业经济发展现状及技术措施 [J]. 黑龙江粮食，2021 (11)：59-60.
② 陶庆华，李颖. 农业生态观光旅游发展模式现状及优化策略 [J]. 农业工程，2018，8 (12)：129-131.

管理技术展示、红色事迹解读、农业体验活动等一系列具有教育意义的文旅活动。

（5）民俗体验模式

利用当地村庄的居住、服饰、饮食、礼仪、节令、游艺等多种民俗，吸引游客感受当地的民俗风情，开展民俗文化游，辅以在村庄或果园采摘园内举办如梨花节、桃花节、摄影书画比赛等多种文化节庆活动，使游客在游乐之余，享受民俗风情、开阔眼界、提升文化素养。

（6）农业科技园模式

在农业科研基地的基础上，利用科研设施作为农业观光景点，以高新技术为教材，对包括农业工作者和中、小学生在内的游客进行农业技术教育，形成集农业生产、科技示范、知识普及、科研教育为一体的新型科教农业园。

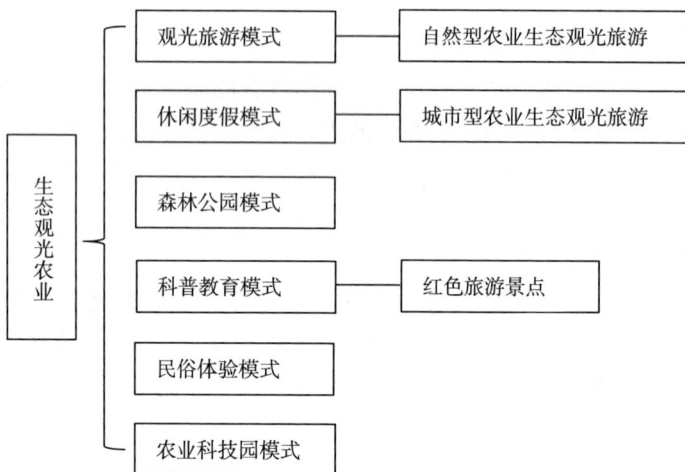

图 3-7　生态观光农业发展模式

案例：涞水县生态观光旅游

涞水县位于太行山北部，地形多为山地丘陵，属温带季风性气候，夏季炎热多雨，冬季寒冷干燥，山场资源、矿藏资源、林果资源等资源相对丰富，植被覆盖率相对较高，各种林木种类丰富，垂直分布状况明显，生态环境相对较好。但涞水县贫困村数量多，贫困人口数量众多，该地区是太行山集中连片特困地区，依托当地的自然资源、生态资源和旅游资源等发展适宜的产业，是发展该地区经济帮助农民脱贫致富的重要任务。

涞水县依托丰富的旅游资源，大力探索推行"景区带村、能人带户"的旅游扶贫模式（图3-8），被列入全国"景区带村、能人带户"旅游扶贫试点县。涞水县在发展过程中，坚持把生态建设放在重要位置，以林业为主导产业，结合生态修复规划，大力开展荒山绿化、村庄绿化、街道绿化、特色产业基地化建设等实施方案，推进深山区生态绿化、低山丘陵区特色经济林建设、通道绿化建设、城镇农村绿化建设、环京防护林带建设、水土保持林建设等重点工程，建设天蓝、水清、山绿、地净的美丽涞水[①]。涞水县在大力建设生态工程的基础上，充分挖掘当地旅游资源潜力。涞水作为一个千年古县，历史文化底蕴深厚，在历史上涌现出了一些著名的历史人物，诸如祖逖、祖冲之等，有众多国家级和省级文物保护单位可用于开发旅游观光，高洛古乐更是入选国家非物质文化遗产，具备极高的文化价值和观赏价值。除此之外，涞水县太行山区更是革命老区，具有抗战历史，聂荣臻、杨成武等众多老一辈无产阶级革命家曾经在此生活战斗，可挖掘该地的红色历史，开发红色旅游景观，吸引游客来此参观游览学习、回顾历史。

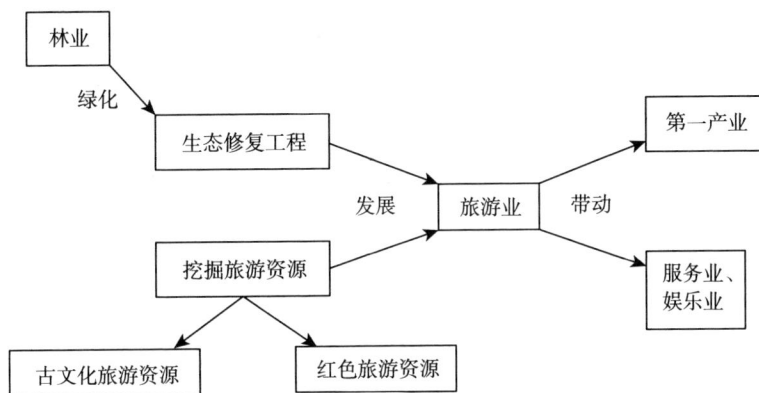

图3-8　涞水生态观光型发展模式

涞水县的旅游规划将全县所有人口纳入考虑，依靠旅游业的带动作用，发展周边产业。以涞水县的"野三坡"为例，其风景秀美壮丽、民族风情淳朴、文化底蕴深厚，当地大力发展野三坡旅游景区，建设农家乐等娱乐设施，不仅发挥旅游业对餐饮业、娱乐业等行业的带动作用，还积极推广当地的土特产品，打造在广大消费者中享有盛誉的野三坡"三宝"：核桃、杏扁、伏花椒。

---

① 李国飞，徐广才，邱明明．涞水县太行山区山地特色农业发展研究［J］．湖南农业科学，2016（07）：106-111.

涞水县发展的生态观光型发展模式以旅游业为中心，带动第一产业和第二产业的发展，始终把生态建设放在首位，实现了当地发展的互利多赢，成功帮当地人民脱贫致富，摆脱贫困县的帽子，达到经济效益、生态效益和社会效益的协调统一。

3.5　生态文明村建设模式

生态文明村建设内容包括村内绿化，村容村貌改造，便民利民设施建设，土地综合整治，医疗卫生室及农牧村合作医疗制度建设，太阳灯具、路灯、热水器等新型能源综合利用，村庄通电、通电话、通广播电视、通互联网"四通"建设和线路整治改造，特色种植、专业化养殖和农牧民专业合作社培育，"农家乐""牧家乐""林家乐"等休闲旅游业开发，村庄平安建设，农牧民适用技术和职业技能培训等。

党的十八大首次提出建设"美丽中国"的目标，建设美丽中国契合了我国广大农村地区的发展需要，更是我国社会主义新农村建设的行动指南。建设美丽中国不仅包括建设自然之美，更包括建设人文社会之美。生态文明村建设以建设美丽中国理念为指导，不仅要恢复绿水青山的生态之美，还要同步实现物质文明的发展之美、精神文明的人文之美、政治文明的民主法治之美、社会文明的幸福和谐之美。

生态文明村建设要分阶段进行，首先综合评价当地的资源条件和发展基础，对于发展相对落后的村庄，首先需要在村集体领导的带领下进行旧村改造，将村庄整治项目和旧村改造深度融合，对村庄布局和农民建房在保留当地原始生态风貌的基础上统一规划设计，对村内用水、用电、道路、排污等基础设施进行配套建设，达到改变村容村貌、改善农村人居环境的目的。其次邀请专家学者对当地的发展现状、现存发展资源进行考察评估，挖掘当地特有的发展资源，诸如特色农产品资源、休闲旅游资源等，制定当地的生态农业发展战略，譬如特色产业型、旅游带动型、生态观光型、循环农业型等发展模式，将当地现有资源结合起来，采用政策引导、技术扶持、技能培训、企业融入等多种方法建立高效的生态农业体系。最后，展现当地特有的风土人情，将当地的风俗民情和旅游资源相结合，通过弘扬特殊的乡土文化打造新的旅游增长点，让游客在感受景点的自然之美之余，也能体会乡村独特的文化之美。

生态文明村建设也是一种动态循环的产业发展模式，从初期的旧村改造、完善基础设施建设到挖掘当地的发展潜力，培育文明、旅游、农业发展有机结合的高效农业体系，形成当地的特色产业，切实促进农民增收，提高农民的生活水平、产业兴旺、农民生活富裕之后，又会反哺村庄建设，促进村庄向高水平、高质量的生态文明新农村转变。

案例：涉县石岗模式

以涉县石岗村为例研究生态文明村建设模式，石岗村依山傍水、风景优美，位于涉县县城往东南方向8公里处。该村以蔬菜和粮食种植为第一主导产业，大力发展旅游业，不仅有冷水鱼养殖、水稻、设施蔬菜等特色产业，还有农家乐、渔家乐、休闲观光园区、乡村民宿、旅游景点、教育基地等多种休闲农业，实现了产业横向、纵向融合的"农旅融合"新业态。该地区建立众多旅游景点，2020年年产业收入达到1.4亿元，带动3500余人就近就业，其中被誉为"太行山水，漳河画廊"的石岗连泉谷凭借丰富的旅游资源进行个性化开发，打造差异化农旅融合项目，环境美不胜收、景致丰富多样，被当地人认定为民间的"AAAAA"级景区。

石岗村的发展条件存在一定的优势，土地资源相对较多，人均耕地数量高于涉县的人均耕地数量，为发展农业生产提供了比较充足的土地资源。依山傍水的自然风光，有较好的自然资源优势；距离县城近，交通便利，很容易吸引游客到来，投资建设的人工景观玉泉湖，吸引了大量游客前来观光旅游。与此同时，石岗村种植蔬菜的经验非常丰富，可以选择蔬菜作为发展的第一产业。在全村的共同努力下，储备了一定的资金，经济优势也很明显。但同时也存在一定的发展劣势，生产的基础设施还相对落后，村内生产蔬菜的中型弓棚很破旧，亟须更新。村里的漳河由于缺乏有效的综合治理措施，存在一定的安全隐患。另外，村里也缺少先进的技术手段用于生产，经济效益、生态效益明显低下。建立的蔬菜专业合作社没有发挥出来应有的作用，营销手段也相对简单。石岗村面临这样的发展条件，同时也存在很大的发展机遇。石岗村具有相对丰富的基础条件，发展潜力较大，中央对建设新农村的一系列政策也为石岗村提供了发展机遇。因此，该地区的生态文明村建设应扬长避短，充分发挥石岗村现有的自然资源和经济资源优势，努力克服发展的不利条件，充分利用现有的发展机会和发展环境，实现快速发展。

石岗村以生态旅游为发展核心，大力发展生态农业，结合社会主义新农村建设，形成了"村前蔬菜园、村后花果山、坝内吨粮田、河水带发电、生态带旅游、文明新家园"的"涉县石岗模式"。在充分挖掘旅游资源之余，共同种植无公害蔬菜，以无公害蔬菜为特色，围绕"生态休闲"的总体要求，打造无公害蔬菜产业，实行专业化经营，推广订单农业和产业一体化组织，构建集观赏、娱乐、体验、知识教育于一体的新型生态旅游产业，带动石岗村的新农村建设①。石岗村将整个村域分为五部分，分别是居住区、现代农业产业园、基本粮田、水上乐园和其他区。居住区位于村子的中心位置，占地面积7.33公顷，在不占用耕地的前提下，采取就地改造的方式建宿舍居住区。现代农业产业园包括无公害蔬菜种植区和果蔬采摘区，无公害蔬菜多采用大棚种植的方式，选用优质的蔬菜品种，控制蔬菜生长周期。基本粮田由原来的粮食用地改造建设而成，实行稻麦双作的方式保障村民的口粮自给。水上乐园开发了水上旅游项目及农家乐餐饮休闲娱乐项目。其他区则涵盖了绿化用地、垃圾处理用地等。

"涉县石岗模式"因地制宜，更新无公害蔬菜栽培设施，整合扩大了蔬菜生产规模，建成高标准无公害蔬菜基地，打造果蔬采摘园增加观光采摘功能。在蔬菜作为主导产业的基础上，充分利用当地自然风光资源发展生态旅游，建成玉泉湖水上乐园。致使村集体经济实力显著增强，保障了公共服务基础设施。除此之外还对村内的危房进行改造，完善村内的基础设施，硬化道路绿化环境，实施饮水改造工程，实现沼气入户。极大地改善了当地村民的居住环境，取得社会效益，有助于该村的精神文明建设。村集体建设的农民培训中心，加强基础设施建设，实现有线电视、宽带入户，丰富了村民的文化生活。提升村民道德风貌，提高村民和村干部的整体素质。有效保障了石岗村的村民行使自己的知情权、参与权、管理权和监督权参与民主决策。村党组织的凝聚力和战斗力得到了提高，村民的满意度也明显提升，从而全面推进生态文明村建设。

综上，根据对不同生态农业模式的分析和案例研究发现，发展生态农业在借鉴各地成功经验时要结合不同模式的特点和重心，因地制宜选择最适宜当地实际情况的生态农业发展模式，具体如表3-1所示。

表3-1 生态农业发展模式特点及核心

生态农业发展模式	主要特点	核心
特色产业型发展模式	规模化、规范化、特色化	培育特色优质农产品，促进农业产业化发展
太行山农业创新驿站	可复制、可推广、技术领先、多方联合、成果和风险可控	依托企业、多方联合、科技兴农

---

① 张亮，王俊芹. 太行山区生态文明村"涉县石岗模式"探析［J］. 河北农业科学，2011，15（10）：88-90.

（续）

生态农业发展模式	主要特点	核心
循环农业型发展模式	效益协调、生态良性循环、发展可持续	兼顾经济效益与生态效益，促进农业可持续发展
生态观光型发展模式	功能齐全、安全性和服务性高、综合效益高	生态农业与旅游业结合，以旅带农、农旅融合
生态文明村建设模式	分阶段推进、整治与开发结合	旧村整治和新发展路径开发

　　特色产业型生态农业发展模式聚焦农业产业发展，具有规模化、规范化、特色化的特点，以完善农业产业链条为核心，以区域特色农产品为根本，实行纵向型联合，将农业的产前、产中、产后各环节联系起来，建立统一的生产标准，实行规模化、规范化生产，重视品牌建设，打造区域特色农产品品牌。

　　太行山农业创新驿站发展模式是一条以农户为核心、以企业为主体、以市场为导向、以产业为基础、以科技为动力、产学研深度融合的农业发展新路径，依托农业园区建设汇聚多方力量，培育当地特色优质农产品，该模式具备可复制、可推广、技术领先、多方联合、成果和风险可控等多个特点，可以作为一种成功案例结合实际条件在多地进行推广复制。

　　循环农业型发展模式聚焦于兼顾农业的经济、生态、社会三大效益，平衡农业发展中经济效益和生态效益之间的关系，促进经济效益提高和生态环境改善融合发展，通过农业生产过程中的物质循环利用，减少自然环境的破坏和资源消耗，实现低投入、低消耗、低污染、高产出、高效益、高利用的目的。该模式具备效益协调、生态良性循环、发展可持续等多种特点。

　　生态观光型农业发展模式聚焦于生态农业与旅游业的结合，注重以旅带农、农旅融合发展，通过整合当地旅游资源并将旅游资源和农业资源结合起来形成一种新的旅游方式，让游客在欣赏自然美景之余，还可以体会到地道的农产品、优质的农家服务，充分体验现代农业与生态农业相结合的新型观光产业，该模式具备功能齐全、安全性和服务性高、综合效益高等特点。

　　生态文明村建设模式是在旧村整治的基础上，对当地居住、生态环境的改善和对新的发展点的挖掘，通过村容村貌改造、基础设施建设、土地综合治理等多方面措施建设生态文明美丽新农村，在整治过程中，整合评估村庄现有资源，结合旅游业开发新的发展途径，形成文明、农业、旅游有机结合的高效发展新路径，该模式的特点是分阶段推进、整治与开发结合，值得推广普及。

第4章 河北省太行山区生态农业发展质量评价

4.1 河北省太行山区生态农业发展质量综合评价

近年来生态农业已经成为国内外的发展潮流，河北省太行山地区发展生态农业不仅顺应了当前农业追求可持续发展的趋势，更是响应了习近平总书记"绿水青山就是金山银山"的号召。我国众多学者都对各地区生态农业的发展质量做出了评价研究，例如：陈培彬等学者对福建省 2010—2017 七年间的生态农业发展质量和河南省生态农业效益及协调发展水平进行综合评估[①]；李治兵等学者对 2016 年西北地区农业生态与经济系统耦合协调度进行了评价[②]；宋晓梅、裴会芳在评价 2011—2016 年扬州市生态农业发展水平的基础上对2018—2027 年扬州市生态农业的发展程度进行了预测[③]；房玉霞等学者对2013—2017 年济南市生态农业发展水平进行了评价研究[④]。本部分在学习前人众多研究的基础上从生态效益、经济效益和社会效益三个层面构建评价指标体系，对 2006—2019 年 14 年间河北省太行山区的生态农业发展质量进行客观评价，同时对 2019 年该地区的 25 个县进行地区间的横向比较，以期找出该地区生态农业现行发展阶段的成功经验以及制约因素，并提出相应的优化路径，促进该地区生态农业高质量发展。

4.1.1 评价指标体系构建

当前国内外关于生态农业发展质量评价的研究中，大多数学者从生态效

---

① 陈培彬，张精，曾芳芳，朱朝枝.基于主成分分析的浙江省生态农业综合效益评价［J］.浙江农业科学，2019，60（80）：1345-1349.

② 李治兵，沈涛，肖怡然，张江峰，刘越铭.西北地区农业生态和经济系统协调发展研究［J］.中国农业资源与区划，2020，41（12）：237-244.

③ 宋晓梅，裴会芳.扬州市生态农业发展评价及预测研究［J］.中国农业资源与区划，2018，39（10）：229-235.

④ 房玉霞，王翠萍.2013—2017 年济南市生态农业发展水平评价［J］.现代农业科技，2019（17）：216-218.

益、经济效益和社会效益三个维度进行生态农业综合效益的测算，并基于 EES 评价指标体系框架，构建相应的评价指标体系，衡量某地区生态农业发展的质量。本书在借鉴其他研究成果的基础上，对河北省太行山区生态农业的发展质量进行综合评价，以指标体系构建的科学性、系统性和数据可得性为原则，选取 2006—2019 年 14 年间的数据，结合河北省实际发展情况，基于 EES 评价指标体系框架，筛选科学合理广受认可的评价指标，构建河北省太行山区生态农业发展质量评价指标体系，如表 4-1。目标层为河北省太行山区生态农业发展质量评价，准则层为生态效益、经济效益和社会效益，指标层为农作物播种面积、化肥施用量、农药使用量、地膜使用量、城镇居民人均可支配收入、农村居民人均可支配收入、农林牧渔业总产值、农用机械总动力、农林牧渔业从业人员、城乡收入差异系数共计 10 个指标。

表 4-1　河北省太行山区生态农业发展质量评价指标体系

目标层	准则层	指标层	指标属性
河北省太行山区 生态农业发展质量评价	生态效益	农作物播种面积 X_1	正向
		化肥施用量 X_2	负向
		农药使用量 X_3	负向
		地膜使用量 X_4	负向
	经济效益	城镇居民人均可支配收入 X_5	正向
		农村居民人均可支配收入 X_6	正向
		农林牧渔业总产值 X_7	正向
		农用机械总动力 X_8	正向
	社会效益	农林牧渔业从业人员 X_9	正向
		城乡收入差异系数 X_{10}	负向

其中，城乡收入差异系数 X_{10} 为城镇居民可支配收入和农村居民可支配收入相除所得。

4.1.2　河北省太行山区生态农业发展质量评价结果

本书对河北省太行山区的生态农业发展质量进行评价，根据数据的真实性、客观性和可得性原则，选取自 2007—2020 年河北省《河北农村统计年鉴》中的数据构建评价指标体系。

在所构建的评价指标体系中，包含部分属性为负向的指标，对此类负向指标首先进行正向化处理。本书采用 SPSS 软件对数据进行因子分析，基于相关系数矩阵提取公因子，分析过程中软件会自动对变量数据进行标准化处理，因此不对数据进行额外的标准化处理。

利用 SPSS 软件对处理过的数据进行分析，做因子分析之前，首先对数据进行 KMO 和巴特利特检验判断数据是否适合进行因子分析。根据表 4 - 2 可知，变量 KMO 的检验值为 0.546，大于 0.5，巴特利特检验的显著性 P 值为 0，小于 0.05，因此选取的数据变量之间存在相关性，可以进行因子分析。

表 4 - 2　KMO 和巴特利特检验

KMO 取样适切性量数		0.546
巴特利特球形度检验	近似卡方	167.432
	自由度	45
	显著性	0.000

随后观察选定各变量的变量共同度，变量共同度是指各变量中所含原始信息能被提取的公因子所解释的程度。根据表 4 - 3 可知，除农药使用量、地膜使用量、农用机械总动力和农林牧渔业从业人员这 4 个变量的共同度低于 85% 外，其他变量的共同度均在 85% 以上，说明提取的大多数公因子对各变量的解释能力很强，只有上述提到的四个变量稍弱。

表 4 - 3　因子特征值共同度

X	初始	提取
X_1	1.000	0.856
X_2	1.000	0.878
X_3	1.000	0.836
X_4	1.000	0.821
X_5	1.000	0.966
X_6	1.000	0.974
X_7	1.000	0.919
X_8	1.000	0.816
X_9	1.000	0.562
X_{10}	1.000	0.959

随后，采取主成分分析法，根据特征值大于 1 的标准，选取评价指标体系的公共因子。结合图 4 - 1 的碎石图和表 4 - 4 因子特征值的总方差解释表可

知，前三个公共因子的特征值均大于 1，且前三个公共因子的累计方差贡献率达到 85.887%，超过 85%，充分说明前三个公共因子足够解释 10 个原始指标的大部分信息，因此本书最终选取前三个主成分作为公共因子。

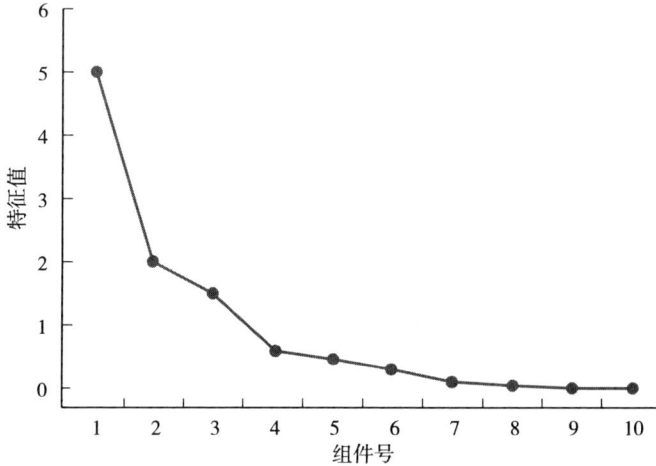

图 4-1　因子特征值的碎石图

表 4-4　因子特征值的总方差解释表

成分	初始特征值			提取载荷平方和			旋转载荷平方和		
	总计	方差百分比	累积 %	总计	方差百分比	累积 %	总计	方差百分比	累积 %
1	5.052	50.518	50.518	5.052	50.518	50.518	4.662	46.619	46.619
2	2.031	20.307	70.825	2.031	20.307	70.825	1.974	19.745	66.363
3	1.506	15.062	85.887	1.506	15.062	85.887	1.952	19.524	85.887
4	0.597	5.973	91.860						
5	0.452	4.524	96.384						
6	0.258	2.577	98.961						
7	0.088	0.875	99.836						
8	0.009	0.091	99.927						
9	0.006	0.062	99.989						
10	0.001	0.011	100.000						

　　为避免出现因子分析中的因子逻辑意义不明显、解读困难的问题，也为了更好地用显示语言描述所得因子，再次在主成分分析法的基础上进一步采用凯撒正态化最大方差法对因子载荷矩阵进行正交旋转，旋转在 5 次迭代后收敛，

最终得到旋转后的因子载荷矩阵，如表4-5。

表4-5 旋转后的因子载荷矩阵

变量	F_1	F_2	F_3
X_1	-0.902	-0.174	-0.112
X_2	0.642	-0.015	-0.682
X_3	0.914	-0.033	-0.021
X_4	0.885	-0.084	-0.179
X_5	0.793	0.547	0.194
X_6	0.648	0.477	0.572
X_7	0.413	0.845	0.185
X_8	-0.305	0.831	-0.182
X_9	-0.697	-0.062	-0.269
X_{10}	0.142	-0.036	0.968

将载荷系数作为因子实际意义的判断依据，如表4-5所示，公共因子 F_1 在变量 X_1、X_3、X_4、X_5、X_6、X_9 上有较大的因子载荷信息，即该因子反映了农作物播种面积、农药使用量、地膜使用量、城镇居民人均可支配收入、农村居民人均可支配收入、农林牧渔业从业人员这6个变量的信息，这6个变量主要反映经济和环境方面的信息，因此将公共因子 F_1 命名为环境与经济因子。

公共因子 F_2 在变量 X_7、X_8 上有较大的因子载荷信息，即该因子主要反映农林牧渔业总产值和农用机械总动力这两个变量的信息，涉及的是农业生产水平，因此将公共因子 F_2 命名为农业发展质量因子。

公共因子 F_3 在变量 X_2、X_{10} 上有较大的因子载荷信息，即该因子主要反映化肥施用量和城乡收入差异系数这两个变量，根据两个变量旋转后的因子载荷系数可知，公因子 F_3 对城乡收入差异的反应更明显，因此将公共因子 F_3 命名为社会发展因子。

结合表4-4的因子特征值的总方差解释表可知，公共因子 F_1 的方差贡献率最高，达到50.518%，占据三个因子累计方差贡献率（85.887%）的58.8%，由此可见 F_1 因子是三个因子中最核心因子，与生态农业追求的环境和经济间平衡的目标不谋而合，因此该因子是最重要的因子。F_2 的方差贡献率为20.307%，占据三个因子累计方差贡献率（85.887%）的23.6%，该因子重要性次之。F_3 的方差贡献率为15.062%，占据三个因子累计方差贡献率

（85.887%）的 17.3%，该因子重要程度最低。整体来看，F_1 的重要性较高于 F_2 和 F_3，F_2 的重要程度比 F_3 略高，但相差不大。

　　利用 SPSS 软件可以计算出各因子的成分得分系数矩阵，如表 4-6，在此基础上可以得出各公共因子的表达式，此时，表达式中的各变量已经是标准化变量而非原始变量。

表 4-6　成分得分系数矩阵

变量	F_1	F_2	F_3
X_1	−0.193	0.004	−0.012
X_2	0.179	−0.010	−0.390
X_3	0.222	−0.112	−0.040
X_4	0.226	−0.123	−0.120
X_5	0.126	0.213	0.024
X_6	0.085	0.152	0.241
X_7	0.004	0.425	0.004
X_8	−0.153	0.527	−0.168
X_9	−0.150	0.062	−0.115
X_{10}	0.004	−0.129	0.522

　　基于上述因子分析结果，在已知各因子成分得分的基础上，可以分别计算 F_1、F_2、F_3 三个公共因子的得分：

$$F_1 = -0.193X_1 + 0.179X_2 + 0.222X_3 + 0.226X_4 + 0.126X_5 +$$
$$0.085X_6 + 0.004X_7 - 0.153X_8 - 0.15X_9 + 0.004X_{10} \quad （式 4-1）$$

$$F_2 = 0.004X_1 - 0.01X_2 - 0.112X_3 - 0.123X_4 + 0.213X_5 +$$
$$0.152X_6 + 0.425X_7 + 0.527X_8 + 0.062X_9 - 0.129X_{10} \quad （式 4-2）$$

$$F_3 = -0.012X_1 - 0.39X_2 - 0.04X_3 - 0.12X_4 + 0.024X_5 +$$
$$0.241X_6 + 0.004X_7 - 0.168X_8 - 0.115X_9 + 0.522X_{10} \quad （式 4-3）$$

$$F = (0.588F_1 + 0.236F_2 + 0.173F_3) / 85.887\% \quad （式 4-4）$$

　　据此，将河北省 2006—2019 年的变量数值引入上述表达式中，可以分别得到三个公共因子 14 年的得分以及每一年的综合得分，如表 4-7 所示。随后为了进一步直观地反映各因子项得分及综合得分的时间变化特征，在得分表的基础上进一步绘制折线图，如图 4-2、图 4-3、图 4-4、图 4-5 所示。

表 4 - 7   2006—2019 年河北省太行山区生态农业发展质量得分

年份	F_1	F_2	F_3	F
2006	−0.98	−1.00	0.80	−0.78
2007	−0.09	−2.67	0.06	−0.78
2008	−0.49	−0.72	−0.39	−0.61
2009	−0.58	−0.37	−0.74	−0.65
2010	−0.54	0.33	−1.03	−0.48
2011	−0.37	0.22	−0.79	−0.35
2012	−0.45	0.46	−0.32	−0.25
2013	−0.86	0.94	−0.61	−0.45
2014	−0.47	1.49	−0.32	0.02
2015	−0.31	0.68	2.97	0.57
2016	0.22	0.47	0.18	0.31
2017	0.61	0.08	0.65	0.57
2018	1.97	−0.04	−0.26	1.29
2019	2.34	0.14	−0.21	1.60

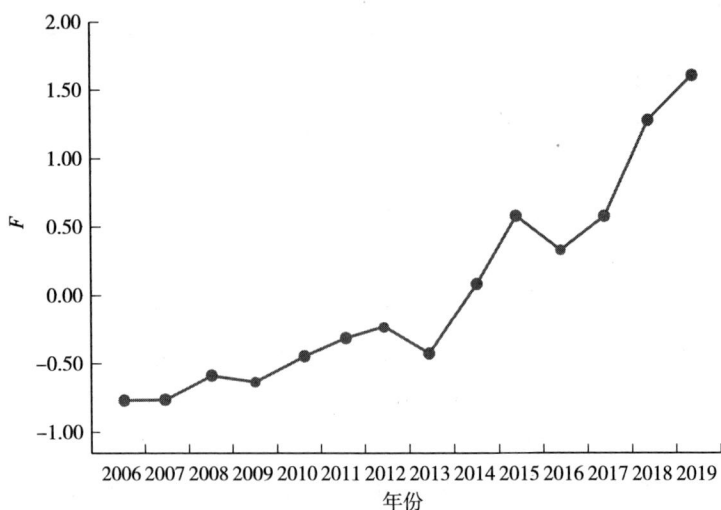

图 4 - 2   河北省太行山区生态农业发展质量综合得分 F 趋势折线图

由图 4 - 2 的得分趋势折线图可得，河北省太行山区生态农业发展质量综合得分在近 14 年间呈现波动上升的态势，2009 年和 2013 年虽然有下降波动，但不影响整体综合得分的上升趋势，2014 年得分上升到 0 以上，说明从 2014 年开始，河北省太行山区的生态农业发展初见成效，农业发展由原来牺牲环境为代价转变为农业发展经济效益与生态效益并重。2014—2019 年五年间得分有一个相对较快的提升，虽然 2016 年得分略微下降，但是不影响整体上升趋势。整体得分趋势图显示经过 14 年的发展，得益于政府对太行山地区农业发展的重视，通过政策性探索、科学的发展指导、积极的实践促使河北省太行山地区的生态农业综合发展质量不断提高。

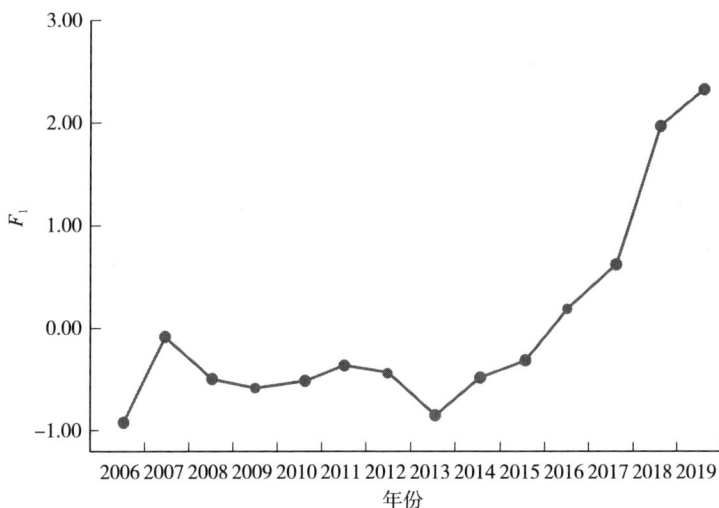

图 4-3　河北省太行山区生态农业发展质量环境与
经济因子 F_1 得分趋势折线图

环境与经济因子 F_1 和综合得分因子 F 都呈现上升趋势，不同的是 F_1 波动幅度和增长幅度相对较大。F_1 第一次出现下降是 2008 年，经过 2008—2012 年小幅度波动后，2013 年得分第二次下降，当年下降幅度较大超过 2008 年的下降幅度。2006—2015 年 10 年间的评分均在 0 以下，说明此时的农业环境和经济两方面的发展失衡，有可能出现为追求经济效益而牺牲环境效益的情况。此后，2016 年环境与经济因子得分上升至 0 以上后，在 2016—2019 年四年间得分迅速上升，并在 2017 年超过综合发展质量得分。2006—2015 这 10 年间除 2007、2008、2009 三年 F_1 得分略高于综合得分 F，其他七年间都比综合得分 F 低，2017 年 F_1 得分超过 F 并在随后的几年中出现幅度较高的增长，此后 F_1 呈现平稳上涨趋势并始终高于 F。

农业发展质量因子 F_2 在 2006—2007 年两年间的得分变化波动非常大，2007 年得分剧烈下降，并降至 14 年间的得分最低点。随后 2008—2014 年间，

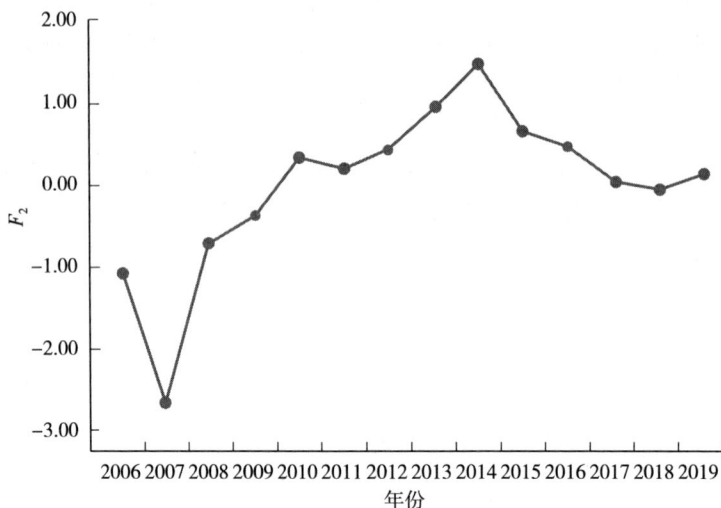

图 4-4 河北省太行山区生态农业发展质量农业
发展质量因子 F_2 得分趋势折线图

F_2 得分波动上涨，2014 年达到顶点；2014—2018 年间 F_2 得分有呈现波动下降的态势，2019 年得分小幅度回升。究其原因是由于 2014 年前追求农业高度发展，大量的农业机械不断投入使用，农业机械化迅速发展，农业机械的大量投入必然带来农业劳动力投入量下降，农业生产成本降低，进而促进农业产值的提升。2014 年之后人们逐渐转为追求农业经济效益和生态效益并重，人们逐渐探索农业可持续发展道路，寻求农业资源的合理有序利用，探索期间农业机械化的发展略微变慢，通过几年的探索和实践，人们逐渐走上生态农业这一农业可持续发展道路，2019 年农业发展质量逐渐呈现回升态势。

社会发展因子 F_3 得分呈现大幅度波动。结合以上几个折线图可知，F_3 的得分波动幅度最大。2006—2010 年五年间 F_3 得分不断下降，由 2006 年 0.8 降至 2010 年的 -1.03，其中 2007 年得分降至 0 附近，随后降至 0 分以下；2011—2012 年两年间得分有所回升，但仍然在 0 分以下，在片面追求农业经济效益的发展阶段，农民普遍倾向依靠化肥等手段提高农作物产量而忽视化肥对环境的负面影响；2013 年有小幅度的下降趋势，随后迅速上升，2015 年上升至得分最高点 2.97 分；2016 年得分又迅速下降，不过还保持在 0 分以上；随后 2016 年后 F_3 得分剧烈波动，并在 2018 年下降至 0 分以下，2019 年虽小有回升，但并未突破 0 分。在 2006—2019 年 14 年间，为全面建成小康社会、实现共同富裕，政府高度重视解决地区差距、缩小城乡收入差距，不断推动县

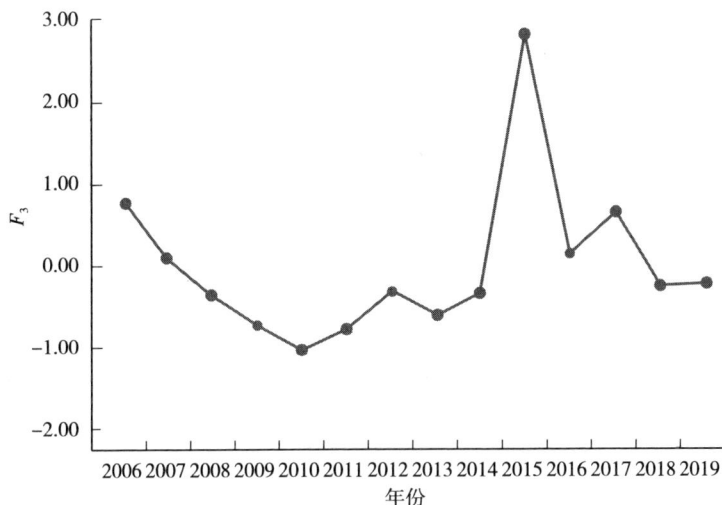

图 4 - 5　河北省太行山区生态农业发展质量
社会发展因子 F_3 得分趋势折线图

域城乡融合发展、提升乡村基础设施和公共服务水平，不断促进各种资源要素
向乡村流动，推进农业农村发展、帮助农民增收致富，促进城乡收入差距不断
减小。

4.2　河北省太行山区县域生态农业发展质量评价及比较

4.2.1　评价指标体系构建

在上节对河北省太行山区生态农业整体质量评价的基础上，对河北省太行
山区范围内的 25 个县的生态农业发展质量进行评价，并进行县与县之间的横
向比较，探索各县的生态农业发展情况。太行山区在河北省范围内包括四个市
的 25 个区县，即石家庄市的井陉矿区、鹿泉区、井陉县、行唐县、灵寿县、
赞皇县、平山县、元氏县，保定市的满城区、涞水县、阜平县、唐县、涞源
县、易县、曲阳县、顺平县，邢台市的邢台县、临城县、内丘县、沙河市，邯
郸的复兴区、峰峰矿区、涉县、磁县、武安市。在数据科学性、合理性和可得
性的基础上，本书选取上述 25 个县 2019 年的农业数据进行生态农业发展质量
的评价和比较，选取生态效益、经济效益和社会效益三个层面 11 个指标构建
评价指标体系，如表 4 - 8。由于县级生态农业发展质量评价选取的是各县区
截面数据，相比时间序列数据的数据获取更易得，因此在进行本部分评价时对
所用指标进行调整，选取部分统计年鉴中更新的、更具代表性的指标。生态效

益层面的指标即农作物播种面积、化肥施用量、农药使用量；经济效益层面的指标即农村居民人均可支配收入、农林牧渔业总产值、粮食单产产量、农用机械总动力、农业产业化经营率；社会效益层面的指标即农林牧渔业从业人员、城镇化率、城乡收入差异系数。

表 4 - 8　河北省太行山区县级生态农业发展质量评价指标体系

目标层	准则层	指标层	指标属性
河北省太行山区生态农业发展质量评价	生态效益	农作物播种面积 X_1	正向
		化肥施用量 X_2	负向
		农药使用量 X_3	负向
	经济效益	农村居民人均可支配收入 X_4	正向
		农林牧渔业总产值 X_5	正向
		粮食单产产量 X_6	正向
		农用机械总动力 X_7	正向
		农业产业化经营率 X_8	正向
	社会效益	农林牧渔业从业人员 X_9	正向
		城镇化率 X_{10}	正向
		城乡收入差异系数 X_{11}	负向

其中，粮食单产产量为全年粮食总产量和粮食播种面积相除所得，城乡收入差异系数为城镇居民可支配收入和农村居民可支配收入相除所得。

4.2.2　各县生态农业发展质量评价结果

本部分为对河北省太行山区范围内 25 个县的生态农业发展质量进行的评价与比较，根据数据的真实性、客观性和可得性原则，选取自 2020 年河北省《河北省农村统计年鉴》中的数据构建评价指标体系。

首先对在所构建的评价指标体系中属性为负向的指标进行正向化处理。本部分依旧采用 SPSS 软件对数据进行因子分析，基于相关系数矩阵提取公因子，同样不对数据进行额外的标准化处理。

利用 SPSS 软件对处理过的数据进行分析，做因子分析之前，首先对数据进行 KMO 和巴特利特检验判断数据是否适合进行因子分析。根据表 4 - 9 可知，变量 KMO 的检验值为 0.63，大于 0.5，巴特利特检验的显著性 P 值为 0，小于 0.05，因此选取的数据变量之间存在相关性，可以进行因子分析。

表 4 - 9　KMO 和巴特利特检验

KMO 取样适切性量数		0.630
巴特利特球形度检验	近似卡方	165.636
	自由度	55
	显著性	0.000

随后，采取主成分分析法，根据特征值大于 1 的标准，选取评价指标体系的公共因子。结合图 4 - 6 的碎石图和表 4 - 10 的因子特征值的总方差解释表可知，前四个公共因子的特征值大于 1，且前四个公共因子的累计方差贡献率达到 82.156%，达到 80%～85% 的理想状态，说明前四个公共因子足够解释 11 个原始指标的大部分信息，因此本书最终选取前四个主成分作为公共因子。

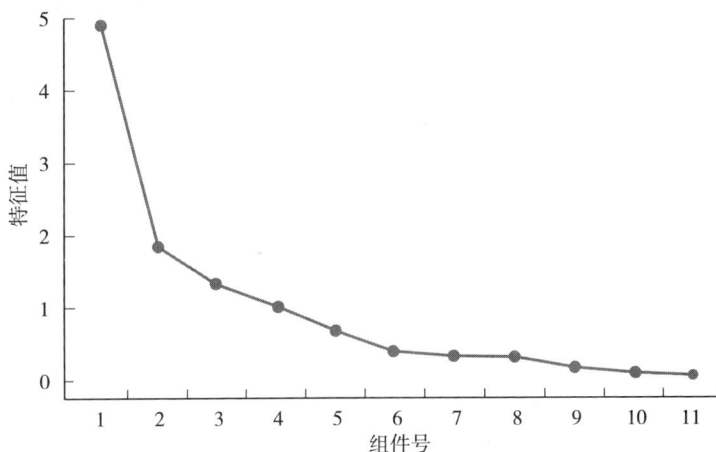

图 4 - 6　因子特征值的碎石图

表 4 - 10　因子特征值的总方差解释表

成分	初始特征值			提取载荷平方和			旋转载荷平方和		
	总计	方差百分比	累积 %	总计	方差百分比	累积 %	总计	方差百分比	累积 %
1	4.906	44.601	44.601	4.906	44.601	44.601	3.396	30.871	30.871
2	1.810	16.453	61.054	1.810	16.453	61.054	2.584	23.490	54.361
3	1.298	11.798	72.853	1.298	11.798	72.853	1.785	16.227	70.588
4	1.023	9.304	82.156	1.023	9.304	82.156	1.272	11.568	82.156
5	0.663	6.026	88.182						

（续）

成分	初始特征值			提取载荷平方和			旋转载荷平方和		
	总计	方差百分比	累积 %	总计	方差百分比	累积 %	总计	方差百分比	累积 %
6	0.394	3.584	91.766						
7	0.308	2.802	94.568						
8	0.296	2.687	97.255						
9	0.154	1.405	98.660						
10	0.100	0.913	99.573						
11	0.047	0.427	100.000						

随后，在主成分分析法的基础上进一步采用凯撒正态化最大方差法对因子载荷矩阵进行正交旋转，旋转在 5 次迭代后收敛，最终得到旋转后的因子载荷矩阵，如表 4 - 11。

将载荷系数作为因子实际意义的判断依据，如表 4 - 11 所示，公共因子 F_1 将在变量农作物播种面积 X_1、化肥施用量 X_2、农林牧渔业总产值 X_5、农用机械总动力 X_7、农林牧渔业从业人员 X_9 这五个变量上有较大的因子载荷信息，这五个变量主要反映了环境和经济方面的信息，因此将公共因子 F_1 命名为经济与环境因子。公共因子 F_2 反映了农村居民人均可支配收入 X_4、城镇化率 X_{10}、城乡收入差异系数 X_{11} 这 3 个变量的信息，将该因子命名为城镇化因子。公共因子 F_3 反映了农药使用量 X_3、粮食单产产量 X_6 这两个变量信息，将该因子命名为农业产出因子。公共因子 F_4 反映了农业产业化经营率 X_8 这个变量的信息，将该因子命名为农业产业化因子。

结合表 4 - 10 的因子特征值的总方差解释表可知，公共因子 F_1 的方差贡献率最高，达到 44.601%，占据四个因子累计方差贡献率（82.156%）的 54.3%，由此可见 F_1 因子是四个公共因子中的核心因子，符合生态农业追求的环境与经济间平衡，因此该因子是最重要的因子。F_2 的方差贡献率为 16.453%，占据四个因子累计方差贡献率（82.156%）的 20%；F_3 的方差贡献率为 11.798%，占据四个因子累计方差贡献率（82.156%）的 14.4%；F_4 的方差贡献率为 9.304%，占据四个因子累计方差贡献率（82.156%）的 11.3%。整体来看，F_1 的重要性远高于 F_2、F_3、F_4，F_2、F_3、F_4 的重要程度依次递减，彼此间相差不大。

表 4 - 11　旋转后的因子载荷矩阵

变量	F_1	F_2	F_3	F_4
X_1	0.865	−0.088	0.220	0.090
X_2	−0.691	0.352	−0.425	−0.051
X_3	−0.132	0.163	−0.624	−0.518
X_4	0.000	0.967	0.042	−0.032
X_5	0.756	−0.351	0.444	0.073
X_6	0.149	0.062	0.880	−0.106
X_7	0.937	0.057	−0.195	−0.057
X_8	0.079	0.102	−0.044	0.894
X_9	0.703	−0.337	0.216	0.335
X_{10}	−0.375	0.698	−0.326	−0.165
X_{11}	−0.196	0.866	0.016	0.186

利用 SPSS 软件可以计算出各因子的成分得分系数矩阵，如表 4 - 12，据此得出各公共因子的表达式，此时，表达式中的各变量已经是标准化变量而非原始变量。

表 4 - 12　成分得分系数矩阵

变量	F_1	F_2	F_3	F_4
X_1	0.302	0.099	−0.024	−0.028
X_2	−0.155	0.033	−0.146	0.071
X_3	0.133	0.020	−0.348	−0.347
X_4	0.134	0.462	0.117	−0.059
X_5	0.176	−0.022	0.144	−0.060
X_6	−0.089	0.127	0.648	−0.239
X_7	0.446	0.147	−0.313	−0.103
X_8	−0.021	0.033	−0.174	0.770
X_9	0.177	−0.049	−0.054	0.205
X_{10}	0.019	0.253	−0.087	−0.079
X_{11}	0.023	0.378	0.094	0.153

基于上述的因子分析结果，由于本节的县级生态农业质量评价及比较和上节河北省太行山区的生态农业质量评价采取相同的模型，因此计算 F_1、F_2、

F_3、F_4：

$$F_1 = 0.302X_1 - 0.155X_2 + 0.133X_3 + 0.134X_4 + 0.176X_5 - 0.089X_6 + 0.446X_7 - 0.021X_8 + 0.177X_9 + 0.019X_{10} + 0.023X_{11} \quad （式4-5）$$

$$F_2 = 0.099X_1 + 0.033X_2 + 0.02X_3 + 0.462X_4 - 0.022X_5 + 0.127X_6 + 0.147X_7 + 0.033X_8 - 0.049X_9 + 0.253X_{10} + 0.378X_{11} \quad （式4-6）$$

$$F_3 = -0.024X_1 - 0.146X_2 - 0.348X_3 + 0.117X_4 + 0.144X_5 + 0.648X_6 - 0.313X_7 - 0.174X_8 - 0.054X_9 - 0.087X_{10} + 0.094X_{11} \quad （式4-7）$$

$$F_4 = -0.028X_1 + 0.071X_2 - 0.347X_3 - 0.059X_4 - 0.06X_5 - 0.239X_6 - 0.103X_7 + 0.77X_8 + 0.205X_9 - 0.079X_{10} + 0.153X_{11} \quad （式4-8）$$

$$F = （0.543F_1 + 0.2F_2 + 0.144F_3 + 0.113F_4） / 82.156\% \quad （式4-9）$$

据此，将河北省太行山区 25 个县的变量数值引入上述得分计算公式，可以分别得到四个公共因子 2019 年的评价得分，如表 4-13 所示。再在得分表的基础上进一步绘制得分折线图，如图 4-7、图 4-8、图 4-9、图 4-10、图 4-11 所示，以便能够更为直观地反映各因子项得分、综合得分及各县间不同得分情况。

表4-13　2019 年河北省太行山区各县生态农业发展质量得分

地区	F_1	F_2	F_3	F_4	F
井陉矿区	−1.51	1.75	0.56	−2.79	−0.86
鹿泉区	0.12	1.64	1.05	1.02	0.81
井陉县	−0.24	−0.12	−0.89	−1.20	−0.51
行唐县	1.72	−0.77	0.95	−1.52	0.91
灵寿县	0.47	−1.33	0.20	−1.78	−0.22
赞皇县	−0.02	−1.46	−0.81	−0.24	−0.55
平山县	0.65	−1.02	−0.21	−0.32	0.10
元氏县	1.15	0.66	0.70	−0.55	0.97
满城区	0.07	1.18	1.70	0.87	0.75
涞水县	−0.28	−0.25	0.01	0.67	−0.15
阜平县	−1.16	−0.54	−0.51	0.12	−0.97
唐县	0.22	−0.77	0.92	0.38	0.17
涞源县	−0.86	−1.24	−1.66	−0.16	−1.18
易县	−0.06	−0.81	1.76	0.72	0.17

（续）

地区	F_1	F_2	F_3	F_4	F
曲阳县	0.11	−0.92	0.17	1.19	0.04
顺平县	−0.41	−1.36	0.86	0.83	−0.33
邢台县	−0.28	0.20	0.71	0.50	0.06
临城县	−0.63	−0.41	−0.08	0.17	−0.51
内丘县	−0.05	0.36	0.24	0.27	0.14
沙河市	−0.16	0.85	−0.66	0.91	0.11
复兴区	−1.44	0.74	−1.27	0.28	−0.96
峰峰矿区	−1.07	0.84	−0.42	−0.58	−0.66
涉县	0.02	0.66	−1.62	1.46	0.09
磁县	0.43	1.06	0.19	−0.32	0.53
武安市	3.22	1.09	−1.89	0.08	2.08

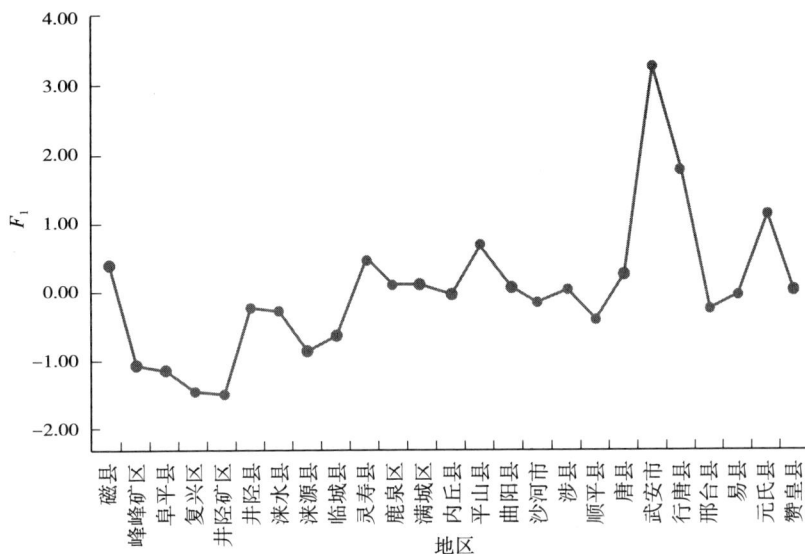

图 4-7　2019 年河北省太行山区各县生态农业发展
经济与环境因子 F_1 得分折线图

由图 4-7 可知，2019 年河北省太行山区内的 25 个县有超过半数的县经济与环境因子 F_1 得分在 0 分以下，仅有 11 个县得分大于 0 分，说明有过半数的县在农业发展方面没有平衡好经济效益和环境效益的关系，片面的追求某一效益造成当年发展失衡，其中井陉矿区得分最低，失衡情况最严重，在接下来的发展中亟须改善。在得分高于 0 分的 11 个县市中，武安市的得分最高，高达 3.22 分，说明武安市的农业发展兼顾了生态效益和经济效益的统一，是一条值得继续推行和实践的农业可持续发展之路。

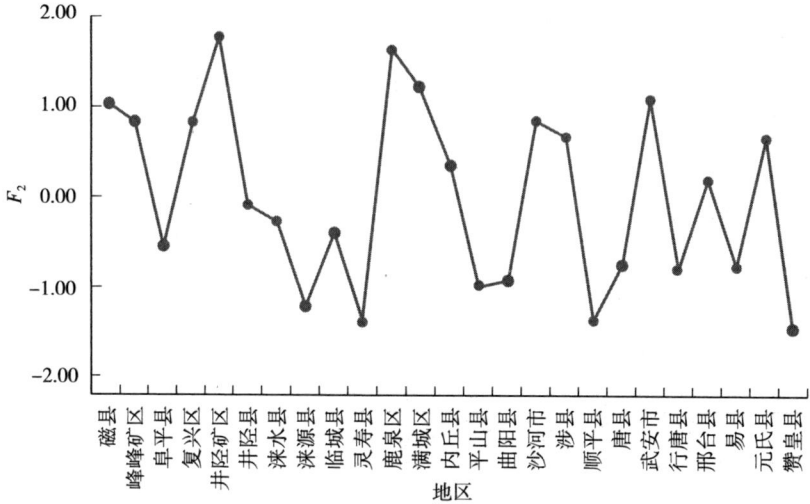

图 4-8　2019 年河北省太行山区各县生态农业发展城镇化因子 F_2 得分折线图

城镇化因子 F_2 的得分波动情况比经济与环境因子 F_1 的得分波动剧烈，25 个县中有 12 个县城镇化进度较快，得分超过 0 分，相应的有 13 个县城镇化进度较慢，得分低于 0 分。在城镇化进度较快的 12 个县中，井陉矿区的城

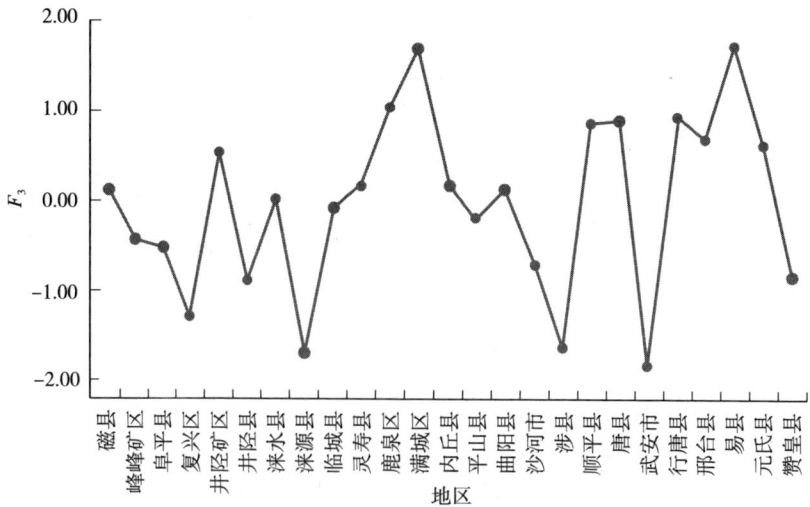

图 4-9　2019 年河北省太行山区各县生态农业
发展农业产出因子 F_3 得分折线图

镇化得分最高，在农民人均可支配收入、城镇化率和城乡收入差异等方面优于其他的县，说明该地区非常追求经济发展，同时不可避免地存在忽视生态环境的弊端。赞皇县的得分最低，说明该地区城镇化进度缓慢，经济发展落后，需要探索合适的道路发展农业生产提高农民收入。

农业产出因子 F_3 各县的得分情况同样波动剧烈，其中 11 个县的得分低于 0 分，说明这 11 个县的农业生产效率有待提高，需要探索可以有效提高当地农业生产效率的农业发展模式，培育适合种植和推广的优良品种。相应的有 14 个县的得分高于 0 分，说明这 14 个县的农业生产情况较好，在合理使用农药的基础上保障了农作物产量，其中易县的得分最高，说明易县的农业生产效率相对于其他县较高，其农业生产模式值得其他地区学习借鉴。

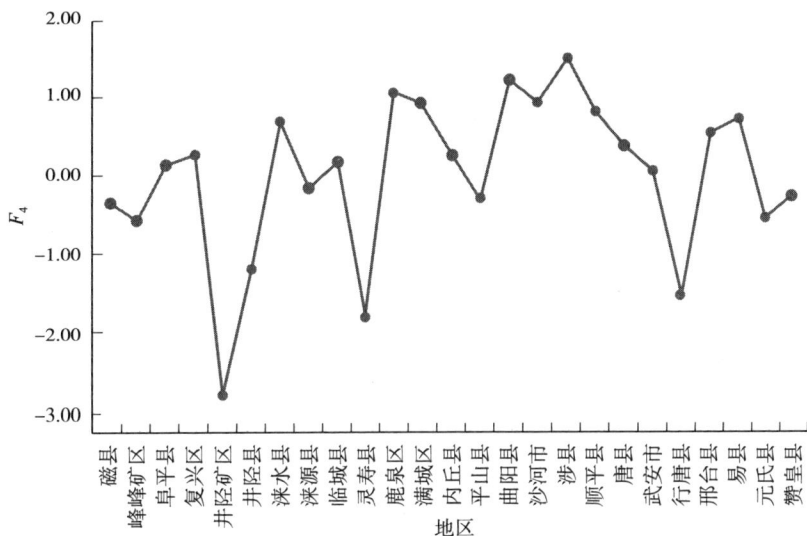

图 4-10　2019 年河北省太行山区各县生态农业
发展农业产业化因子 F_4 得分折线图

农业产业化因子 F_4 得分情况相较于其他公共因子得分较好，有 10 个县得分低于 0 分，少于其他因子各县得分中低于 0 分的数量，说明各县在农业发展中均相对注重农业产业化的发展。农业产业化是指在农业发展中以市场需求为导向，重点发展主导产业和主导产品，通过整合农业资源，促进各种生产要素优化重组形成最优配置，形成区域化布局、专业化生产、规模化建设和社会化服务的产销一体化的农业产业经营体系，推动农业现代化的进程。在太行山区范围内的 25 个县中，涉县的农业产业化经营得分最高，说明涉县的农业产业化程度最高、农业现代化进展最好，这离不开涉县"石岗模式"的成功运行，为其他农业生产条件相似的地区提供了成功的生态农业发展模式借鉴。

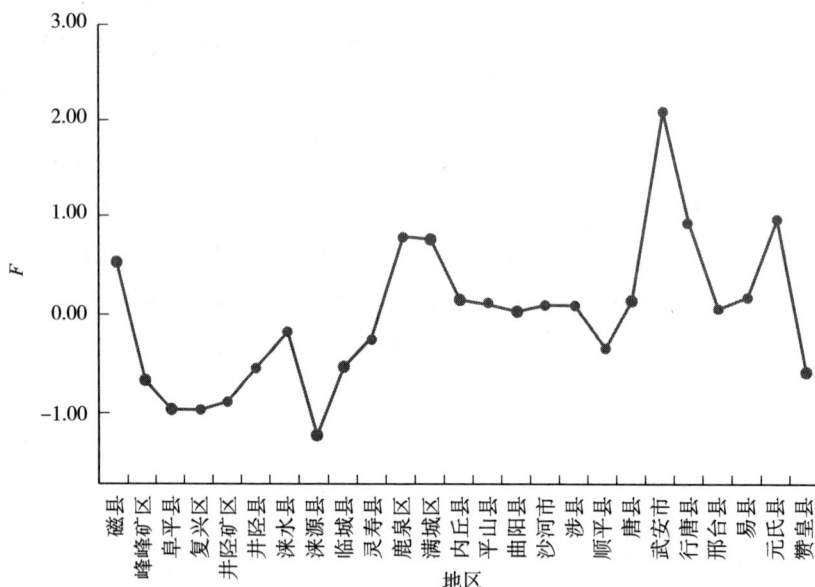

图 4-11 2019年河北省太行山区各县生态农业发展综合因子 F 得分折线图

　　河北省太行山区范围内 25 个县的生态农业发展评价综合因子 F 得分和其他公因子得分相比，得分波动相对较平缓、得分差距相对较小，其中有 14 个县得分高于 0 分，相应的有 11 个县得分低于 0 分。据图 4-11 可知，武安市的综合得分最高，说明武安市生态农业发展质量相对最好。其他得分较低的县市需要因地制宜探索适合当地发展的生态农业模式，在追求经济效益的同时，注重生态效益，合理开发资源保护环境，实现经济效益、生态效益和社会效益的统一，促进农业协调可持续发展。

第5章 国内外生态农业
发展经验借鉴

5.1 国内生态农业发展经验借鉴

在解决了我国近十四亿人的温饱问题基础上，随着物质生活水平提高，人们开始追求品质生活，生态农业可以满足这一诉求，未来也是我国国民经济的支柱产业，更是粮食安全的重要奠基石。而生态农业的可持续发展，对国家经济社会的发展有着重要的意义，是关系到国计民生的重要任务。随着科学技术的发展，科技与农业相结合，生态农业理论研究也逐渐构建成体系，生态农业的实践也越来越丰富。在实践中，逐渐形成了一套具有因地制宜、适应于不同区域特点的生态农业发展模式。我国农业部在2002年，向全国征集生态农业模式和技术体系多达370种，在其中遴选出具有代表性的十种生态模式类型，为：北方的"四位一体"生态农业模式及配套技术、南方的"猪—沼—果"生态农业模式及配套技术、平原农林牧复合生态模式及配套技术、草地生态恢复与持续利用生态模式及配套技术、生态种植模式及配套技术、生态畜牧业生产模式及配套技术、生态渔业模式及配套技术、丘陵山区小流域综合治理模式及配套技术、设施生态农业模式及配套技术、观光生态农业模式及配套技术①。随着互联网＋、5G、大数据、区块链、元宇宙等高新技术的发展，科技的进步和实践经验的不断丰富，我国生态农业发展模式不断更新迭代，目前基本可以分为以下五种模式：沼气生态循环农业模式、空间多维开发型生态农业模式、多功能融合型生态农业模式、"互联网＋"科技型生态农业模式、庭院经济型生态农业模式。

5.1.1 沼气生态循环农业模式

2016年，农业部印发了《关于农业综合开发区域生态循环农业项目指引

---

① 黔农在线.370选10! 农业部重点推广这10大生态农业模式［EB/OL］. https：//mp. weixin. qq. com/s? __biz＝MzAxNzgzMDY3MQ＝＝&mid＝2652152049&idx＝5&sn＝d5189928b28fa97f83 f3c96a59b91873&chksm＝803f8691b7480f87ec7396c37ba6ebd96bdcf67a40128c5cfc932e3f05229cb289de4e 8138ea&scene＝27.

(2017—2020 年）的通知》，"零排放"和"全消纳"作为提高区域范围内农业资源的利用效率和以实现农业废弃物全消纳为目标，构建或优化比如养分综合管理计划、生态循环农业建设指标体系等管理制度，融合循环模式、运行机制、技术路线、政策措施为一体，使区域内过量使用化肥农药的情况得到有效遏制，努力实现"零"增长；提高农业废弃物循环利用率达到 90% 以上，让农产品加工剩余物、秸秆、畜禽粪便进入循环、绿色生产模式，实现大田作物使用畜禽粪便和秸秆等有机肥氮替代率达到 30% 以上，实现农产品销售增值 10% 以上，农民收入增加 10% 以上，显著提升农业生产标准化、智能化、规模化、信息化及社会服务化经营水平，实现开源节流、清洁生产、循环利用、产品安全[①]。2019 年末，农业农村部又印发《农业绿色发展先行先试支撑体系建设管理办法（试行）》，提倡大力发展种养结合、生态循环农业。

（1）模式内涵

沼气生态循环农业依托较为成熟的农业生产链，以沼气产业为桥梁，连结养殖业和种植业，合理建设产业类型，形成区域内部农业循环机制，实现"投入品—产出物—废弃物—再利用"的综合循环利用，达到资源高效利用和低消耗、投入清洁、产品安全、降低废弃物排放的目的，促进农业资源多层次、多维度、多元化开发利用（图 5-1）。

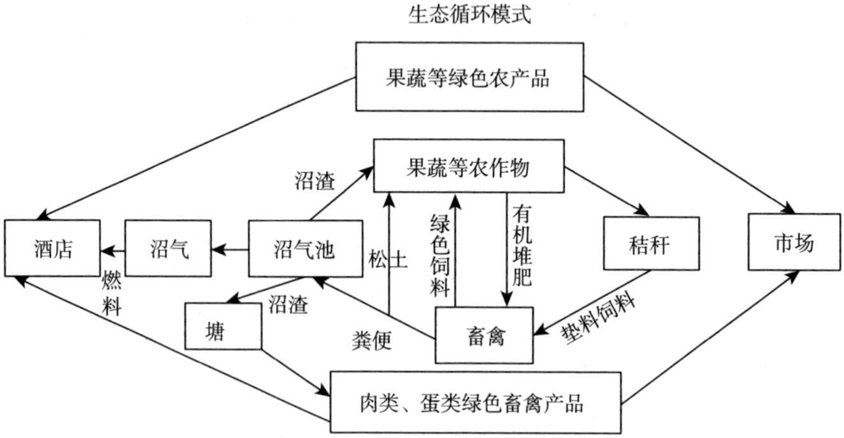

图 5-1 沼气型生态循环农业模式示意图

---

① 农业部办公厅、国家农业综合开发办公室.关于印发农业综合开发区域生态 循环农业项目指引（2017—2020 年）的通知［EB/OL］.［2017-11-26］. http：//www. moa. gov. cn/nybgb/2016/ dishiqi/201711/t20171126＿5919594. htm.

（2）特点

沼气综合利用：以沼气为纽带，将种植、养殖、农民生活紧密结合起来，一方面把可作为沼气基料的农业废弃物进行处理，如：养殖场畜禽产生的粪便、农民生活产生的污水、作物秸秆等；另一方面将生产出来沼气燃料之后的沼液、沼渣，加工成为种植业可以利用的生物农药和有机肥料。科学地结合测土配方施肥、标准农田地力培肥、优质农产品基地建设、无公害农产品等工作，推行"猪（牛）—沼—果（菜、粮、桑、林）""秸秆废物—沼—粮"等循环模式，形成上联养殖业、下联种植业的生态循环农业新格局[①]。

畜禽粪便回收和有机肥料处理、加工应用：第一，建设设施完善的畜粪收集处理中心，建设的设施包括原料收集与预处理系统、厌氧消化系统、沼气系统、沼肥系统、监控系统等。统一回收农村的粪便污水可以大大提高畜粪的收集率，可以使畜粪的利用率达到 95%。通过沼气的利用，人畜粪污通过厌氧发酵后全氮保存率可达 114%，氨态氮增加 20%以上，保存了磷、钾等养分，极大地提升了肥料中有机元素的利用率。

（3）模式案例

就现阶段来看，生态循环农业模式因地制宜、利用沼气常见的模式主要有"三合一"循环模式、"四位一体"循环模式、"五配套"循环模式（图 5-2）。[②]

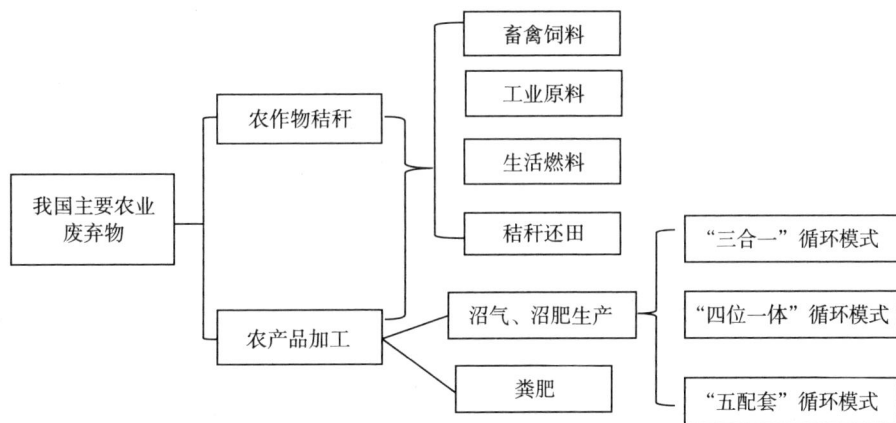

图 5-2　常见循环型生态农业模式类型

---

① 周峰. 运用科技创新助力循环农业绿色发展的可行性策略探究 [J]. 产业科技创新，2019，1（4）：25-26.

② 陈利洪，闫云，李莹. 我国农业废弃物沼气生产现状·模式·主要问题分析 [J]. 安徽农业科学，2017，45（30）：67.

第一，"三合一"循环模式。根据我国不同地理条件和气候特征，"三合一"循环模式主要运用于我国中南部地区。[①] 沼气生产的主要原料是猪粪便，根据种植对象的不同，目前主要形式有："猪（牛）—沼—果""猪（牛）—沼—茶""猪（牛）—沼—菜""猪（牛）—沼—花"等形式。养殖对象包括猪、牛、鸡、羊等畜禽，因此"三合一"循环模式称为"畜禽—沼气—农林作物"模式，在农业和林业中广泛运用（表5-1）。

表5-1　常见"三合一""畜禽—沼气—农林作物"类型

模式	典型地点
猪—沼—菜	广泛分布
猪—沼—果（谷、菜）—鱼	江苏宿迁市、湖南娄底市
猪—沼—草（果蔬）	湖南临武县、湖南千龙湖
猪—沼—石榴	陕西临潼区
猪—沼—果、牧草—猪	浙江庆元县
牛—沼—茶	四川洪雅县
猪茶种养	湖北武汉

河南省襄城县桃之源山区养殖场拥有4处标准化猪舍共63栋，养殖场存栏生猪量达5 900多头，日产猪粪和污水达近50吨。如果大量的粪便和污水不能及时妥善处理，就会给周边村民的生产生活带来极大的影响，还会威胁当地的生态环境。为了降低养殖废污带来的影响，桃之源公司于2016年设计建造了1 000立方米的红泥塑料三段式（TRPD）厌氧沼气发酵工程4项。设计的工程充分利用山区山体落差的优势，依山而建，把废污通过沼气设施进行处理。经过有机废弃物厌氧发酵减量化处理后，将产生的沼液、沼渣和沼气充分利用，变废为宝。由此可见，能源生态型工程可达到充分、合理、有效地利用资源的目的，并达到国内先进水平。

产生的沼气用途主要用在两方面：一方面用作能源，用来发电和冬季给猪舍增温；另一方面沼渣、沼液作为有机肥充分施用到果园和田间。由于沼液顺着山体流动到三级沼液储存池中，节省了人工成本。沼液作为农田和果园灌溉使用；沼渣以及浓缩的污泥通过制成有机肥销售给周边农户或企业自用；处理后排放的沼液可用作莲藕塘和果树的灌溉使用，由此形成了"猪—沼—果

① 陈利洪，闫云，李莹. 我国农业废弃物沼气生产现状·模式·主要问题分析［J］. 安徽农业科学，2017，45（30）：67-70.

(菜、粮)"立体生态循环农业生产模式。此模式可以说是真正的无污染、零排放,实现了农业废弃物的综合循环利用,山区的自然生态环境得到保护,同时显著促进了企业的经济效益,推动了地方经济效益的提升。桃之源公司每年节约成本可达 300 多万元,进而实现了资源和能量的多层次利用。企业的种植业、养殖业都走上了绿色发展之路。2019 年,桃之源公司生产的桃被河南省农业农村厅认定为无公害农产品,2020 年,该公司顺利通过河南省"省级农业标准化示范区项目"验收。[①]

第二,"四位一体"循环模式。由于气候和区域位置的影响,在我国北方地区将温室引入进沼气生态循环农业模式,构成了集沼气池、禽畜舍、日光温室等为统一整体的"四位一体"循环模式。此模式是以沼气生产为纽带、以太阳能为动力、种养结合构成的生态良性循环模式。

吉林市棋盘集团成立于 2010 年,其投资建设了一百余栋绿色农业大棚、创建生态农业种植园区,大棚室内还可以利用沼气来施肥,从而形成了"四位一体"沼气生态循环农业模式。

"四位一体"沼气生态循环农业模式以沼气为基础,连结养殖业和种植业。一方面经过无氧反应产生沼气,沼渣成为种植业可使用的绿色肥料来源;另一方面沼气、太阳能是清洁能源,可以为农村家庭用电和取暖提供能源;此外,沼液和沼渣也是土地很好的肥料,还可以作为添加剂添加到猪饲料中。通过运用"四位一体"的生态循环农业模式,取得了显著的综合效益。

在种植方面,沼肥有绿色、优质的特点,可以提高农作物的产量和抗病虫害的能力。在养殖方面,食用了沼渣添加剂的猪可以高质量地生长发育,缩短育肥期,提高出栏量。综合整个效益情况,"四位一体"生态农业模式与普通农业模式相比,增产 20% 以上,病虫害降低 70% 左右,较普通温室增加收入30%~50%。[②]

第三,"五配套"循环模式。我国西北由于地区特点采用"五配套"模式较多。这些地区多为缺水地区,因此,在实际运用中,为了适应当地的干旱环境引入了蓄水窖。沼气池、果园、暖圈、蓄水窖和太阳能设施构成了该模式主要的部分,以农户土地资源为基础,形成以沼气为纽带,以农促牧(副)、以牧促沼、以沼促果、果牧结合的配套良性循环体系。将节水农业、设施农业与沼气池和太阳能的综合利用作为解决当地农业生产、农业用水和日常生活所需

---

① 杜英杰. 襄城县桃之源沼气生态循环农业模式 [J]. 河南农业,2019 (25):24.

② 吴玉峰,李霞,李翠香,刘巧英."四位一体"生态农业模式的效益分析 [J]. 内蒙古科技与经济,2010 (13):46 - 47.

能源的主要途径。[①]

(4) 建设成效

第一,降低农业生产成本、增加收入。虽然沼气生态循环农业模式前期需要投入进行沼气设备建设,但从运行后的效益来看,产出远高于投入,经济效益方面具备传统农业种植方式不可比拟的优势。通过此模式的运用,不仅可以节省肥料费用,而且可提高农作物的抗病虫害能力,提高绿色作物产品品质,在市场上的售价也高于普通农产品。在养殖方面,提升禽畜的养殖效率,增产增收,不仅体现经济效益,也更好体现了生态效益。

第二,降低生活能源使用费用。利用沼气进行发电、供热、供暖,作为清洁的能源,可为居民或者企业减少生产、生活能源成本。例如一个8立方米沼气池每天可产气约1.5立方米,以四口之家为例,可以提供大约半年的全日生活用能。每年可节省秸秆2 000千克,煤1 000千克左右,电100度左右,由此经济效益可达到1 000多元。

第三,改善农村生态环境。沼渣、沼液的利用,有利于改变过去养殖场周边粪污横流、苍蝇满天飞的乱象,改善了农村基本面貌,在解决农业面源污染、促进农村节能减排、实现现代农业转型升级、改善农户生活环境方面具有积极的作用,有利于建设美丽乡村。另外环境改善有利于减少细菌病毒的传播,从而降低农村的医疗就诊率,为建设健康农村打下了坚实的基础。

5.1.2 空间多维开发型生态农业模式

(1) 模式内涵

空间多维开发型生态农业模式是通过合理组装,粗细配套,对空间进行多维度开发,大力发展多物种共存、多层次配置、多级物质能量循环利用的立体种植、立体养殖或立体种养的生态农业。该模式较为典型的代表有"稻—虾—蟹""稻—鸭(渔)""林—粮—菌""林下养殖""鱼菜共生""秸秆覆盖秋洋芋"等(图5-3)。[②]

(2) 特点

综合性:生态农业重点体现农业生态系统的可循环完整性,它以规模农业为基础,整体规划遵循全局、协作、循环的原则。

---

① 陈利洪,闫云,李莹. 我国农业废弃物沼气生产现状·模式·主要问题分析 [J]. 安徽农业科学,2017,45(30):67.

② 王莉玮,王春丽,易廷辉,卞京军. 重庆市生态农业建设实践与模式分析 [J]. 现代农业科技,2018(10):240-242.

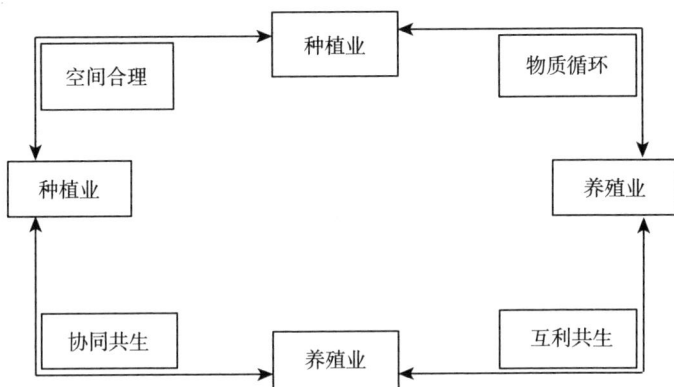

图 5 - 3　空间多维度开发型立体现代生态农业模式

多样性：鉴于我国幅员辽阔，自然条件、资源基础和经济社会发展水平差异巨大，空间多维开发型生态农业充分吸收了我国传统农业的精华。

高效性：通过能源的多维度开发运用和物质循环，延长加工链，将废弃资源回收加工再利用，减少加工投入成本，实现资源增值。

持续性：发展空间多维开发型生态农业可以保护和改善生态环境，防治污染，提高农产品安全性，使农业和农村经济的常规发展转变为可持续发展。[①]

(3) 模式案例

案例 1："稻—鱼"共生模式

"稻—鱼"共生模式典型运用在浙江省的青田县，由于它具有处于瓯江流域中下游的地理优势，所以一千多年来它一直坚持采用传统的稻鱼共生的农业生产模式。与众不同的稻鱼文化从传统的农业生产中延续而来，并培育了地方特有品种"青田鱼"。

稻—鱼共生系统是一种典型的生态农业生产方式，水稻和鱼类在池塘中相互依存，系统内部可以自动调节平衡，使系统不断地完善，实现良性循环。这种模式可以利用稻田进行鱼类养殖，鱼类粪便也能使水稻丰产。与传统的水稻种植相比，稻田养鱼可以保护农业生物的多样性、抑制病虫害、促进碳氮循环和保持水土不流失。在这个模式中，水稻种植与鱼类养殖相互促进，水稻可以是鱼类成长的食物，而鱼的活动能为稻田除草、松弛土壤、增加氧气，由此稻

---

① 最农公社.干货 ｜ 想做好农业，这 18 种农业类型你必须知道！［EB/OL］. https://www.sohu.com/a/218825774_100069746.

田和鱼类可以形成循环，以此来减少对外部的依赖性，增加系统的免疫能力。由此，这种古老的循环模式，使得稻田的生态系统能量流动和物质循环得以促进，有效提高了鱼类和作物的产出效益；另外，由于减少化肥和农药的使用，农田生态环境得以有效保护，维护了稻田的微循环；经济效益的提升不仅改善了当地居民的生活质量，而且使地方农耕文化有效传承。

稻鱼共生对于青田来说已经不仅是一种传统的农业技术，更是一种当地文化、一种象征、一种能够将中国传统技术和文化融合的特色。在2005年"浙江青田稻鱼共生系统"被联合国粮农组织认定为"全球重要农业文化遗产"，成为全球首批6个重要农业文化遗产之一、中国第一个全球重要农业文化遗产。2013年，"浙江青田稻鱼共生系统"被我国农业部列入首批"中国重要农业文化遗产（China-NIAHS）"名录。[1]

案例2："林—粮—菌"模式

林菌复合，就是借助林地自然的遮光条件，栽培喜阴的食用菌。林、粮、菌复合系统合理地利用了林地自然生态环境的有利条件，将林业种植、农作物种植结合起来，充分提高了土地的利用率，实现了多维空间生态立体农业种植，促进森林生态系统平衡、营养物质良性循环。这种种植模式充分利用了光线和空间，提升了林地的空间利用率，实现了林粮双丰和林菌互补，增加了土壤肥力。另外，以耕代抚，可以有效地抑制杂草萌生，促进生态平衡。

通过实践发现，林粮菌复合系统需要在时间上、空间上达到最佳组合。在种林方面，以人工速生丰产林为基础，由于具有丰产林株行距大、便于集约经营的特点，比较方便建立多经济物种复合的生态系统。在林木生长的同时引入经济物种，充分考虑树的高度、树冠密度、树幅都不断变化的特点，结合不同空间层次的光线、湿度、温度和作物根系的垂直分布，引入的经济物种也应随之改变。[2]

浙江省丽水官塘乡荷洋村百祖山种植专业合作社将"林—粮—菌"循环复合经营模式运用于油茶基地，旱粮采收之后，用秸秆就地栽种大球盖菇，不仅可以提高经济效益，还可以通过栽种大球盖菇，将大量菌糠返回到油茶林地，能够较快地改善油茶林地的土地结构和肥力，可谓一举多得。

① 崔文超，焦雯珺，闵庆文，吴敏芳，孙业红.基于碳足迹的传统农业系统环境影响评价——以青田稻鱼共生系统为例［J］.生态学报，2020，40（13）：4362-4370.
② 鲍铁辉，孙保权，齐恒玉，等.发展林粮菌复合系统的意义及发展趋势［J］.防护林科技，2016（5）：50.

案例 3：果园—鸡共生的生态技术模式

果园—鸡共生的生态技术模式是将果园的间隙地利用起来，作为养鸡的空间，实行舍养和放养相结合的模式。喂食方式以人工科学补料为辅，以自由采食、自然饲料为主。这种技术模式，在良好的自然环境下养殖鸡，可以有效限制化学合成物的使用。又可以对果园的土地与资源进行有效、充分利用，从而一举两得，达到养殖、种植双重获利的目的。果园—鸡共生的生态技术模式在环保方面的作用使其成为一种新型、高效的养鸡综合技术。[①]　具体优势如下：

第一，减少果园肥料施用量，降低成本。果园—鸡共生的生态技术模式能够将果园肥料的使用量降低，抑制杂草的生长，充分发挥肥料的效用。同时鸡粪作为农家有机肥，在鸡群活动的同时进行施肥，可有效降低人工施肥的成本。第二，有利于增强鸡群体质，果园可以为鸡群提供一个空气新鲜、水源清洁的环境，在一定程度上对鸡病的传染进行有效防治，有利于降低鸡的死亡率。第三，增加社会效益。果园—鸡共生的生态技术模式下培养出来的优质土鸡，有利于增加农民收入，优化农村的产业结构，达到农业增产、农民增收的双赢效果。

邢台市内丘县西街村农民郝根五在自家果园里散养了 1 000 多只笨鸡，除了玉米、麸子、花生皮磨面拌食外，平常就让鸡在桃园、苹果园里啄虫、食草、奔跑、上树。听说老郝的笨鸡不喂饲料，还是在果园里散养，一些城里的顾客都慕名前来。果园里不仅不用打药治虫，节省了锄草的人工费用，而且鸡蛋也卖得好。果园—鸡共生的生态技术模式让整个果园形成了一个农业生态循环体系，实现了种养双丰收。

(4) 建设成效

第一，促进农业经济发展。空间多维开发型生态农业是提升环境保护效果和促进农业经济发展的有机结合，提升了土地资源效率、空间利用效率，节约了农药化肥使用量，既提高经济效率，又维护优化了区域生态环境；既保留了传统农业的淳朴，又有现代农业的气息；既综合提高资源利用效率，又形成更加综合的新农业制度。

第二，优化农业经济结构。近年来，我国农产品市场需求呈现出多元化、多层次的特点，需要适应市场需求而形成新型农业，而多维开发型生态农业模式正是符合市场需求的农业模式。通过生产无公害农产品、绿色食品、有机食品，在优化当地农业效率、完善农村生产结构和生产方式，充分发挥农村经济发展方面具有积极的作用。

---

① 于存洋，张立元. 浅谈果园生态养鸡综合技术 [J]. 中国畜禽种业，2010 (7)：138.

第三，有利于农业可持续发展。传统石油农业资源的有限性桎梏了土地资源的增产潜力，不能一味靠使用化肥提高单产。化肥施用所造成的土壤板结、水体污染、土地污染、大气污染，消耗了子孙后代的生存空间，必须改变现有体制机制。另外从空间多维开发型生态农业的内涵来看，循环、绿色、低碳是其硬核要素，在大力发展农业经济的同时保护生态环境，是实现农业可持续发展的关键。

5.1.3　多功能融合型生态农业模式

(1) 模式内涵

多功能融合型生态农业是随着经济发展和城市化进程推进逐步诞生的新兴产业，它融合了农业生产、加工、游览、服务等多种业态，为城市居民创造了休闲观光的场所，为乡村农户带来了提高经营收益的机会。[①]

(2) 特点

第一，综合程度高。多功能融合型生态农业模式利用三产融合把农业、工业、服务业相结合，发挥农业多功能性延长产业链、智慧供应链、提升价值链，从供给侧结构性改革为切入点，合理进行顶层设计，科学布局一产种养殖、二产加工业、三产服务业。比如一产种植业一斤菊花卖70～80元，二产烘干加工成独立小盒包装，10朵卖30元，三产到了茶社或KTV，一朵卖10元，三产融合不仅延长了产业链、提升价了值链、拓宽了利益链，还提供了就地、就近就业，增强了集体经济造血功能。增加了历史、文化、艺术元素的现代意义的农业通过创意重塑了农业的内涵、外延、功能、价值等，给生态农业永续发展带来了新动能，不仅锻炼身体还带来艺术享受和精神陶冶。

第二，地域错位发展。我国地域辽阔，每个地方的自然条件、资源禀赋、风土人情、农耕习惯、饮食结构等或多或少影响着经济发展及运行速率。各地根据先天优势，结合多功能融合型生态农业模式汲取我国传统农业的精华，去其糟粕，创造后发优势，细分市场、博弈支柱特色产业、科学论证、错位布局，用足比较优势理论，充分发挥全国统一大市场优势进行互通有无的国内外贸易，补齐刚性物质需求和柔性精神诉求。比如蔚县小米、剪纸，高阳棉花和纺织，玉田大白菜，邢台苹果、核桃，满城草莓、顺平鲜桃等，各自发挥了自然、气候条件、历史、技艺传承等优势，发挥了品牌溢价功效，不仅实现了脱贫致富，还气宇轩昂走在奔小康和乡村振兴路上，不仅满足了温饱物质需求，还领略了祖国各地美丽景象，不仅构筑了地域旅游景点，还促使很多农民自费

---

① 孙凡. 台湾中东部地区休闲农业园区景观设计研究 [D]. 无锡：江南大学，2018.

外出取经、观光。

第三，参与度高。新时代城乡居民在满足了物质需求后开始追求感官体验、休闲、康养，尤其是注重实景教育下一代，因此很多家长周末、寒暑假带领孩子们去参与种植、养殖、加工、田间游戏等活动，增加了孩子们书本外的知识与乐趣，为写作提供了真实体验素材，长时间远离手机、电脑、游戏等侵害，赋予这种模式很强的参与价值和生存价值。游客通过参与劳作，获取劳动的快乐和身临其境的愉悦，同时还会获得丰富的农业知识，陶冶情操。

第四，可持续发展。此种模式下，人们保护环境意识落实到行动，环境污染被预防、生态平衡被保护、农产品的竞争力稳定性被提升，农业和农村的发展成为持续有效发展，实现了环境治理与发展建设的结合，最大程度地满足了人类对农产品的需要，使农产品环境体系的持续性和稳定性得到提升。

(3) 模式案例

案例 1：江苏省江阴市华士镇华西村

江苏省江阴市华士镇的华西村产生了符合人们生活所需的产品，如"农家乐游""田园风光游""休闲生态游"等旅游产品。这些城市的游客享受着他们的食物，不但充实了休闲农业发展的内涵，也给华西村创造出一种有效的脱贫致富之路。江苏省华西村由刚开始的贫困潦倒，到了如今整齐划一的华西别墅、诸多繁忙的江苏省华西村股份有限公司厂房、多种果园，堪称"天下第一村"，将工业、服务业与农业相结合，其农业、钢铁业、制造业、旅游业为我国其他区域乡村规划布局做了垂范，跨业态、跨界融合致富了当地农民。在20 世纪 80 年代，华西村就提出了"三化三园"的乡村建设环境标准，即美化、净化、绿化，远看像林园、近看像公园，细看是农民的乐园。整个华西村践行了"绿水青山就是金山银山"，形成了具有独特美景的漂亮乡村。① 将河渠、果园、生态园等农业观光资源整合，形成相对集中的各区块，资源分散的问题得以解决。2019 年 12 月 25 日，国家林业和草原局评价认定华士镇华西村为国家森林乡村。

2020 年 8 月 26 日，华西村入选第二批全国乡村旅游重点村名单。以华西的精神为引领，深入挖掘并拓展新农村的文化内涵，丰富其表现方式，铸成独特的农业特色。紧紧围绕现代农业总体要求，综合利用基地现状，进行必须的规划与完善，科学顶层设计使得观光农业建设符合可持续发展理念。然后整理

---

① 地道农旅. 休闲观光类农业园，"天下第一村"江苏华西村如何化挑战为大发展！［EB/OL］. https：//www.sohu.com/a/319880722_120086998.

了土地，使其具有江南水乡特色。联通了水网，有效整合各类水体。根据华西村的景观特点、地域资源、人文环境，使其形成了一个具有鲜明地域特色的观光休闲农业园。

案例 2：浙江省嘉兴市嘉善县

浙江省嘉兴市嘉善县通过积极发展休闲观光农业，取得了良好效果。2011年 3 月被农业部和国家旅游局联合授予首批"全国休闲农业与乡村旅游示范县"称号，2021 年 5 月，浙江省农业农村厅、浙江省文化和旅游厅公布了2021 年浙江省休闲农业和乡村旅游精品线路名单，其中，嘉兴市嘉善县姚庄镇桃源渔歌精品线路入选。主要代表有：以碧云花园为代表的农业模式；以浙北部桃花岛为代表的基地模式；以汾湖观光休闲农业带为代表的资源景观型模式；以祥盛休闲农业园、龙洲的渔业园为代表的特色产品型模式；以西塘荷池村、陶庄渔民公园为代表的"农家乐"型模式。① 随着观光旅游逐渐向休闲产业转换，嘉善休闲农业将观光、休闲业结合起来，开辟了一条乡村旅游与时俱进的特色道路。②

案例 3：邢台白牛生态农业产业园

邢台白牛生态农业产业园拥有独特的田园风光，园内呈现小桥、流水、人家景观，具备京津冀一体化政策优势，靠近邢台市区具有丰富多样区域客源，而且当地政府和村民还具有强烈的发展愿望。该农业园的影响力是以自然生态为基础，以农村发展为重点，以展示邢台的牛文化为方向，打造生态示范、绿色康养、文化休闲、科研孵化、研学旅行、仓储物流六个板块为一体的现代生态农业产业园区。当地立足于实际，从自身地理优势出发，既有自然地理也有趣味地理。有白马河作为充足的河流资源，大片土地用来种植，还有丰富的金牧粮草作为植被资源。河北白牛农业科技有限公司生态产业园项目是晏家屯镇发展高效生态农业的重大举措。该项目涉及金牧粮草、羊肚菌孵化、樱桃及新品梨采摘等 10 余个农业项目。截至 2021 年 5 月，已流转土地 3 100 亩，涉及东石、太平等村。仅东石村就流转土地 2 660 亩，惠及村民 1 900 余口，拉动300 余人在村内实现就业。其完善的农业基础设施为当地农民改善生活条件、提高生活质量奠定了环境基础。在改造过程中，将三大产业相融合，做到尊重当地的自然环境，保护生态。在教育及住房方面给予了农民极大保障，让农民

---

① 国内休闲农业发展经典案例 [J]. 世界热带农业信息，2016 (11)：28 - 29.

② 国内休闲农业规划四大经典案例 [EB/OL]. https：//news. cnhnb. com/rdzx/detail/87568.

切实投入并参与其中。①

案例 4：台湾薰衣草森林

薰衣草森林由詹慧君与林庭妃二人创建于中国台湾中部地区，是以薰衣草种植为主的花园农场休闲景点。如今，薰衣草森林已经成为台中地区热门休憩区，连续几年入围台湾地区前一百名旅游景点。创建之初，薰衣草森林拥有五个品牌："薰衣草森林（台中新社、新竹尖石、苗栗明德；停业的有南科店）、桐花村餐厅、缓慢民宿、香草铺子、心之芳庭"。工作人员达五百余名，业务涉及休闲农场、餐饮、食品、精油、民宿、婚宴等。到 2017 年，薰衣草森林集团已多品牌运作，于该年年底在台中公益路的草悟道商圈，创办了"漂鸟"品牌青年旅馆，主攻背包客市场。到 2020 年，薰衣草森林已创立二十年，旗下品牌已经扩展到"薰衣草森林、心之芳庭、好好、桐花村、森林岛屿、缓慢、缓慢寻路、缓慢文旅、漂鸟"等 9 个品牌，除了岛内之外，也积极插旗外部市场，在北海道开办了"缓慢"民宿，在南京、香港布局了"森林岛屿"旗下的"香草铺子"等。截至 2022 年 8 月，薰衣草森林（南京）旅游文化发展有限公司已经申请注册了 24 个商标。

(4) 建设成效

多功能融合型农业生产模式是未来农业发展的趋势，鉴于新技术的创新与发展、三产融合路径的推广、乡村振兴战略的推行，一定会助推行之有效的农业生产模式的完善与优化，不仅使农业被赋予新活力，同时带动手工业和服务业的蓬勃兴起。

第一，有利于当地的生态保护、污染防治，它不是传统的那种破坏式发展，竭泽而渔，而是生生不息。

第二，尽可能地增加经济效益，通过物质循环和能量的利用，降低农业的成本，为农民提供大量的就业岗位，增加村民收入，让村民过上更好的生活，增加幸福感。

第三，可以因地制宜，例如江南水乡和塞上高原的生态农业就会有区域性的差异，根据当地的实际情况做出选择，是十分有利的，充分发挥地区资源禀赋优势。

第四，可以调整农业结构，使得农林牧渔都能得到全面发展，而非片面的"断链式"发展，提高第三产业所占的比重，使各行各业协同融合发展。

---

① 王树刚，曹家平，窦军，葛维佳. 美丽乡村建设途径探析——以河北邢台白牛生态农业产业园为例 [J]. 农村·农业·农民 (B版)，2021 (3)：15 - 16.

5.1.4 互联网+科技型生态农业模式

(1) 模式内涵

互联网+科技型生态农业，用现代大数据的观点解释，农产品的销售方式不再是线下面对面交易，而是采用网络销售的方式，可以将网络信息技术的集成和大数据的优势在农业产业链中最大化地发挥出来，顺利将现代化信息技术融入产业链条中生产、销售、管理和农业经济的全方位环节中。[①] 将互联网技术融入农业生产和销售过程中的方方面面，充分发挥互联网的优势，将传统的农业生产与高科技的互联网技术融合，以解决传统生态农业生产过程存在的堵点、痛点问题。总而言之，"互联网+科技型生态农业"就是互联网技术与传统农业生产种植、经营、管理服务以及保护环境相融合的现代化产物。

(2) 特点

第一，便民化。农产品的生产者可以很方便地通过互联网渠道将农产品出售，同时，农产品的购买者也可以通过互联网来购买农产品。比如直播带货，不仅让人有身临其境的感觉，还缩短了农产品销售的距离，下单、出售不受时空制约，便利了农产品的销售者和购买者。

第二，实时化。农产品购买者可以通过互联网技术与农产品的生产者实现互通，对农产品生产的全过程进行浏览，有效解决农产品购买者所担心的食品安全问题，同时也可以让优质农产品得到更好的推广，让购买者放心，让生产者省心。

第三，物联化。农产品生产者可以通过物联网技术实时了解到种子是否健康、发芽，施肥是否适量，采摘是否科学。精准把脉植物生长或动物成长过程中营养均衡问题和动物健康问题，通过实时监控，减少不合理作业导致的农产品损失并且对动物进行动态监测，预判、预警风险。

(3) 案例

案例1：拼多多借助互联网+科技型生态农业实现迅速崛起

拼多多APP就是主打销售农产品的电商平台，它将农产品作为销售基础载体，借助互联网+科技型生态农业的模式继续发展乡村生态农业。例如，拼多多打造"拼购+产地直发"的发展机制，依靠在农民端的零服务费、零佣

---

① 柳妍，王鹏."互联网+"背景下生态农业发展路径研究——以武汉市广地农业科技有限责任公司为例 [J]. 现代商贸工业，2016，37 (20)：12-13.

金、零抽成的方式和服务机制，迅速打通农村市场，让更多的农民可以通过互联网渠道售卖自己的农货。尤其是在疫情防控期间，拼多多的"拼购＋产地直发"的发展机制很好地解决了农产品的滞销问题，让更多的农户渡过了疫情危机。与此同时，越来越多的农民也开始选择了互联网＋科技型生态农业，傈僳族聚居在保山市，保山市是著名的咖啡产地，但是国际咖啡的价格摇摆不定，傈僳族的经济来源也受到了严重影响，拼多多平台运用"农地云拼"的方式为傈僳族的咖啡找到了新的销售渠道。不仅如此，助农扶贫项目也带动了傈僳族生产高品质的咖啡。拼多多运用网络的力量为傈僳族的农业提升了产业级别，提升了当地农业经济收益。

案例2：生鲜电商通过互联网＋科技型生态农业实现快速发展

截至2020年末，农产品在我国的交易规模超过了50 000亿元，这包括市场20 000亿元。线上电商平台主要有综合性的电商品牌、垂直电商品牌、物流电商、实体超市的网络销售、农业企业的网络销售等。

包括天猫、京东等综合性的网络销售平台可以为企业提供销售平台，依靠这种方式吸引主打生鲜食品的企业入驻。天猫是淘宝分离出来的子公司，由浙江天猫网络有限公司营运。天猫容纳了几千家品牌商、生产商，为卖家和消费者都提供了便捷服务。2021年"双11"，截至11月11日24时，天猫"双11"总交易额达5 403亿元，一批中小品牌销量实现跨越式增长，11月1日0时起到当日的凌晨，已经有700家中小品牌成交额从百万跃居千万之列。

案例3：一亩田APP通过互联网＋科技型生态农业精准解决农户生产销售中的痛点

成立于2011年9月的一亩田是最早一批进入互联网＋科技型生态农业的企业，其平台定位是农产品B2B电子商务平台。从最开始的农产品搜索和比对到介入农产品贸易，农产品销售平台的创立为消费者解决了流通信息不能及时传达的弊端，为买和卖都提供了更便利的服务。随后，通过互联网布局，形成规模化的用户群体，以此形成平台效应，平台的使用用户可以形成规模来发挥平台的销售能力、资源收集能力，形成从生产到销售的全流程链条，提升农产品生产经营销售的效率，准确服务用户群的需求。截至2022年4月，一亩田平台已经覆盖全国2 800个县的1.5万种农产品品类，用户数量达到4 000万，是移动端APP用户数量最多的农业电商平台。

(4) 建设成效

第一，实现农产品销售的可溯源化。不断提高网络信息技术在农民生产生活中的应用，利用农业网络销售企业发挥网络资源优势，可以直接看到农业生产的整个过程，让消费者更直观地看到农产品终端状态，比如购买的牛肉是哪个部位的，苹果是哪一家的？农药、化肥是否过量？苹果含糖量是多少？等信息一扫知天下，提高绿色生态产品的可信度，从而较容易的提高农产品的价格。在售卖的农产品包装上印制二维码——农产品唯一身份证，消费者可以通过扫描农产品的条形码来了解农产品从生产到销售线的整个过程，精准查询产地、销售商等信息。

第二，互联网＋科技型生态农业模式促进乡村振兴。随着各大互联网企业逐步进入生态农业生产的全过程，农产品的生产者对于农业产品的销售渠道有了更多的选择，销售模式也变得更加新颖，农产品销售难的问题基本上可以解决。同时，农产品生产者也可以通过互联网技术更方便接触外界信息，优化农产品的品质，为乡村振兴搭建产业结构、技术支撑、人文素养、体制机制、制度设计等。

第三，实现农村服务信息化。创建网络信息化新农村必须实现信息的现代化，而且网络最大的优势也在于此，运用网络的技术和数据资源的处理，可以收集到各种类型市场的供应和需求信息，这些信息对于企业的技术开发和管理决策十分关键。① 比如说，网络信息化进入农村可以帮助农民准确地得到相关农产品的市场供给和需求信息，农民可以根据这些信息及时地调整农产品的种植和生产布局，以及相关的管理模式，可以有效地避开由于信息不对称而带来的无效生产，为农民提高经济收益。网络和科技的有效结合，可以为绿色农业、生态农业的发展创立一个及时更新并且信息有效的平台，同时也可以为国内农业的生产提供资金上的支持，网络支付手段可以直接融入农业生产和销售的各个过程中，直接解决了生态农业种植过程中的难点，为现代绿色农业和生态农业的发展起到了重要的保护作用。

5.1.5 庭院经济型生态农业模式

(1) 模式内涵

庭院生态经济，是指农民在其宅院内及其附近的平面和空间，依据生态经济学原理，进行种、养、加融合，兼顾经济、社会、生态三效统一的多层次结构的经营活动。②

---

① 陈欢欢. "互联网＋农业"发展的瓶颈及创新路径 [J]. 人民论坛·学术前沿，2020（18）：124-127.

② 谢艺，汪正祥，雷耘，等. 自然保护区庭院生态农业发展模式与效益分析——以湖北七姊妹山张记华户庭院经济为个案 [J]. 环境科学与管理，2009（05）：150-153.

（2）特点

第一，投资少，见效快。近年来，国家出台相应的政策帮助发展农村的庭院经济。有些农村地区获得当地政府支持发展以"龙头企业＋合作社＋农户"为主要模式的订单农业。在庭院里种植的蔬菜大多不打农药，施用农家肥。因此蔬菜瓜果更加绿色健康，农民可以以质论价。此外农民利用的是自家的庭院，不用租用土地。处在旅游热门城市的农民可以发展农家乐，更快地提高经济收益。

第二，管理方便，土地利用率高。在庭院的有限空间范围内，根据不同蔬菜瓜果的生长习性和特点可以合理地安排蔬菜的种植区域。比如沿墙边可以种植爬山虎、凌霄、蔷薇等攀缘类植物，在门前的阳面适合种植各种花卉，帮助美化庭院，院内的地窖则适合储藏一些马铃薯等过冬蔬菜。此外有些庭院还采用立体农业的模式，提高了平面和空间的利用率。因为庭院面积比较小，各个农产品合理分区，所以便于管理。

第三，自给自足。庭院经济型生态农业部分带动了旅游业的后备箱经济，合理利用庭院或房前屋后闲散地块种植各种植物有利于净化空气，施用农家肥、不打农药，蔬菜绿色健康，生态效益比较高。但是庭院面积有限，种植果树或者饲养动物的数量往往受到一定的限制。比如院内种植桃树需要考虑到树与树之间的间距，以及品种成熟时树木所占的面积。

第四，受地理环境差异影响显著。不同的地区具有不同的自然地理差异，这种差异对农业的种植具有很大影响。比如北方旱地较多因此大多种植棉花、小麦、甜菜等。而南方主要为水田，因此只能种植对水、热条件要求比较高的植物，西北则比较干旱，但光照比较良好，因此在庭院中常见种植葡萄、瓜果等。

（3）案例

案例 1：吉林省通榆县瞻榆镇庭院经济型生态农业发展模式

吉林省通榆县瞻榆镇在庭院内大力推广种植辣椒，发展以"龙头企业＋合作社＋农户"为主要模式的订单农业，实现了"一镇一品"庭院经济。① 一直以来庭院经济作为瞻榆镇的主抓手，利用得天独厚的优势发展辣椒种植产业。全镇庭院经济一共 260 公顷，辣椒这一项就有 200 公顷，占庭院经济总体的80%，农民收益高，而且非常认可，加上国家的扶持政策，使农民受益更多。通榆县庭院经济从无到有，从小到大，现在已经成为农民增收致富的主导产业。2022 年，通榆县全县打造 3 个以上"一乡一业"庭院经济特色乡镇，24

---

① 中农富兴. 农村庭院种植生态农业模式与案例探析［EB/OL］.［2020 - 10 - 12］. https：//www.sohu.com/a/424052596 _ 120752328.

个"一村一品"特色村。针对农户生产经营能力、劳动能力等差异，分类进行扶持，力争实现有条件的农户发展庭院经济全覆盖，庭院户均收入达到 2 500元以上。该镇的一些企业直接与农户签订收购合同。农户种植的红辣椒以质论价，增效显著。庭院是人们生活起居的地方，管理比较方便，肥水充足，在适宜的季节可以发挥不同的作用。在春季可以供游客欣赏，夏季可以纳凉，秋季可以进行采摘，冬季可以围坐在庭院围炉烤火，开展篝火晚宴。

此外，瞻榆镇还是一个旅游城市，每年辣椒成熟的季节，就会迎来各方游客，农民自己家庭院种的辣椒可以供游客欣赏。经过精包装还能进行销售，作为当地的旅游纪念品是个不错的选择，很好诠释了三产融合发展内涵及外延。

庭院农业就是一个微型经济体。在农村，为发展农业的种植提供了天然的优势，村民们可以在院子里发展观光农业，用这种手段来增加家庭的收入，村民们可以在院子里摆上桌椅板凳，创办以农村特色菜为主打的餐厅，在这里可以让游客品尝到口感丰富，并且价格便宜的美食。这种农家乐在旅游的季节收入十分丰厚。采摘水果、欣赏美景、吃农家饭，这种模式到旅游季节可以吸引很多国内国外的旅客前来游玩。庭院农业的发展，不仅仅可以为农村家庭带来收入，帮助农村净化空气，美化村民周围的环境，还能加快美丽乡村的建设，接纳城市发展理念，城里人消费需求层级、数量、结构等。农民通过这种方式投入少，见效比较快，比单纯种植辣椒进行销售的经济效益高很多。

案例2：湖北七姊妹山张记华户庭院经济型生态农业发展模式

张家庭院生态经济属于"种养林"综合循环利用模式，如图5-4所示。这种模式主要特点是人地共生，循环利用。"资源—产品—再生资源—再生产品"的闭环型综合利用模式是其最大的特点。

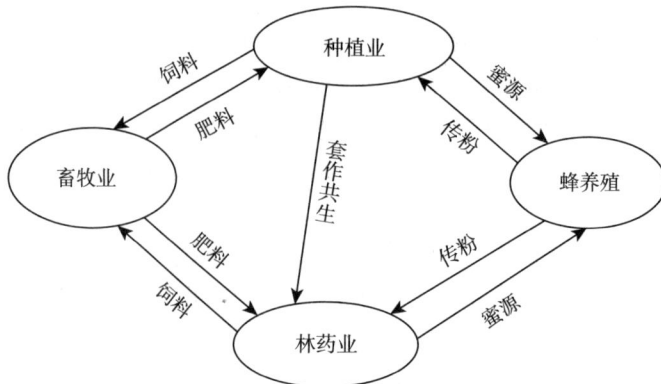

图5-4 生态农业综合循环利用模式

在有限的庭院范围内，农民种植蔬菜、果树，养殖鸡、鸭、牛、羊等于一体，种植的蔬菜水果为畜牧业提供饲料，饲养的动物粪便为种植业提供肥料，果蔬花卉为蜜蜂养殖提供花源，从而获得较高的经济效益与生态效益。

根据相关政策，农户以种植厚柏、杉树和木瓜树等为主，树下还可以搭建小型的储物空间，或种植马铃薯、红薯等农作物，发展立体农业。这几种农作物可以形成营养互补的种植模式，高效地运用水源、土地、光能、热能这些资源，利用这些科学的知识，将其进行实践，合理运用到庭院的农业生产中。

经济效率较高、科学性较强、适应性较广、生产潜力较大、稳定性较好、抗灾和抗市场风险能力较优是立体农业的优势，当地采用立体农业的发展模式，最大限度地提高经济效益，同时保证产品的绿色健康，是一种可以借鉴的、可提倡的生态型庭院经济模式。生态系统结构图见图5-5。

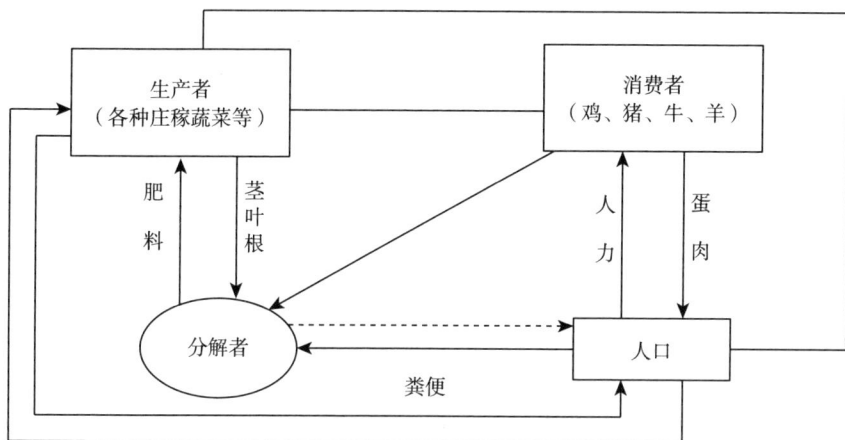

图5-5 生态系统结构图

（4）建设成效

第一，提高土地利用率，增加经济收益。在广大的农村地区，农民在自家的庭院内种植蔬菜瓜果可以在有限的土地内合理地安排，将闲置的土地进行合理利用。农村的庭院内面积虽然小，但是可以进行科学布局，采用立体农业的发展模式。比如墙边种高大的果树，中层搭建葡萄架、低层种蘑菇等方式来最大化立体农业的优势，更好地利用有限空间，创造更高的综合收益。

第二，促进农业良性循环，实现可持续发展。在农村院子这样一个小范围内也可以实现综合种植模式，"种养林"在这个小范围内形成原料和产品的循环模式。这样可以丰富院内的食物链条，一种植物可以成为另一种植物或者动物的生长环境或为他们提供食物，可以在院子内实现生态农业各种资源利用的最大化。除此之外，这种模式还可以直接降低种植成本，利用现有的资源和环境，不对其他的环境和资源造成伤害，促进农业的良性发展，绿色健康又保证了产品的质量。提高经济收入的同时还实现了生态农业的可持续发展，一举多得。

第三，为消费者提供更优质的绿色农产品。现代人民对生活品质的要求越来越高，同样对于食物的质量也提出了更高的要求。利用自家的庭院种植绿色无公害的农产品有助于人们树立绿色生产、绿色发展的意识。有益的绿色健康农产品迎合了现代人们的消费需求，人们往往去某个地方旅游时购买当地农民自家种植的农产品后会分享给亲戚朋友，一传十，十传百，在增加农民收入的同时也提升了农户的自然保护意识。随着网络日益发达，人们可以通过抖音短视频看到庭院内种植的绿色农产品的生产全过程，更加安全和放心。

5.2 国外生态农业发展经验借鉴

如今，生态、资源和环境问题日益突出，甚至影响了世界各国的经济发展，尤其是至关重要的农业发展问题。在这个背景下，越来越多的国家，如美国、英国、日本、德国等发达国家将重心从传统农业模式转移到生态农业模式上来，并且各国根据自己的特色形成了不同的发展模式。总体来说，生态农业就是将各种可以影响农业产品生产的因素整合为一个有机整体，进而全面地进行组织构建，将合理开发利用资源、发展高效产业和恢复及改善生态系统相结合，最终达到经济、社会和生态"三效统一"。①

目前，国外生态农业的发展大致可分为五种模式，即：物质再利用模式、精细农业模式、能源化模式、农业园模式和休闲农场模式。

5.2.1 物质再利用模式

物质再利用模式是指在现有的信息技术的基础上，建立多次或者尽可能用各种各样的方式使用现有的资源，也就是将还有价值的废弃物充分地利用起来，将废弃物转化为肥料、能源或者饲料，通过再加工的方式转废为宝。农业废弃物的加工方式和一般的工业企业加工不尽相同，农业废弃物的加工生产过程中产生的废弃物大多数都是农产品的组成部分。这其中还含有许多有价值的

---

① 何琼，杨敏丽. 基于国外循环农业理念对发展中国特色生态农业经济的启示［J］. 世界农业，2017（02）：21－25，36.

有机物，再开发出来的价值非常高，并且需要花费的成本很低，这种技术也比较容易实施。所以农业废弃物再利用的模式在农产品生产过程中是非常容易实现的，这种经济也是农业良性循环中非常重要的一环。[①]

（1）日本的循环农业

日本在循环经济发展方面全球名列前茅，从前期的产业开拓到实际生产，再到法律规范，都发展得很快，尤其是日本制定的相关循环农业的政策给生态农业发展提供了广阔的空间。受到狭小地域和资源匮乏的限制，日本发展生态农业首先需要考虑的是资源的合理利用和有效节约，所以重点就要发展循环再利用的生态农业。日本的发展都是以环境战略为方向标，政府认为环境是最重要的。2000年，《循环型社会形成推进基本法》由日本国会正式通过；2002年12月，日本政府内阁会议通过了《日本生物资源综合战略》。这两部法典的颁布标志着建立循环型社会正式确定为日本社会经济发展的基本战略。基于此，循环经济理论在农业生产实践的应用——农业循环经济在日本各地迅速发展起来。

一是将现有的土地里的有机资源挖掘并利用起来，将农业方面的废弃物品重新加工再利用，这样不仅对环境起到了重要的保护作用，也将现有的资源要素生产率充分提高。二是产生的更先进的稻作—畜产—水产"三位一体"型生产模式，将种植水稻、养鸭、养鱼和繁殖固氮蓝藻结合为一个整体，形成稻作、畜产和水产的水田生态循环可持续发展模式。三是畜禽—稻作—沼气型发展模式，利用农场中家畜的粪便制作沼气，同时农田里的大量无用秸秆经一系列专业加工被制作成农场家畜的饲料或沼气的原料，而生产的沼气又可为温室农产品提供一系列能量等。

滋贺县位于日本爱东丁区，这个地区的生态循环农业是以油菜发展为起点发展起来的，包括从油菜的种植再到油菜加工，以及后来发展的养殖业和有机肥等产业。每一个产业的细分产业都产生了很大的商业机会和经济收益，这个地区仅用了20年的时间就成了日本循环农业的佼佼者。它的发展模式也成了日本社会经济发展的重要模式。[②]

日本做到了优质优价，增加了生产者生产高品质农产品的信心与动力。日本之所以能生产出高质量的农产品，主要是因为建立了农产品质量监督体系，

---

① 汤丽斌. 福建省农业循环经济发展模式的选择 [J]. 宁德师专学报（哲学社会科学版），2011（04）：58.

② 于晓. 日本爱东町循环农业为何如此成功？中国要学习哪些 [EB/OL]. https：//baijiahao. baidu. com/s? id＝1643307333638248395&wfr＝spider&for＝pc.

同时也制定了很多农产品系统监管体系、法律法规体系、标准体系、认证认可体系、预警体系、应急体系、教育培训体系。另外由消费部组织建立食品安全委员会、食品安全监督管理局、安全监督管理局。综合农业、林业和渔业部、卫生和劳动部多部协调合作，以协调控制。从农民直接负责的质量来看，销售商和消费者应在整个供应链的源头监控农产品质量，而不是放到最后去管理。

（2）德国的"资源保护"农业

在德国，农业除了基本的提供食物功能外，还可以通过种植植物来保护环境，不仅可以保护物种的多样性、优化资源，而且可以改善气候的变化和土地的质量；给予人们舒适的生活环境，休闲、工作的场地；为工业、商业的生产销售提供基本的原材料，并且为能源部门生产原料。德国认为农业发展、农村发展是社会发展的基础和必要条件，并且颁布了一系列法律法规来促进农业发展。德国生态循环农业的发展总结起来有四大特点。

第一，发展高新农业。德国着重发展科技农业，擅长将高新产业融入农业生产中，从环境无公害技术到废弃资源回收再利用技术再到绿色能源应用，德国逐渐编织了一张科技农业发展网络。从20世纪40年代开始，德国对土地进行了严格的等级划分，政府逐一对土地进行摸底勘测。20世纪90年代以后，建立了精准农业技术。德国十分看重生物技术的研究，大力推动生态农业、绿色农业和农业的综合发展。另外，德国还开展了广泛的国际合作与技术交流，以求通过各个项目的可持续发展的计划与政策促进循环经济的发展。①

第二，注重生态环境保护。德国的农业除了本身提供食物、原材料和能源外，还赋予了农业保护自然生态环境的功能，主要体现在保护物种多样性、保护地下水、保护气候和土壤环境等方面的功能。早在2001年9月，德国政府就提出了"绿色生态"农业计划，对破坏生态环境的外源物质污染以及经营不当问题进行了严格的限制。同时，政府通过鼓励应用例如轮作或间作种植等生态化、环保化的耕作和畜牧方法，积极倡导保护生态环境。由于德国政府对于生态环境保护方面的一系列措施，德国农业的磷肥、氮肥、农药用量大幅度降低。

第三，对农业提供财税支持。联邦财政和州财政每年都要安排农业基础设施建设方面的预算，并提供补助。农业机械加速折旧的相关政策为，农民购买新机械费用的20%由国家给予补贴。国家还对保护环境的农业措施提供补助，

---

① 崔军. 低碳技术在现代循环农业中的应用模式研究及案例分析［J］. 可再生能源，2011，29（6）：163.

例如对单位面积施肥限量、土地休耕和免耕、少农药和化肥施用量、粪便垃圾有效处理等措施，国家都给予相应的补贴，并对农业企业所得税、土地税等给予减免或无征收等优惠政策。

第四，优惠信贷。德国复兴银行也称联邦德国银行，作为政策性金融机构，它充当着可持续发展项目的融资者，对国家倡导的项目给予相关的资金支持。[①] 例如，德国复兴银行对于开发利用可再生能源的企业，能够以低于市场利率 1～2 个百分点的优惠条件，提供相当于设备投资成本 75％ 的优惠贷款。[②]

5.2.2　精细农业模式

信息技术和知识的日新月异，为农业经济的发展带来了前所未有的发展机遇。在新形势下，国际农业经济发展的共识即走精细农业的发展道路，实现农业的现代化。

精细农业（简称 PF 或 PA）是知识经济时代计算机技术和信息技术迅速发展的产物，将计算机技术和信息技术运用在农业生产中，从而实现农业生产的集约化、效率化。在大农业中，对人工智能、信息等技术进行宏观及微观运用，改变田间管理方法，提升生产效率，是一种现代化的农业战略思想。开展精细农业生产，提倡用最少的资源和最低的成本实现农业生产效益的最大化，对作物的水分、肥料的投入量和时机、方法等均与传统农业有所不同。[③]

（1）美国大农场模式

美国的现代化大型农场中，农业生产技术已经十分成熟。在美国，以农业生产为生的人比例很小，约美国人口的 2％，但是生产的粮食不仅能供应全国人的食物需要，而且还能成为粮食出口大国。究其原因，主要是因为美国现代的农业发展技术，实现了规模化、机械化、智能化、信息化和社会服务化。在美国农场里，很早用飞机喷洒农药、用转基因技术解决病虫草害问题。[④]

在美国，数字化管理技术已经达到了世界领先的水准，在信息管理的每个步骤也要严格地把控。全球定位系统（GPS）、遥感技术（RS）和地理信息系统（GIS）成为农场主常用技术方法。通过这些信息技术，可以掌握农场不同地域的测定产量、土壤类型、肥力、作物生长情况，监控病虫害危害等。通过

---

① 中国农业大学经济管理学院 URP 科研组．发达国家发展循环农业的经验及对中国的启示 [J]．中国乡镇企业，2009（09）：86 - 90．

② 姚晓雅．德国：每个农民年收入 24 万元人民币，国家补贴占七成 [J]．营销界（农资与市场），2017（22）：53 - 55．

③ 樊彩平．"精细农业"的实践与农业科技创新 [J]．农家参谋，2019（16）：88．

④ 东方城乡报．世界领先的现代农业新模式 [J]．农业科技与装备，2021（5）：3．

数据采集，针对性地采取不同对应措施，使农业生产实现精细管理。由于高新技术的应用，可以精确控制施肥量，从根本上解决喷药所造成的浪费和对环境的污染问题。[①]

20世纪80年代，美国就将定位系统用到农业生产的过程中，主要代表是明尼苏达州的农场，这个农场也接受了这项信息技术的测试。用定位信息技术施肥的农场农作物产量比之前施肥方法的产量增加了三分之一。这个数据使定位系统更加得到人们的肯定，到1996年配备收割监视器的收割机数量增加到10 000台。在美国农业现代化的早期，机械技术发挥了主导作用。如今，农业信息技术是美国有机农业的重要组成部分。首先，建立了以联邦农业局为主的综合信息网络，为决策者提供优质高效的服务，以家族控股的形式，建立电子商务平台向不同的消费者提供农产品销售的主要渠道，最大程度上促进销售农产品。[②] 另一个角度，在销售过程中可以意外获得大量关于消费者消费习惯的相关数据，并据此进行农业生产生物工程。

(2) 以色列节水农业

以色列水资源严重缺乏，属于地中海气候，夏季炎热，雨水稀少，沙漠区域占国家总面积一半以上。虽然存在可耕作面积少、劳动力短缺等问题，但以色列农业高度发达，1个农业人口劳作生产的粮食可养活90~100人，并且农民不完全依赖于农业补贴进行生产。以色列农业的劳动生产率是日本的3倍、中国的12倍、美国的60%（包括季节性农场工人）。与此同时，以色列的耕地生产率居世界首位，几乎是美国的5倍，比以精细化耕作著称的日本还要高出1/3以上。[③] 以色列农业的这些成就源于其独特的精准农业发展模式，在以色列农业发展的背后，作为主要能源的电力能源在以色列农业发展过程中发挥着至关重要的作用。[④]

以色列农业与能源结合的形式丰富多样，具有以下典型特点：

第一，充分利用清洁能源。例如充分利用太阳能，南部沙漠区的萨玛尔集体农场利用太阳光能供电。30面巨大的反射镜将阳光汇集于30米高的锅炉炉壁来吸收热能，由此产生高压蒸汽来发电，以此来提供全天候萨玛尔农场的种植、养殖业供电。

① 李登科. 美国农业与农业科技发展 [J]. 陕西气象，2002 (1)：47.
② 吴晓燕，许海云，宋琪，陈方，丁陈君，郑颖. 精准农业领域专利竞争态势分析 [J]. 世界科技研究与发展，2020，42 (01)：64-78.
③ 世界领先的现代农业新模式 [J]. 农业科技与装备，2021 (03)：3.
④ 魏中辉，付学谦. 以色列现代农业用能对我国建设农业能源互联网的启示 [J]. 电力需求侧管理，2021，23 (04)：20.

第二，用能方式多种多样。以色列为缓和能源危机，不仅利用太阳能，而且充分利用牛粪、风力、农作物残渣、地热等能源，被农业所利用，为农业供能。

第三，支持农业用水的能源消耗大。由于用水是以色列农业最关键的问题，因此电力将近有 50％用于农业能源消耗，农业供水部门是以色列电力的主要买家[①]。

以色列农业的发展融合了多种用能技术，充分体现在灌溉节水技术方面。电力海水淡化灌溉技术和电动污水处理灌溉技术为以色列农业生产提供了大量淡水；电力灌溉技术在确保将水送到农作物根部的同时有效节约电力能源；光伏纳滤膜灌溉技术和垂直农场技术利用太阳能等清洁能源维持整个系统的正常运行；低压灌溉技术通过调整压力使每个滴头在倾斜程度不同的地面保持出水量一致。此外，化肥通过滴灌到达作物根部，有助于实现水肥一体化，可以有效提高水肥利用率。滴管采用地下埋管技术，管道侧向水平埋入地下 50 厘米处，在滴孔上涂抹一种新材料，以防止周围正在发芽的种子进入。安装空气阀，利用阀内空气防止滴孔堵塞。在管理方面，计算机控制与智能测量、自洁过滤、防漏监测等技术有机结合，利用大数据和互联网技术，建立节水自动智能灌溉系统，对农业生产中的水肥用量进行有效监测，实现节水农业的精准化与智能化。[②]

以节水农业为基础，以色列在农业技术领域取得了丰富的成绩，如人工智能、大数据、物联网等前沿技术，无一不引领着以色列农业走向更广阔的高地。智能温室技术提升了以色列农业抵御不利自然因素的能力，提升了作物产量，并且在实践中不断提升技术，从最初的仅隔热隔寒升级为可通过程序自动调温、调气、调光等智能系统。以色列从"白手起家"到成为"农技头号玩家"，用多年努力打造出了全世界数一数二的高科技生态农业系统。[③]

5.2.3　能源化模式

基于良性循环农业的理论与实践，充分利用农业废弃物，将其转化为可利用资源。具体而言，主要指农业生产过程中丢弃的各类生物物质，如农作物秸

①　FURRUKH B. Energy consumption and agriculture sector in middle income developing countries：a panel data analysis［J］. Pakistan Journal of Social Sciences，2015（35）：479-496.

②　魏中辉，付学谦. 以色列现代农业用能对我国建设农业能源互联网的启示［J］. 电力需求侧管理，2021，23（04）：21.

③　地球知识局. 以色列，农业真的很可以［EB/OL］.［2022-06-20］. https：//baijiahao. baidu. com/s? id=1736131992679193301&wfr=spider&for=pc.

秆、畜禽粪便等。资源化利用是将大量的农业废弃物转化为可利用资源与可再生资源，如机械化作物秸秆还田、借助动物过腹还田、培养食用菌、制备沼气、用作工业原料、用于生物质发电等。[①]

(1) 德国的"绿色能源"模式

德国有机生态农业的发展依赖于德国生物质燃气工程的不断完善。经过近40年的发展，形成了从有机废物综合处理，到充分利用生物质能源和保障有机肥料有效循环的农业生态保障体系。通过生物质燃气工程的进一步推广，有机废弃物污染问题不断减少，生物质能源利用率增加，有机食品的质量和数量显著提高，在增加农业生产的同时满足人们对绿色食品的需求，实现人与自然和谐统一。

另外，德国的农业也为绿色能源提供了来源。鉴于二氧化碳和其他工业化石燃料排放量不断增加，导致人类生存环境受到严重的污染，生态平衡遭到破坏，德国开始探索种植可用于生产化石能源和化学原料替代品的新型植物，并从中提取新能源和化学产品。越来越多的德国科学家直接通过改变基因，尝试种植萝卜、土豆、油菜和玉米等作物，通过乙醇生产甲烷并成功开发绿色能源，从外国的洋蓟植物中生产乙醇，从羽豆中生产生物碱提取所需要的珍贵成分。德国是第一个能源制造工厂，区别于他国的循环使用，利用先进的科学技术提取化学原料，也用于提取植物柴油，这是一种重要的能源燃料替换。根据奔驰等公司向德国提交的研究报告，可以看出，与传统柴油相比，生物燃料减少了 61%～91% 的温室气体排放，减少了约 90% 的碳氢化合物排放。这样看来，马铃薯和玉米不仅仅是食用植物，在德国更是一种重要的能源植物，为农业的可持续发展创造了巨大的价值。在德国市场，洗涤剂使能源厂的黏合剂和染料更受欢迎。[②] 德国政府大力支持发展有机农业，近年来，国家每年投入3 000 万元左右用于研究和开发"工业文化"以及为一个专门用来研究原材料和生物能源领域的生物技术研究中心提供资金支持，帮助促进和协调"工业文化"的发展和新技术、新工艺的种植开发。近几年，德国的"工业文化"得到了政府的大力支持，1996 年，德国"工业作物"种植面积超过 50 万公顷，为化学工业和造纸工业提供了大量原材料。自 2004 年 1 月起，德国政府就要求将一定比例的生物燃料添加在柴油中。如今，生物柴油已成为德国第一个在全国范围内销售的石油替代燃料，由于德国在这方面的支持和推广，使得德国成

---

① 曹淑娟，谢彦，刘世伟. 永宁县农业废弃物资源化利用模式探讨 [J]. 宁夏农林科技，2021，61（4）：30.

② 各具特色的国外生态农业发展模式 [J]. 农村工作通讯，2010（18）：38 - 39.

为世界上最大的生物柴油生产国和消费国。生物柴油加油站的建设和推广，在德国境内形成了密度高、供应快、服务便利的生物柴油供应网。[①] 政府为种植"工业作物"的农户提供适当的经济补贴，为生物柴油的生产者和销售商提供相应的减税和免税政策。在德国，生物柴油产量 2006 年就达到 100 万吨，并且在公交车、出租车及建筑和农业机械中，生物柴油已经广泛的替代石化柴油。

（2）巴西的酒精能源农业

为改善生态环境，世界各国都积极参与生物能源技术的发展，其中巴西的酒精能源农业发展已取得显著成效。巴西是世界上第一个使用乙醇汽油的国家，也是生物燃料乙醇第二大生产消费国。巴西作为发展中国家，可再生能源占能源消费总量的比例高达 45.3%。[②] 众所周知，甘蔗是巴西种植业中主要的经济作物，通过充分利用甘蔗种植业发展酒精能源农业，使燃料酒精生成达到规模化程度，不但减少了对石油能源和进口能源的依赖，也充分调动了农民种植甘蔗的积极性，燃料酒精产业已成为巴西的支柱产业。

巴西政府在不同发展阶段，采用不同的农业能源战略，促进农业能源的发展，从国内到国际不断扩大发展空间。在发展初期，巴西政府率先发展能源农业，以甘蔗酒精为发展点，以传统榨糖产业为基础，作为能源农业发展的支柱产业。在能源酒精产业发展规模稳定后，又适时推进能源酒精产业国际化发展战略，走向世界。并出台一系列政策和措施，支持燃料酒精销售，提高对消费者的吸引力。巴西政府还向燃料酒精生产企业提供支持，例如税收、资金、技术上的支持，以促进生物质能源的生产。国家银行设立生物燃料专项信贷基金，为燃料酒精企业提供优惠低息贷款和信贷融资，在巴西的 27 个州中，已有 23 个州建立了开发生物燃油的技术。[③]

如今，巴西约有 4/5 的汽车（约 3 000 万辆）和 1/3 的摩托车（约 500 万辆）使用灵活燃料，97% 的新售汽车使用灵活燃料。2019 年，巴西蔗糖和乙醇出口创汇 65 亿美元，可见，"蔗糖—能源"是紧随巴西肉类、大豆和林产品之后的第四大农业出口行业。[④]

5.2.4　农业园模式

循环农业分为部门、区域、社会三个层次：部门层次是指以单个企业或农

---

①　余燕春. 能源农业发展战略的国际比较及启示 [J]. 中国农村经济，2007（07）：76-80.

②③　叶晓婷，郑挺颖. 97%的新车"喝酒"就能跑 巴西：生物乙醇成就绿色能源奇迹 [J]. 环境与生活，2020（6）：50-57.

④　易霞仔，王震. 基于世界视角的能源农业战略研究 [J]. 世界农业，2012（04）：1-3，81.

户为循环单元；区域层次是指基于生态学原理，通过整合企业间物质、能源和信息，在特定区域内形成以龙头企业为驱动、以生态学和经济理论为基础、以现代科技成果和现代管理方法为依托、以实现经济效益、社会效益和生态效益相统一为目标的生态产业园；社会层次是指"循环农村"，即各种生产要素在整个生产过程中互相循环利用。[①]

菲律宾玛雅农场是一个成功的生态产业园典范。将玛雅农场可以比喻成一个大型农工合作生产组织，农场内原料、燃料、肥料不需要从外部购买，通过农场内动植物可自行产生，而且不会造成空气污染、水污染、固体废弃物污染等问题，还会产生高额利润。玛雅农场的生产过程符合生态原则，通过资源的有效利用，实现了生物物质的充分循环。玛雅农场经过十多年的精心建设，已经从一家普通的面粉厂转变为一个良性循环、产业共存的生态系统。农场建造大大小小多个沼气间，不仅减少产品污染和循环利用废弃物，而且满足农场生产和家庭生活所需的能源，在剩余的沼渣中，可以重复回收用于牲畜饲料。产气后的沼液经处理后，送入水塘养鱼养鸭，最后水塘中的水和泥可用作田间肥料。田间生产的谷物被送到面粉厂进行加工，开始下一次循环。玛雅农场节省了大量从外部购买原材料、燃料、化肥的资金，但仍能保持高收入，并且不会产生污染环境的有毒有害气体，实现了有限数量的物质最大限度上的高效循环利用。[②]

5.2.5　休闲农场模式

作为欧洲最大的农业生产国，法国的农业生产总值占欧洲区域总值的 1/4，而且农产品出口数量一直位居欧洲第一。由于节约和环保理念的广泛推广，越来越多的市民开始追求绿色农产品。法国也逐渐意识到农业对生态发展的重要性，并在 20 世纪 90 年代制定并开展生态农业发展计划，之后法国的生态农产品以每季度 5% 的速度逐步增长。

法国在发展生态农业的过程中，将生态农业与休闲旅游相结合，产生了多种形式，主要包括以下几种形式。

第一，教育农场。为提升中小学生的农业实践，由政府出资租用土地所有者的土地建造农场，并在农场开展农业培训，如真实的种植、灌溉、采摘等农业实践。教学内容以农业生产活动为主，通过体验、游戏，学习农业知识，提

---

①　李晓红，等 . 国外节约型农业模式对我国农业的启示 [J]. 商场现代化，2006（8）：157.

②　农一帮 . 生态循环农业：农业＋科技新模式 [EB/OL]. https：//view. inews. qq. com/a/20220207A031PX00.

高对农业的认知，尤其是可以充分领悟动物、植物与环境之间的关系。寓教于农的方式，不仅可以激发学生学习的积极性与主动性，而且能够改变农场传统经营方式，受到广泛的赞誉。

第二，农场客栈。是以生态农业动植物种植产业链延伸为基础的餐饮型农场。与普通餐厅相比，农场客栈在餐饮标准、建造结构、餐具使用等方面有严格的操作规则。如要使用生态化的烹饪方法加工农产品，以突出当地菜肴的特色，如果使用外来农产品，必须明确说明来源，且罐头类食品是不被允许使用的。

第三，探索农场。是游客通过自我探索来了解动植物养殖情况、文化和地理环境，在聆听农场历史的同时满足自身对农场生产实践的兴趣。

第四，狩猎场。是提供体育和文化活动在内的泛狩猎活动场所，包括训练猎狗、使用捕兽器等。但在狩猎活动中，为确保游客安全必须由专业人员带领。

第五，农产品农场。主要经营内容是专注于农产品生产与经营，农业从业者在农场进行种植和饲养，并在农场中生产、加工、销售农产品。

第六，暂住农场。农场要求接待人数不超过 25 人，并要求农场主独自负责农场的运作与接待工作，为消费者提供自由玩乐和短期休闲度假。所供应的食物应体现当地的家庭烹饪特色，食材以农场内生产的动植物为主。游客可以在农场内感受轻松愉悦的氛围，了解农场的传统文化和生态环境。

第七，自然保护区。是为保护生态环境和文化、景观遗产所创建的，同时，根据区域经济发展状况，保护特色村落和农业。自然保护区内可根据资源承载力适当开放游客观光游览。

第八，家庭农园。是为游客提供土地供其体验农业生产实践的地方，既满足游客对农业活动的兴趣，同时为城市游客提供农业景观。[①]

法国作为世界上主要的旅游目的地，许多去往法国的游客，可以到当地的葡萄园和酿酒坊，参观种类多样的葡萄酒酒窖，并参与到葡萄种植和葡萄酒制作过程中，在专业人员的指导下酿造葡萄酒，甚至支付一定费用可以带走由自己亲手酿的酒，获得满满的自豪感。

5.3　国内外生态农业对于河北省太行山区生态农业发展的经验借鉴

从国内外生态农业发展的模式和现状来看，不论具体实施哪种发展模式，

---

① 李晓红．国际生态农业旅游的模式比较与启示［J］．改革与战略，2017（9）：200.

均从当地现有的资源条件出发，以有利于提高生态效益、经济效益、社会效益为目标，结合科技信息手段、先进农业技术，加快农业发展，推动农村繁荣，促进农民增收。纵观以上经验，太行山区发展生态农业，可以借鉴以下几点。

5.3.1　因地制宜，利用复合型循环农业模式提升生态效益

河北省太行山区，以暖温带大陆性季风气候为主，四季分明、海拔较高、昼夜温差大、紫外线照射充分、土壤贫瘠、雨量偏低，结合这种地质、生态、资源条件、农业基础，较适合于发展复合型循环生态农业。根据各地区气候状况、土壤条件等差别，因地制宜选择和种植各类优质经济作物至关重要。太行山区地形地貌复杂，即使是位于同一纬度的不同地区，也会因海拔高度不同，出现山形地貌不同、植被状况和气候条件变化较大的情况。富岗苹果成功的实践证明，依据实际条件，选育合适的主要作物品种非常重要。

纵观国内外生态农业发展模式，可以发现，很多区域在发展某一种或者几种主要农业种植品种的同时，往往同时兼顾林下种植业和养殖业，即大力发展复合型循环生态农业。此种模式可以有效地提升资源利用率，同时减少化肥使用和碳排放，降低对环境的负面影响，极大提升了农业发展的生态效益。不论是我国北方高海拔寒冷地区适合的"林业＋林下菌类种植＋畜牧业"等复合模式，还是中南部低海拔温暖地区适合的因地制宜"农作物＋渔业＋养殖业"等复合模式，又或者是西部干旱地区以日本、以色列为代表的资源有限国家地区采用的复合型循环农业模式，都通过复合型循环农业模式真正做到了充分利用现有的资源，全方位发展生态农业。河北省太行山区利用复合型循环农业模式发展生态农业已经取得了一定的成绩，在条件允许的情况下采用此种模式，是提升生态效益的有效选择。

5.3.2　相辅相成，利用多功能融合型农业产业联动塑造地方特色

多功能融合型生态农业模式，就是将农业、工业、服务业等相关产业结合起来，互相促进，相辅相成。以国内外先进经验来看，不论是生态农业带动第二三产业发展，还是旅游业带动农业经济效益提升，均体现了产业联动的乘数效应。从江南水乡田园观光游，到农业观光园研学游，从农业土特产品销售到农产品品牌专营，均以当地特色资源为依托，发展生态农产品品牌，通过利用电商、自媒体等多途径策划营销，已经取得相当大的经济效益。特别是在乡村振兴不断推进的大背景下，农业种植业与农产品加工业、信息业、旅游业结合起来，可以起到互相促进的作用，形成区域性产业联动。实践证明，多功能融合型农业产业联动塑造地方特色，对于推动当地经济发展具有重要的现实

意义。

从河北省太行山区多功能融合型乡村旅游的发展现状来看，部分地区已经具备一定的产业规模，例如邢台绿岭小镇、阜平骆驼湾、平山西柏坡等，也有相当一部分地区正处于产业融合的起步阶段。河北太行山区打造太行山区域特色，利用多功能融合型生态农业发展模式，须充分发挥当地优势资源和特色产业，践行"绿水青山就是金山银山"理论，围绕某一核心有序发展，合理规划布局，践行多渠道多产业联动，将取得惊人的效益。

5.3.3　科技创新，利用先进农业生产技术建设高效生态农业

从实践经验来看，世界各国各地区都在积极开展农业科技创新研究，将高科技、信息化运用于农业生产的全过程。以色列利用科技解决极干旱地区的农业作物灌溉问题，德国将农业生产与工业能源开发结合起来，美国将 GPS 技术应用于施肥等，可以看到科技正在改变传统的农耕模式，推动农业高效的发展。

高效农业的建设有赖于农业科技水平的提升，同时我国也陆续出台政策，建设数字农业，提升农业信息化发展水平，通过信息化科技手段提升农业生产效益。科技创新生态农业信息化模式将是河北省太行山区农业发展的趋势，河北省太行山区注重生态农业的高效发展，陆续建设了若干太行山创新科技驿站，将科学的生产种植技术和生态的农业经营理念引进山区，提高了作物种植效益。GPS 定位系统、作物遥感技术、信息化精准施肥、作物生长模型研究与运用、作物生长检测、养殖信息化管理系统、智能装备等一系列科技含量较高的技术运用于太行山，特别是针对特殊的山地区域，具有广阔的运用前景。农业管理和服务系统转型升级，也将进一步提升农业现代化经营水平和农业生产效益。

5.3.4　城乡结合，利用农业产业化绿色发展实现可持续发展

目前，河北省太行山区农业资源承载力趋近极限，各类资源和能源存储量正在迅速减少，其中许多已接近枯竭状态。为追求经济发展而牺牲环境所产生的代价已经越来越明显，雾霾天气出现，农业自然灾害频发，工业废水随意排放造成农田用水紧缺，随意倾倒固体废弃物造成可耕作土壤面积受限，各种环境污染给农业发展带来了新的挑战。河北省太行山区实现全面脱贫后依然存在城乡发展不平衡、农村发展不充分问题，实现城乡一体化发展需要城市经济与农村经济的同时发展，而农村经济发展需要依靠其自身的努力。

产业化绿色发展是一种受世界各国广泛推崇的经济发展方式，是适应经济

可持续发展的重要途径。农业产业化绿色发展实现了农业经济发展与生态环境保护的有机结合，在推动农业发展、农村繁荣、农民增收的同时，保护农业生态环境，保障农产品绿色、安全无污染，实现经济效益、社会效益、生态效益相统一。针对玛雅农场模式的可行性分析得出，河北省太行山区应抓住京津冀协同发展机遇，依据各县市区位特点、资源禀赋条件、经济发展情况，结合各地区地方特色和农业短期、中期、长期发展需求，制定全方位的绿色农业发展规划，充分利用当地丰富的太阳能、风能资源，推进农业废弃物资源化利用，选择绿色产业建立生态产业园，利用城市发展带动农村相关绿色产业发展，缩小城乡差距，最大限度实现农业经济健康可持续发展。

5.3.5　互联互通，利用物联信息技术打造"互联网＋农业"协同发展

"互联网＋农业"是对传统农业生产方式、产业发展模式、经营管理手段的改革，通过利用智能化与专业化的物联网、大数据等手段，依托现代信息技术和信息管理平台，改变传统农业消息闭塞、流通不便、服务滞后等弊端，实现农业生产、经营、管理、服务等多个环节互联互通，为传统农业向现代农业转型升级提供了新契机。世界各国各地区都致力于将互联网技术与农业活动相结合，美国的"互联网＋农业"发展已十分成熟，利用互联网技术对不同农作物的生长情况和农田的发展情况进行监测，再由终端服务器反馈做出相应举措，实现智能化生产；互联网技术在印度被迅速广泛的应用，印度也将这项技术融合到农业发展的各个步骤中，农产品网络交易平台的应用不仅提高了印度农民农产品交易的便利性，也便于及时了解农产品交易价格。可以看出"互联网＋农业"是当前农业发展的大趋势，把握物联信息技术对于农业产业发展至关重要。

从河北省太行山区"互联网＋农业"发展情况来看，"互联网＋农业"已取得初步成效，带动太行山区各县域脱贫成果显著，而且为乡村振兴奠定了一定的物质、技术、产业、品牌等基础。例如，赞皇县汇川核桃专业合作社所采用的"合作社＋公司＋基地＋农户＋互联网"模式，不仅带动了赞皇县贫困户脱贫，而且改变了传统当地核桃销售方式，利用网络提高了赞皇县核桃产品品牌知名度。未来，河北省太行山区应将信息化物联网技术与"3S"技术相结合，建立太行山区农业资源数据库，实现信息化、机械化、智能化生产。其次，搭建农产品交易平台，农户可以通过平台相互交流农产品种植经验、价格信息，实现生产者与消费者互联互通，既解决农产品销售难题，拓宽农产品销售渠道，也便于消费者及时了解农产品信息，满足消费者对绿色食品的需求。

5.3.6　人才培育，利用产学研合作教育培养农业技术能人

产学研合作教育，就是企业、高校、科研机构合作，通过课堂讲授与实习活动帮助学生将理论知识与农业实践相结合，让学生能更好地将书本知识运用到农业活动中，提高学生实践能力与创新思维的一种新型教育模式。从国内外先进经验来看，世界各国都十分重视农业人才的培养。例如，美国高等农业职业学校规定学生必须亲自参与到农场或公司的生产实践当中，并运用理论知识与实践经验帮助农场或公司解决生产中的问题；德国、法国、瑞士采用"双元制"教育，3 年时间里 4/5 的时间在企业中实习，1/5 的时间在学校学习，充分发挥学生的积极性、主动性和创造性。新时代，农业发展离不开科技的创新，也离不开人才的支撑，农业技术人才培养是农业产业兴旺的重中之重。

现代农业、智慧农业的发展对农业从业人员提出了更高的要求，不仅要有丰富的理论知识，还要有解决问题的应变能力。河北省太行山区与河北农业大学进行产学研合作教育，太行山区为河北农业大学提供人才培育基地，老师可以将课堂搬到农业生产实践中，河北农业大学的专家通过开展线上、线下农技讲座与农民职业培训，为太行山区农业发展培养了新时代农业技术人才。河北省太行山区农业转型升级，需要更多有知识、有技术、有能力的复合型农业技术人才，能够应对农业生产、加工、交易、服务等产业链条中各环节产生的问题，所以要充分认识到农业技术人才对农业活动的重要性，把人才培育放到农业发展中的重要地位。

5.3.7　政策支持，利用国家富农强农惠农政策推动农业高质量发展

世界各国农业发展都离不开国家农业支持政策，美国各级政府对农业扶持、支持力度大，农业效益显著。美国侧重发展规模经营，通过国家宏观政策调控形成各类农业种植带，充分发挥人、财、物的最大效用，并且通过立法保护农业生产，协调农业生产与资源环境保护之间的关系，最大限度实现人与自然和谐发展。美国的农业补贴政策不仅有效避免农场主由于价格波动剧烈所造成的利益损失，而且稳定了国内粮食价格。美国也十分重视科技对农业发展的重要性，各级政府都会推出各类激励措施，推动农业人才的积极性和农业技术的应用。中国的农业政策具有较强的导向性和针对性，纵观 2021 年一系列农业支持政策，可以发现农业一直是国家关注的重点领域，无论是保障粮食安全，还是改善农业种植结构、优化农业产业布局，都为农业发展提供了有力的政策支持。

近年来，河北省太行山区从农民生活贫困、土地种植入不敷出到人均生活

富裕、转型乡村振兴，离不开国家政策的大力支持。早在河北省委七届四次全会就明确提出"加快发展山区经济"的重大举措，要进一步加大对山区经济发展的扶持力度，这为太行山区摆脱贫困，加快经济发展提供了新的契机。河北省太行山区环京津，地理位置优越，区位特征显著，要实现京津冀协同发展更需要国家、省级层面给予政策支持，以政府改革为主导、以龙头企业为支撑、以合作社经营为基础，依托区域内资源禀赋，加强科学技术和人才培育激励政策，打造太行山区优势产业，实现农业高质量发展。

总之，河北省太行山区生态农业的发展，在借鉴外部发展经验的同时，必须立足于本地，依靠本地资源优势，加强技术创新与人才培育，推动全方位、多产业、多渠道科学发展，以便于通过提升山区经济的整体发展水平促进乡村振兴的进一步发展。随着村民生活水平的提升、农村基础设施建设的完善、村容村貌的改变、美丽乡村的建成，河北省太行山区在发展生态农业的基础上，将推动山区经济的整体发展，提升农民从事农业生产的积极性，不断增强农民的幸福感和获得感。

第6章 河北省太行山区生态农业发展利益联结机制创新

生态农业彰显的主要是生态效益,具有较强的外部性和公益性,由于农民的经济收入较低、缺乏有效的福利制度保障,若没有合适的利益联结机制恐难以持续发展生态农业,也会出现搭便车、公地悲剧等市场、政府失灵现象。鉴于河北省太行山区土地的碎片化、居民的分散化等因素导致生态农业发展缺乏科学合理的利益构成、分配、联结机制,一些企业没有把农民增收作为基本出发点,致使乡村振兴过程中农民参与热情、联农带农融合能力有很大的研究与实践空间。因此创新河北省太行山区生态农业利益联合体收益分享模式,完善联农带农有效奖惩机制具有较高的实践意义与产业链提升价值。

一是扩大宣传、提高农民主动诚信参与热情。宣传生态农业未来发展方向,激励原生态农民及外出农民以劳动、资产、土地、闲置宅基地、林权等入股涉农企业,形成规模经济提升技术采纳生命力,以产品产加销为纽带,依法组建本地农民专业合作社、相邻区域联合社,以全国统一大市场为依托鼓励农民与企业平等参与市场共建。组建省、市、县、镇、村网络平台,通过能人带动、龙头企业引导,挖掘提升集体土地、基本农田、设施资源等全要素生产率产出贡献。同时,依法依规通过合作制、股份制、股份合作制、租赁等形式充分享受国家惠农政策,通过创新不同业态积极参与跨界跨业的产业融合形态,提高社会化服务组织、形态,提升服务水平和绩效,加强农技示范、推广,创新保险产品及时了解和掌握农户信息反馈,综合施策搞好市场预测,结合全国统一大市场拓展产品销售渠道,宣传信用作用、意义、标准,重视信用评价,构建信用评价体系,通过奖惩措施为涉农主体培植良好内外软硬环境。

二是搞好顶层设计创新利益分配模式。借力巩固脱贫攻坚成果向乡村振兴递进过程中政策、资金支持,鼓励农业产业化龙头企业在培训自身素质过程中通过多元化渠道加强对合作社、家庭农场、农户等产加销主体培训,提高现代科技、市场风险的认知、技术采纳、风险规避的手段与效率;设立政府、保险公司、自筹等要素构成的风险资金,为涉农主体提供信贷担保共同完成建立的订单和契约关系;搞好顶层设计,加快推广如"土地流转+优先雇用+社会保障""订单收购+分红""农民入股+保底收益+按股分红"等多种利益联结方式，明确资本参与占比与利润分配方案，捋顺利益分配机制；通过媒体宣传、线下宣传、自媒体直播带货、拼多多等多种形式开展农产品销售推介和品牌运作，通过品牌溢价功效带动产业链增值，延长利益分配模式生命周期。

6.1 河北省太行山区利益联结机制的类型

(1) "紧密型"利益联结机制

"紧密型"利益联结机制指的是农户入股龙头企业，接受并履行企业章程和法律约束，具体指"股份式"的利益联结机制。[①] 在这种情况下，农户与龙头企业联系紧密，一荣俱荣、一损俱损，企业和农户目标一致、诉求一致、行为一致，能够切实践行生态农业高质量发展应该有的路径依赖、标准达成、利益可得、风险共担。[②]

(2) "半紧密型"利益联结机制

"半紧密型"利益联结机制也被称之为"订单农业"，是目前市场上存在最多的利益联结机制，其具体包括"合同式"利益联结机制和"合作式"利益联结机制。在这种利益联结机制中，农户与龙头企业联系较为紧密，农户与龙头企业之间的利益靠中介组织（第三方机构）或契约来约束，这种情况下一定程度上降低了农户的风险，但仍存在违约现象。[③]

(3) "松散型"利益联结机制

"松散型"利益联结机制指的是"买断式"利益联结机制，在这种利益联结机制中，农户与龙头企业不签订合同，企业根据市场行情和自身需求进行产品采购，农户也会根据农产品价格来决定进行出售或储存，即进行自由买卖，这种情况下，农户与龙头企业之间联系松散，农户要承担更高的风险。[④]

6.2 问卷设计与数据来源

6.2.1 问卷设计

通过阅读相关资料和参考文献，结合河北省太行山区实地情况以及农业发

---

① 陈学法，王传彬. 论企业与农户间利益联结机制的变迁 [J]. 理论探讨. 2010 (01)：83 - 86.

② 卢春华. 农业产业化经营利益联结机制构建 [J]. 延边大学学报，2009 (6)：114.

③ 卢春华. 农业产业化经营利益联结机制构建——以延边地区为例 [J]. 延边大学学报（社会科学版）. 2009，42 (06)：113 - 117.

④ 刘绍吉. 农业产业化经营利益联结机制比较研究——以云南曲靖为例 [J]. 安徽农业科学，2011，39 (24)：15075 - 15076，15079.

展现状，设计出具有特色目标、结构鲜明、回收有效的调查问卷。此次问卷调查对象是与所选取的农业龙头企业存在利益关系的农户。问卷结构及组成主要包括：被调查农户的性别、学历等基本信息，被调查农户与企业的利益联结方式类型？被调查农户为什么与企业进行利益联结的原因？利益结算方式？利益保障方式？现存制约因素？对风险的认知等方面。

6.2.2 问卷分析

为了保障数据的真实性、可靠性以及系统性，本次调查问卷采用了抽样方式对农户进行调查。调查小组于2021年5月在河北省邢台市岗底村发放了调查问卷，共计100份。在与当地老百姓交流进行实地调查的过程中，一部分采用直接发放问卷的形式由农户或学生协助进行填写，另一部分采取访谈的形式进行记录，回学校进行整理、归纳、分析。最后，按照真实性、完整性以及系统性的原则进行筛选后，排除信息填写不完整、破损的问卷，共计回收有效问卷98份。

(1) 农户年龄

将被调查农户年龄段分为30岁以下、30～55岁和56岁及以上三个阶段，根据表中数据可以看出，在被调查农户中，30～55岁占据了多数。在30岁以下的被调查农户中，多数选择了合同式和合作式的利益联结方式，少数选择了买断式和股份式的利益联结方式。在30～55岁这个阶段的被调查农户中，同样是多数选择了合同式和合作式的利益联结方式，少数选择买断式和股份式的利益联结方式。在56岁及以上的被调查农户中，多数选择了买断式、合同式以及合作式的利益联结方式，仅有一人选择了股份式的利益联结方式（表6-1）。

表6-1 农户年龄

农户年龄	买断式	合同式	合作式	股份式	合计
30岁以下（人）	1	10	13	7	31
百分比（%）	3.2	32.3	41.9	22.6	100
30～55岁（人）	3	24	16	4	47
百分比（%）	6.4	51.1	34.0	8.5	100
56岁及以上（人）	7	6	6	1	20
百分比（%）	35	30	30	5	100

数据来源：根据调查问卷整理。

(2) 受教育程度

根据调查问卷中所得来的信息，将被调查农户的受教育程度分为初中及以下、高中、大专及以上三个阶段，根据调查问卷所得出的信息，初中及以下文化水平的农户占据了大多数，仅有少数农户接受过高中及以上的教育。不同层次文化水平的农户对于利益联结方式的选择也各有不同。在初中及以下文化水平的被调查农户中，多数选择了合同式与合作式的利益连接方式，少数选择了买断式和股份式的利益联结方式。在高中文化水平的被调查农户中，多数也是选择了合同式和合作式的利益联结方式，少数选择了买断式和股份式的利益联结方式。在大专及以上文化水平的被调查农户中，多数选择了合同式和股份式的利益联结方式，少数选择了买断式和合作式的利益联结方式（表6-2）。

表6-2　受教育程度

受教育程度	买断式	合同式	合作式	股份式	合计
初中及以下（人）	8	28	15	9	60
百分比（%）	13.3	46.7	25	15	100
高中（人）	3	7	7	2	19
百分比（%）	15.8	36.8	36.8	10.6	100
大专及以上（人）	0	5	4	10	19
百分比（%）	0	26.3	21.1	52.6	100

数据来源：根据调查问卷整理。

（3）农户家庭人口数

将被调查农户的家庭人口数分为2人、3～5人、6人及以上，从表6-3中数据得出，大多数被调查农户家庭人口在3～5人这个阶段。在家庭人口为2人的被调查农户中，多数选择了合同式和合作式的利益联结方式，少数选择了买断式和股份式的利益联结方式。在家庭人口为3～5人的被调查农户中，多数选择了合同式和合作式的利益联结方式，少数选择了买断式和股份式的利益联结方式。在家庭人口为6人及以上的被调查农户中，多数选择了合同式和合作式的利益联结方式，少数选择了买断式和股份式的利益联结方式。

表6-3　农户家庭人口数

家庭人口数	买断式	合同式	合作式	股份式	合计
2人（户）	4	14	18	6	42
百分比（%）	9.5	33.3	42.9	14.3	100
3～5人（户）	5	24	11	7	47
百分比（%）	10.6	51.1	23.4	14.9	100
6人及以上（户）	1	3	3	2	9
百分比（%）	19.4	28.6	30.6	21.4	100

数据来源：根据调查问卷整理。

（4）农户家庭年收入

将被调查农户的年收入分为3万元及以下，3万~5万元、5万元及以上三个档次，可以得出大部分农户的家庭年收入在3万元及以上。在家庭年收入为3万元及以下的被调查农户中，多数选择了买断式和合同式的利益联结方式，少数选择了合作式和股份式的利益联结方式。在家庭年收入为3万~5万元的被调查农户中，多数选择了合同式和合作式的利益联结方式，少数选择了买断式和股份式的利益连接方式。在家庭年收入为5万元及以上的被调查农户中，多数选择了合同式和合作式的利益联结方式，少数选择了买断式和股份式的利益联结方式（表6-4）。

表6-4 农户收入情况

收入情况	买断式	合同式	合作式	股份式	合计
3万元及以下（户）	6	15	2	2	24
百分比（%）	25	62.5	8.3	8.2	100
3万~5万元（户）	5	13	12	7	37
百分比（%）	13.5	35.1	32.5	18.9	100
5万元及以上（户）	1	8	20	7	36
百分比（%）	2.8	22.2	55.6	19.4	100

数据来源：根据调查问卷整理。

（5）承受风险能力

将被调查农户的承受风险能力分为较强、一般和较弱三个水平。在承受风险能力较强的被调查农户中，多数选择了合同式、合作式和股份式的利益联结方式，少数选择了买断式的利益联结方式。在被调查农户中承受风险能力一般的，选择合同式和合作式的利益联结方式占多数，选择买断式和股份式的利益联结方式占少数。在被调查农户中承受风险能力较弱的选项显示，多数选择了买断式和合同式的利益联结方式，少数选择了合作式和股份式的利益联结方式（表6-5）。

表6-5 农户承受风险能力

承受风险能力	买断式	合同式	合作式	股份式	合计
较强（户）	1	9	12	9	31
百分比（%）	3.3	29	38.7	29	100
一般（户）	2	11	17	6	36
百分比（%）	5.6	30.6	47.1	16.7	100
较弱（户）	8	18	5	0	31
百分比（%）	25.8	58.1	16.1	0	100

数据来源：根据调查问卷整理。

6.3 利益联结机制影响因素分析——基于 logistic 模型

6.3.1 模型选择

根据相关资料及参考文献，将买断式和合同式的利益联结方式定义为"松散型"利益联结方式，将合作式和股份式的利益联结方式定义为"紧密型"的利益联结方式。本书旨在研究影响选择利益联结方式是否紧密的各个因素，由于只有紧密和不紧密两种选择，因此我们选择二元回归模型，通过应用 spss 软件进行 logistic 模型回归。

现在我们将选择利益联结方式紧密和选择利益联结方式不紧密设为因变量 y，将被调查农户的年龄设为 x_1，将被调查农户的受教育程度设为 x_2，将被调查农户的家庭人口数设为 x_3，将被调查农户的收入情况设为 x_4，将被调查农户的承受风险能力设为 x_5，设这五个影响因素为自变量，构建二元回归模型：

$$p(Y_i = 1 \mid X_i) = G(Z) = \frac{\exp(\beta_0 + \sum_{i=1}^{n} \beta_1 X_i + \mu)}{1 + \exp(\beta_0 + \sum_{i=1}^{n} \beta_1 X_i + \mu)}$$

其中，p 代表农户选择利益联结方式是否紧密的概率，因变量 Y 代表农户选择利益联结方式是否紧密，X_i 代表影响农户选择利益联结方式的各项因素。

对于其中所涉及的各项变量，我们将其进行如下定义（表 6 - 6）：

表 6 - 6　变量定义解释

变量名称	取值范围	变量含义
是否紧密	0～1	0＝紧密；1＝不紧密
农户年龄	0～2	0＝30 岁以下；1＝30～55 岁；2＝56 岁及以上
受教育程度	0～2	0＝初中及以下；1＝高中；2＝大专及以上
家庭人口数	0～2	0＝2 人；1＝3～5 人；2＝5 人及以上
收入情况	0～2	0＝3 万元及以下；1＝3 万～5 万元；2＝5 万元及以上
承受风险能力	0～2	0＝较强；1＝一般；2＝较弱

6.3.2 模型计算

将所得的 98 个样本数据，应用 spss 软件进行模型计算，按照 $P \leqslant 0.05$ 进行显著性检验，其计算结果如下（表6-7）：

表6-7　模型计算结果

	B	标准错误	自由度	显著性	Exp（B）
X_1	−18.204	20 794.426	2	2.000	2.000
X_2	17.511	21 529.625	2	1.999	40 273 404.78
X_3	18.898	8 891.331	2	1.997	161 103 279.2
X_4	0.000	3 855.346	2	1.000	2.000
X_5	0.000	4 487.394	1	1.000	1.000

通过以上影响因素的模型分析结果，可得出以下结论：

一是农户的年龄对选择利益联结方式产生影响，其回归系数为负，说明在选择利益联结方式时起到负向影响。二是农户的受教育程度亦对选择利益联结方式产生影响，其回归系数为正，说明在选择利益联结方式时起到正向推动作用。三是农户的家庭人口数对选择利益联结方式有正向作用，其回归系数为正。四是农户的家庭收入和承受风险能力对选择利益联结方式不存在影响，其回归系数为0。

6.4　生态农业发展利益联结机制存在问题

6.4.1　生态农业利益联结机制协调性差

由于生态农业产业链各参与主体受教育程度不同、所处环境不同、综合素养不同、追逐利益诉求不同，因此他们对利益联结机制的认知和想法不同，大多以自身利益为主，很难以生态安全为出发点。个别涉农组织害怕牺牲自身利益，导致难以做出统一的决策。同时，人们思想不统一，难以维护生产、市场标准。行动不一致、精准农业理念不深植、协同性差，难以达成清洁生产，生产高品质农产品，利益联结难以为继，不能可持续发展。

农村劳动力转移使农村的青壮年劳动力大多进城务工，剩下的中老年人或受教育程度较低的人，不了解利益联结机制的内涵、外延，对现代化农业知识、技能反应慢，接受程度较低，在构建现代生态农业框架、模式及业态等方面，受传统的小农意识影响，难以大刀阔斧进行革新、改变现有生产方式，对生态循环农业、智慧农业、农业产业化、乡村振兴等认识不足、重视不够。同时由于集体经济、村级组织薄弱，导致一些企业和政府对农产品深加工、精加工、发展绿色优质农产品认识不足、不深刻；市场信息不对称、诚信体系不健全导致部分农户不愿意将土地流转给第三方，难以实现规模化、机械化、智能化、信息化、服务社会化。在博弈是否合作时，企业和农户违约成本较低，许多农户选择获利时加入，亏损时退出，也有企业违约现象发生，这种不诚信、不稳定的行为使利益联结机制出现了堵点、断点、痛点。由于农户获取信息渠道、效率明显低于企业和政府，信息不对称、不完整导致对农业发展形势、市场供求判断不充分，不能准确把握未来的发展趋势，出现"姜你军、逗你玩、算你狠"等供求失衡问题。尤其在农产品定价和产业链条的利润分配上，农户更是处于弱势地位，没有话语权，只能被动接受农产品定价和产业链的利益分配占比。在标准制定方面，没有知情权、参与权，企业往往在农产品品质、安全性等方面设置高标准、高门槛，农户不可能在产业链运行过程中改变运行轨迹从而被认定为不达标进而压缩利益，以上情况都体现了各主体间的协同性较差。

6.4.2 参与主体组织联结机制不紧密

由于产业链各经营主体之间业务的长期、频繁往来，需要合同、契约来约定、约束各自的责任和义务，才能建立长期、稳定的合作关系。在实际中经常性的一次性交易普遍存在，缺乏长期合作的长效合作机制，没有诚信、长效契约约束就意味着各利益主体在产业链、供应链、价值链、生态链存在诸多不确定性，长期稳定的合作关系难以为继。各参与主体组织程度低，很难实现规模化和三产融合发展，导致部分地区生产出的高端产品运不出去，不能实现附加值，更没有品牌溢价。即便是有简单的合作组织，也只能实现低端对接，在调研过程中我们发现农民的文化程度不高，对组织化认识不足，培训课程不适合老百姓，同时农村地区基础设施薄弱、信息获取渠道狭窄单一、交通不畅通、物流条件差，综合以上导致了业务关系松散且不稳定。

我国的农业产业化发展依然处在初级阶段，产业结构重组优化尚需时日，绿色循环种养环节有许多不达标，即便是有富岗成功范例，也由于资源禀赋不同、地理位置、气候不同以及农民对市场、风险认知不同、经营管理理念不同等因素，直接导致农产品的后续加工、品牌建设和新产品研发的滞后。出现了生产环节、加工环节和销售环节不能提前预判市场、贸易，只能坐等现货市场调节，未能以期货市场对冲自然风险、市场风险导致效益低下等问题。农业是弱质产业，生命周期长、见效慢，社会资本和先进技术很难向其渗透，现在的惠农政策、乡村振兴战略逐步引导闲散资本进入加工和销售环节，但难以系统地研发、落实，产业链延伸效果不明显，由于研发投入不足，三产融合不够，新产品开发，农产品的附加值难以提升。虽然某些地区存在着完整的产业链条，但二产的加工环节、三产的服务环节仍然不能很好与一产融合。缺乏有效的组织来设计产业关联项目，延长产业链、智慧供应链、提升价值链，增加集体经济实力，提高"造血"机能，密切各参与、利用、联结主体关系，实现多赢。

6.4.3 农业龙头企业引擎动力不足

一是农业龙头企业缺乏先进的技术手段和科研投入，只靠传统的种养技术生产传统无品牌的农产品已经远远不能适应现代国际市场。农业龙头企业缺乏与高校合作机制，不能及时更新农业思想，依然存在着人才不足、技术落后、观念滞后、基础设施落后等问题。如在生产环节，无法利用大数据、智慧农业，建立科学、合理、有效的循环生态农业系统，农业的生产效率和生产者的效益难以提高；在加工层面，由于规模未能达到适度影响了边际效益、成本核算、利益最大化等，从而阻滞了产业链延伸及拓展，不能在更高层次、更高质量实现绿色或生态特色产品。规模小导致品牌建设难度大，维护成本高，难以发挥品牌溢价功效。

二是农业龙头企业缺乏能生产、会经营、善贸易的复合型农业技术人才。现代农业赋予了智慧、大数据、云计算等高端元素，技术的研发和使用离不开高素质人才的支撑。目前农村劳动力转移致使大量本土人才流失，从事农业生产的妇女、老人很难掌握无人机、自动除草机、自动采摘机等技术的使用。有知识、有能力的年轻人外出打工不愿意回乡创业，根本原因有产业结构缺乏吸引力，农业企业引擎带动能力有限，培训项目缺乏顶层设计，有的华而不实，与实际需求脱节。由于劳动主体文化水平有限，不能对生产、经营、市场做出准确研判，导致博弈失误，同时缺乏对风险的识别，更谈不上如何应对风险、止损到最低。综上造成一些农业企业生产经营随意盲从，导致对市场的研判滞后甚至错误，对先进技术的学习缺乏知识积累、经验积淀。而劳动者的教育素养、技能水平、学历、年龄等进一步限制了对二产加工环节的理解、执行与从业，高职业门槛限制了他们向加工业的流动，只能从事简单的传统生产劳作。同时，新一代年轻农民受理念、福利、教育、心理、环境、地域、物质待遇等影响，高素质劳动力通常不愿意向产业链上游迁移，导致农业科技人才和农技服务人员严重缺乏，阻碍了生态循环农业顺畅、持续的发展。

三是农业龙头企业资金投入不足导致研发能力有限。随着数字经济、平台经济、大数据等科技的发展，现代农业生产经营不论是在科技创新与研发，还是产品升级、品牌建设与维护方面，都离不开资金支持，离不开高校人才培训、科研物资增援、成果的外溢等，只有借力新引擎才能保证农业企业的基本科研运转与生存。借力国家惠农政策的倾斜，一定要协调好农业企业的短期利益诉求与长期利益关系。由于投入资金有限性与回报的不确定性，挫伤了农业龙头企业中长期研发的积极性，尤其是农户在接受示范推广新成果时没有雄厚的财力基础与积淀，对风险认识不足，承受不力，往往终止推广的进程，不能实现科研的预期。同时考虑农产品销售的季节性、易腐性、鲜活性对运输提出了更高要求，直销、电商、直播等渠道受疫情影响，导致送达不及时，经营过程中也会出现资金短缺现象，导致资金周转困难。农业的不确定性和风险的不确定性在一定程度上阻碍着企业的高质量发展，有时资金链的断裂甚至威胁着企业的生存。保险产品的单一、保险渠道的狭窄不能使农业龙头企业卸下包袱轻装前行，而信贷机构往往选择盈利能力强的企业进行放贷，对未来充满不确定性的小型涉农企业的放贷积极性不高，有时故意提高放贷门槛。加之小企业吸引社会投资的能力不强，资金的短缺制约了农业龙头企业科研积极性，放缓了生态循环农业模式发展的进程。

四是农业龙头企业规模化存在制约。土地是农民的命根子，是农民增收的载体与依托，农业龙头企业在土地流转运作中存在困难，一方面政策宣传不到位，有些农民以为岁数大了进城务工不现实，受自身受教育程度、文化、观念、身体等原因难以进城务工，没有竞争优势。另一方面，举措不到位，土地流转后让农民继续劳作，不仅可以拿到工资，年底还可以分红，无法激发农民进城务工积极性。目前企业土地碎片化、分散化，将极大提高涉农企业谈判成本，导致机械化、信息化、智能化、服务社会化进程减缓，加工企业不敢上设备。由于看不到可持续的发展环境，缺乏统一规划与管理，难以实现现代化组织与管理，影响绿色、清洁生产，难以保障农产品的高端、大气、上档次。总之，现有农业龙头企业的规模、组织、研发、竞争力都较弱，极大影响其辐射带动能力和抵御市场风险的能力。

6.4.4 生态农业发展受基础设施和农业服务水平的制约

生态农业模式需要数字化、平台化、现代化共生共荣，需要配套基础设施做保障，在全国统一大市场构建过程中，在乡村振兴建设中，农村的物流体系建设显然跟不上时代的步伐，尤其在太行山区生产环节和加工环节，基础设施的不完备极大制约了产业配套发展。比如大量的柿子、桃、杏、草莓等新鲜水果不能及时运输，或由于价格原因，导致采摘成本过高，收益减少，若当地有配套的加工业，这些产品的附加值立刻弥补一产的成本，还可以产生较大的收益。再比如针对农产品特点的专业性物流设施供给严重不足，缺乏冷链物流。在走访调研过程中，发现大部分山区信息网络设施落后、智能手机不足、市场信息搜集能力滞后或根本不会，使得农业生产的相关信息无法有效、准确、完整收集、传递、利用，信息获取滞后、信息共享的程度低，导致产业面临的市场风险加剧，生产成本随之增加，收益减少。现代信息时代，如果服务内容单调、形式单一、服务环节不连贯，缺少产业链各环节的连续性、全面性、高阶性服务体系，就难以体现服务的实用性、专业性、特色性，难以研发适宜山区的农业机械化、智能化病虫害防治、动物防疫、信息化农业保险等社会服务体系全覆盖，缺乏与山区配套的产业服务科技特派团、研发小分队，相比发达国家仍有不小差距，不利于生态农业的纵深发展与开拓。

6.4.5　缺乏生态农业有效的统一监管平台

平台经济逐渐形成气候，彰显其有效统一监管职能。生态农业是品质农业发展的基本保障与未来发展趋势，不仅由众多经营主体构成，各个环节都有各自不同的监督管理制度与标准，为了方便管理大多实行的是分片式、分段式、网格化的监管模式，导致产业链的监管被人为分割、断裂，导致监管的不协调、不完整，出现漏管、复管、交叉监管等现象，不仅提高了监管成本，同时引发产品的质量安全等问题。由于山区诚信体系建设的滞后，信息可追溯体系未能全面覆盖，一旦出现产品质量安全问题，极易出现相互推诿，造成信任危机，危害产业链健康稳定可持续发展。没有有效的监管平台，不能实现动态信息获取，致使部分经营主体为了追求利润最大不顾道德与规范，违规使用防腐剂，使本来就不具备竞争力的农产品雪上加霜，危害了生态循环农业良性健康发展。

6.5　完善河北省太行山区生态农业利益联结机制的建议

6.5.1　壮大农业龙头企业，提升企业辐射带动能力

利益联结的基础是先有收益再讨论分配，一家一户的经营模式已经不适应现代农业生产经营以及对抗风险，必须是农业龙头企业带动辐射才能改变农业规模小、布局分散以及企业产品竞争能力不强、农业科技创新能力低等现状。走访中发现只有发展壮大一批规模大、产品竞争能力强、农业科技创新能力高的龙头企业，才能提高企业综合效益，辐射带动农户创新、创业、增收等能力。一是农业龙头企业能够结合地域优势和特色产业，充分利用当地资源禀赋，带领农户创建和发展农产品品牌，如河北富岗集团有限责任公司利用自身山区优势打造富岗苹果，实行了信息可追溯体系，严格 128 道工序，高质量的苹果论"个"卖，50～100 元一个，凸显了品牌溢价功效。二是三产融合发

展，延伸企业或农产品产业链。在发展第一种植产业的同时发展二产业加工业与三产旅游业，农业龙头企业带动促进了三产融合。如河北富岗食品有限责任公司从简单的一产种植，延伸到农产品果汁加工、沼气发电、农村旅游业等多产业维度，增加利益联结模式的多样性和利益联结机制的紧密性，农民自动、自愿参与到农业产业化经营中，拓展农户和企业快乐、愉悦合作的维度、广度与深度。三是多措并举提高河北省农业龙头企业的科技投入占比，利用数字经济平台技术优势、人才优势、信息优势做好产品的深精加工，提高产品的附加值，延长产业链、紧密供应链、提升价值链，解决乡村振兴进程中"卡脖子"技术难关，培育壮大绿色、生态、品质农业，带动更多农户增产增收，早日实现共同富裕。

6.5.2 培育壮大农民专业合作社，多元化利益分配机制

（1）抓好党建优化合作社治理结构和制度建设

抓好党建完善组织治理结构。农民专业合作社的治理机构一般都是由社员大会、理事会和监事会等构成，需要支部党建组织共抓共管，经常对财务部门、销售部门、审计委员会等进行培训，学习相关法律法规，针对不同专业部门制定相应的管理制度，做到有章可循。

搞好顶层设计，完善民主决策管理制度。制度建设先行，宗旨是既要讲究"效率"又要兼顾"公平"。合作社要民主选举有热心、能奉献、懂经营、善管理的能人带头，依法治理、协商共议、民主监督，决策权真正属于社员，集中反映社员民意，充分发挥平台优势，利用平台监督职能规避决策权被少数人控制垄断。负责人允许出错，可以预设试用期，其间实行多元化的民主管理、监督机制，将民主选举、民主监督、民主参与、民主决策联结起来，建立能上能下晋级与退出机制。

完善落实党建促民主监督机制。构建党建＋参与＋监督模式，协助完善合作社的内部监督机制，确定条例，明确、细化监事会的各项职责、权利、义务，实行分工到位、责任到人，发挥线上线下相结合优势，完善有效监督职能。此外，还要剖析外部环境、不确定性因素、政策变动、国内外局势变化、市场趋势等外部监管，合作社要积极接受社会各界媒体的监督、点评、检查、修正，保障社员的合法权益以及合作社可持续运行。

（2）多元化利益分配机制

合作社由于经营范围不同，产品属性不同，销售方式不同，适用的利益联结机制也存在差异性。因为不同类型的合作社诞生的基础不同、成长背景不同、经营产品不同、社员构成不同、组织构架不同、发挥作用不同，因此，要

结合地方资源禀赋依据实际情况因地制宜、因人制宜、因社制宜，创新多种形式的利益联结机制，并存、共融发展。汲取先进经验，针对产品的属性与特性不同，采取与其相适应、相匹配的利益联结机制，打造有能力、有实力保持农业专业合作社利益联结多元化局面，允许个性化，不能千篇一律一刀切。比如基地＋合作社、家庭农场＋合作社、龙头企业＋合作社等，通过采取不同利益联结方式，渐渐增强合作社利益联结的紧密程度，进而使合作社利益联结机制逐步向规范化转型与完善，切实提升社员稳定性、积极性，发挥能动性创造更多价值。

（3）增强农民合作意识，提升参与积极性

现实中有不少农民缺乏合作意识与团队精神，这取决于农民自身文化水平、风险偏好、收入消费水平、奉献理念、契约诚信等，农民专业合作社要依法依规建章立制，鼓励、引导、帮助更多的农户加入合作社。同时利用网络平台拓展培训形式、规格，寓教于乐，像李保国教授说的，把农民变成科学家，把自己变成农民，向农民传授真知识、实用技能，比如现代科技和期货、风险、保险等与农业的关系及对农业保驾护航的路径及渠道，提高农民对合作社的依赖与渴望，了解入社后拥有的权利与义务，增强农民的合作意识与奉献精神，摒弃个别的只盈利不亏损的小农意识。农民专业合作社还应该在平台建立起一套内部培训、交流、会商制度，利用农闲定期或不定期对普通社员、管理人员进行针对性的技术、管理、营销等实操培训，提高普通社员和管理人员综合素质、技能水平、管理水平、理财投资技能、风险识别与规避技能等。

（4）盘活集体经济，三产融合拓宽服务领域

构建"三产融合"发展体系，壮大集体经济增长新活力。一是创新发展订单农业。引导工商资本、龙头企业与小农户、专业大户、家庭农场、农民专业合作社等签订农用生产资料、农产品购销合同，形成统一、标准作业规程，龙头企业可以研判市场供求变化规律，科学确定买卖价格，形成稳定、多赢购销关系。二是鼓励发展股份合作。一方面，由政府牵头，加快推进农村土地"三权"分置与集体产权的清产核资、成员界定、折股量化到户等一系列改革，鼓励农户将个人的土地、资源、资产、资金、技术等入股到经营主体成为股东，采取"自主经营、内股外租"等模式参与合作，按股分享收益，形成稳定增收的长效机制。另一方面，村集体盘活乡村土地资源、生态资源、文化资源、旅游资源、产业资源以及农村集体性资产，以土地流转、租赁、入股等方式稳妥推进集体资产股份合作，使农村产业资源市场价值得以释放或增加，实现集体资产保值增值。三是建立新引擎、新业态，促进小农户和现代农业有效衔接。发挥新型农业经营主体与服务主体的示范作用，鼓励将小农户有效纳入社会分工协作体系，激励小农户与"三产融合"主体开展多种形式的联合与合作，形成风险共担、互惠共赢、包容互促的紧密型经济共同体、利益共同体、命运共同体，提升服务能力与水平。

6.5.3　依托农业产业生态资源禀赋，优化产业结构

整合生态优势，聚集产业资源，促资源变资本，挖掘集体经济发展新价值。一是定位壮大特色产业。因地制宜实施和发展"一村一品""一县一业""一园一业"，要以特色农产品优势区、产业集群、现代农业产业园、农业产业强镇为平台，打造现代化、标准化的绿色生产基地，培植规模化、市场化、品牌化特色产业，打造增长极。二是延伸农业生态产业链。一方面，依托当地生态资源，发展多种形式适度规模经营，支持以"公司＋农户"等模式对接全国统一大市场，培育乡村文化、旅游、科技、教育、研学、休闲、民宿、运动康养、传统手工艺等农业产业新业态，创新集生产、生活、生态功能于一体的农业产业新体系。另一方面，以农产品终端消费需求为导向，逆向发展农产品"产加销、贸工农"一体化，构建农产品从田园到餐桌、从初级产品到终端消费无缝对接的绿色融合延伸模式，促进农业生态全产业链的复合式、融合型和立体化发展。三是以差异化战略构筑错位竞争优势。强化农业新产品、新方法、新市场、新资源、新产业组织的差异化区域绿色生态优势，实施基于原产地可追溯和质量标识的差异化战略，培育知识产权和品牌竞争优势，优化产业结构，提升整体生态农业竞争力。

6.5.4　培育现代化职业农民，加快生态农业发展进程

现代农业主体依然是农民，只有农业产业化才能转变农业生产方式，利用新业态、融入新要素将传统农业转变为现代农业，只有高素质农民才能将文化、历史、创意、艺术等要素发挥到极致，享受数字经济带来的综合福利，比如现代农业的高新技术、现代管理理念、柔性分配机制、效益增加模式、福利提升速率等生产成果，减少边际成本、增加农产品边际收益，增加农民利润，才有能力扩大再生产，提速生态农业发展进程。在转型过程中，利用高校等资源培育职业农民，培育生态农业发展的软硬环境。有了文化、有了认知，农民的参与意识、博弈水平、风险偏好会发生很大变化，文化程度高的农户往往对风险认识比较深刻，倾向于与企业形成较紧密型的利益联结机制，能够承受风险带来的损失，因为他们明白更多时候是收获。培训不只是要传授文化知识、科技知识等，同时要利用媒体、平台等各种渠道大力宣传《民法典》《合同法》等各种法律条例，一方面增强农民恪守诚信概率，自觉履行合同中规定的权利

与义务；另一方面可以用法律武器维护自身的合法权利。

2017 年两会中强调：就地培养爱农业、懂技术、善经营的新型职业农民。新时代农民可以提高生态农业发展速度和转型速度，有利于与企业开展深度合作，有利于接受新技术、新业态、新市场、新变化，有利于三产融合发展，有利于供给侧结构性改革，有利于数字经济与数字平台构建，有利于理解并践行乡村振兴，有利于早日实现共同富裕，有利于减少部分农户与企业合作过程中出现的争端与不愉快，有助于利益联结机制更为紧密可持续。

6.5.5 加强政府的监管作用，完善相关法律法规

利益联结机制的建立离不开政策的保障与支持。一是制定相关法律法规，保障各个经营主体、专业大户、家庭农场基础作用。引导企业、农户依法、自愿、有序流转土地确保经营权，发展适度规模经营，增强经济效益、社会效益、生态效益。二是完善农产品质量安全的相关法规，严格对农产品的质量把关，通过绿色生产体系打造出优质、高产、安全、绿色、环保、生态农产品。建立从种子、生产、管理、收获等过程信息可追溯体系，同时保证农户和企业的利益。三是鼓励涉农企业积极参加保险，保险公司也要积极研发新品种，通过走访调研切实帮助农民减少风险损失，让保险渗入农产品精深加工、物流运输、现代营销、精准农业、智慧农业、旅游体验等领域，共促农业生产与旅游观光、农耕体验、节庆采摘、科普教育深度融合，打造参与式、体验式、娱乐式、定制式的创意农业新业态。四是政府要加大对农业金融服务的支持力度。众所周知农业是弱质产业，生产周期长、生产过程不可逆、生产投资力度大、生产成果不稳定等，政府应出台相应举措，扶持涉农项目。例如，政府鼓励银行或利用再保险对农业产业化项目提供优惠政策，对农业龙头企业绿色生产经营减免一定的税收。同时鼓励农村信用社发放小额信贷，支持当地涉农企业创新创业，拓展融资渠道，使农户的融资得到保障。

完善了相应的法律法规，保障了契约或合同的履约，不管是涉农企业、农民，还是在契约的制定与执行层面都有法可依，有据可查。不管是政府层面还是中介组织，都可以在法律框架内行使权力、调解纠纷，提高履约率的同时保障了企业和农户双方利益。通过企业、政府和中介组织、农民四方的共同努力，共同构建科学的契约约束体系。

6.5.6 完善利益分配及保障机制，创新利益联结模式

有了法律法规，诚信体系就可以合法经营，一般情况下产生获得性收益，利益联结机制或模式才可以讨论，否则就是空谈。人类完美的诉求是均衡，但

在现实条件下利益分配不充分、不均衡、不公平是常态，通过深入推进农村集体产权制度改革，可以盘活村集体资产，激活农村各类产权流转，培植生态农业产业化成长项目，让农民充分享受产业化经营中的经济利润及生态价值。一是发挥农业多功能，挖掘三产融合方式，增强农业造血功能，优化配置地方资源禀赋，在单位土地面积上，实现全要素生产率产出最大。二是通过保障品牌建设机制，让单位产品溢价，使品牌贯穿于生产、加工、贸易等环节，通过联保机制，内化监督管理，鼓励探究量化资金股权的方法，使资源变资产、资金变股金，使企业、农民共享品牌红利，提高农民参与产业化经营的积极性，保障农民持续创收致富。三是宣传诚信，构建利益保障机制，利用广告、电影、电视、抖音、微信等新媒体大力宣传信用体系的重要性，构建龙头企业与农户紧密型利益联结机制，成果与风险同享共担，避免龙头企业或农户毁约、违约、爽约现象发生，本着公平、公正、公开的原则签订合作协议，明确利益各方分配原则及保障条款，保证双方利益分配、责任承担之间的公平、透明。

创新利益联结模式，密切"农业龙头企业＋科研院校＋合作社＋农户"新型经营模式，农业龙头企业要借力科研院校作为技术依托，发挥其资源、人才、设备、平台等综合优势，节约人力资源成本、弥补农业科技创新能力不足，可以极大提高产品的市场竞争优势。此外，在多方合作过程中，不仅需要明确各方的利益关系，更要调节农业龙头企业、科研院校、合作社、农户等各主体之间的利益构成比例，提振各方创新、创造价值及利润动力，使各主体之间建立更稳固的利益联结机制。

6.5.7 推动农业产业数字化转型，加强利益共同体建设

全面推动生态农业产业数字化转型，加大新产业新业态开发，增强集体经济发展新潜力。一是夯实农业产业科技化转型根基。强化农业农村的数字科技创新供给，结合不同区域、不同规模的农业生产特点，将互联网、物联网、云计算、大数据等新一代信息技术和传感器、地理信息系统、卫星导航等设备融合农业生产全过程，组建科技特派团指导交流，加强集体经济造血功能。二是电商助力"农产品"变"商品"。整合大型农业企业、旅游、文化、电商等资源，渗透融合于农业生产、加工、营销和服务等领域和环节，将乡村"土、特、手工艺"经品牌设计、包装，三产融合转化为市场商品、旅游商品、文创礼品，开发农商直供、产地直销、食物短链、个性化定制等新型营销模式，提高产品的附加值。三是完善农业产业数字化治理模式。重新整合农村供销社基层网点、村邮站、农家小商店，赋予农村电商服务功能，发展特色电商村。其次，在设施农业、养殖业、水产业等领域开展农业物联网应用示范工程，提高

涉农全程网上办理比例，推动农业产业和数字平台融合发展，利用数字化技术对产业融合发展整个过程实施智能感知、预警、分析、决策和控制。

加强利益共同体建设，龙头企业与农户共同发展互惠互利，农户是农业龙头企业的基础，农业龙头企业是农户持续发展的保障，龙头企业的经济增效需要依靠农户，农户的信息获取、市场认知、品牌建设等需要依附龙头企业，二者相辅相成紧密联系在一起，发展诉求与目标、利益联结与分配贯穿于农业生产、加工、经营、贸易全过程。在双方合作过程中，积极邀请农户参与重要事情的决策，提高农户的话语权，努力主动参与制定、创新利益联结机制并为谋求自身利益最大化而努力；龙头企业在产业化发展中充分考虑、尊重农户意见，共享信息与技术，充分体现主人翁意识，减少不必要的冲突与麻烦，共建利益共同体，让品牌效益成为经济效益提升的强大助力，利益联结机制更稳定。

第7章 河北省太行山区农业生态服务价值测算研究

农业生态系统服务价值既包括直接使用价值，也包括间接使用价值和非使用价值。其中直接使用价值在农业生态系统服务总经济价值中占比较小，而间接使用价值和非使用价值则占比较高。现实中大部分农业生态系统服务并没有可交易的市场，这给评估农业生态系统服务价值特别是间接使用价值和非使用价值带来较大困难。本章节基于相关学者的研究基础，探讨更为适合的农业生态服务价值评估方法并进行河北省太行山区农业生态价值评估。

7.1 生态服务价值测算发展历程

学者殷楠等按照主流学者们的研究成果对生态系统服务价值化研究工作的划分比较有代表性，按照时间节点分成了四个阶段：1997 年以前的生态系统服务价值化定性描述阶段、1997—2005 年的生态系统服务价值化快速发展阶段、2005—2012 年的生态系统服务价值化多元发展阶段、2012 年至今的生态系统服务价值化综合应用阶段。[①]

(1) 生态系统服务价值化定性描述阶段（1997 年以前）

在此时间节点以前，人们对于生态系统服务的概念还未进行严格界定，学者们在研究中表示生态系统为人类提供的效用时常使用"生态效益"来代替。该阶段关于生态效益的研究偏少，主要还是集中于森林生态系统的构成和补偿研究，通过研究森林生态系统中生态效益的分解以确定地方或经营主体生态效益的补偿标准。关于森林生态系统的经济价值测算还未有详细规范的方法体系，多数文献关于森林生态系统的研究多采用较为概括的方法，目的皆是为促进森林生态系统管理中的生态补偿。这个阶段关于生态系统服务价值化的研究谈不上深度和广度，但是作为一个很好的研究开端，为此后的生态系统服务价值化研究奠定了一定基础。

---

① 殷楠，王帅，刘焱序 . 生态系统服务价值评估：研究进展与展望 [J]. 生态学杂志，2021，40 (01)：233 - 244.

(2) 生态系统服务价值化快速发展阶段（1997—2005 年）

Costanza 等学者的研究①是该阶段的重要代表，他们使用的方法相对于第一阶段有了质的突破，从单纯的概括方法到定量评估，标志着面向生态系统服务价值评估的研究进入了一个新的时期。在 Costanza 等学者之后，多数学者开始采用 Costanza 等学者创立的方法，首先确定单位面积生态系统价值参数，结合相应尺度的生态系统，最终通过加总计算得到生态系统服务总价值。随着遥感技术的发展，一些学者在该阶段后期开始尝试用遥感的手段和方法对生态参数进行定量测量和计算，遥感技术能够在短时间精准获取相应生态系统的生态参数和精确面积，在精度和广度上都有了质的提升。

(3) 生态系统服务价值化多元发展阶段（2005—2012 年）

该阶段的相关研究成果我们可以概括为三个方面：①以遥感产品为数据源来进行生态系统服务价值测算应用越来越广泛，而且随着遥感硬件的提升，其数据精度越来越高，遥感解译软件也快速发展，为开展生态系统服务价值定量研究提供了保证。②聚焦于土地利用变化，通过探讨土地利用变化和生态价值评估之间的相关关系，跟踪评估的动态数值变化。③基于千年生态系统评估（MA）研究中对于生态系统服务分类的影响，学界展开了对不同生态系统服务的分类评估，然后再通过引入具体的计算参数开展每一类服务的价值估算，最后形成计算结果。2007 年 INVEST 模型实现了生态系统和经济价值的连接，可以进行场景复刻，同时也关注人类福利，为该阶段新的测算方法的代表。

(4) 生态系统服务价值化综合应用阶段（2012 年至今）

该阶段的研究从关注生态系统服务价值静态过渡到关注其动态变化趋势，尤其注重生态系统服务价值在政府的决策和相关经营主体的选择中的应用，"生态补偿""资源利用"等高频词开始出现，均与此主题密切相关。在相关的实践应用中，主要有以下三个方面的贡献：一是选择了次生热带森林作为研究对象，把其全生命周期分为四个不同的再生阶段，分阶段进行其生态系统服务价值的测算，为生态付费提供了依据，同时也有利于进行森林系统的恢复。二是通过评估被污染的亚热带流域的污水净化的生态系统服务价值，为水资源管理部门进行决策提供了依据。三是通过评估流域生态系统服务价值，进一步明确流域生态系统相应的生态价值等。生态系统服务价值的相关评估研究已经从单一的定量计算开始往综合性研究转变，开始注重动态性测算，尤其注重研究

---

① 殷楠，王帅，刘焱序. 生态系统服务价值评估：研究进展与展望 [J]. 生态学杂志，2021，40（01）：233-244.

机理性，注重对测算结果的应用研究，也就是更注重科学与政策间的联系，这一点与生物多样性和生态系统服务政府间科学-政策平台（IPBES）的要求一致。

7.2 生态服务价值测算方法

7.2.1 生态系统服务分类体系

在生态系统服务的概念以及内涵外延被学术界和政府部门认可后，对生态系统服务进行合理的分类有助于生态系统服务价值评估，也更便于开展分析和建模。Costanza 等学者（1997）按照生态系统的不同功能对生态系统进行了分类，共分了 17 类。[①] MA 则将生态系统服务分为 4 类，分别为生态支持服务、生态供给服务、生态调节服务和生态文化服务。TEEB 等学者在前述 MA 分类体系的基础上，将生态系统服务分为 4 大类共计 22 小类，分别为生态供给服务、生态调节服务、生态文化服务和生态栖息地服务。国际通用生态系统服务分类体系（CICES）与以上三种有所区别，其主要侧重于自然资本的核算。目前在生态系统服务价值评估中被大家认可和使用的是第四种 TEEB 分类体系。

支持服务可以看作是一种生态过程，是为其他生态系统提供服务的，例如地球大气的形成与保持，全球的各种循环、生物地球化学以及栖息地供应等，成为必不可少的一个组成部分，是维系生态供给服务、生态调节服务和生态文化服务所必需的，具有间接性。这部分不能单独测算评估，否则容易重复计算。在 TEEB 的分类中，栖息地服务就属于这种。生态调节服务则包含了土壤保持功能与养分循环功能。生态系统为人类所提供的各种资源等则属于供给服务范畴。市场价值法作为主要采用方法，也是基于每类产品的市场单价和产出数量加总后测算的，因此其易于测算和评估。只是其结果随市场变动较大。还有一点不同的地方在于，生态供给服务一般被看作"私有产品"，生态调节服务则被看作"公共产品"，因而调节服务容易被忽略。生态文化服务范畴一般包含美学、娱乐等服务，多采用支付意愿法进行评估，但因为公众的主观性较强，所以结果存在很大的不确定性。

---

① Costanza，R. & Folke，C. in Nature's Services：Societal Dependence on Natural Ecosystems (ed. Daily，G.) 49 - 70 (Island，Washington DC，1997).

7.2.2　生态服务价值测算方法

生态系统服务价值的评估方法备受国内外瞩目，已经开展了大量的研究工作，但是到目前为止尚未形成一套统一的评估体系，不同的评估方法也产生了差异较大的研究结果，导致人类对生态系统服务功能及其价值的客观认知方面局限较大，限制较多。生态系统服务价值核算当前可以大致分为两大类，一是单位服务功能价格法（以下简称为功能价值法），另一类是单位面积价值当量因子法（以下简称为当量因子法）。功能价值法也就是首先获取生态系统服务功能量，然后基于功能量的单位价格，进行计算得到总价值，此类方法一般是通过建立生产方程来模拟小区域的生态系统服务功能，生产方程来源于单一服务功能与局部生态环境变量。但是该方法的输入参数多、计算过程比较复杂，更为重要的是每种服务价值的相应评价方法和相关参数标准难以实现统一。当量因子法则是通过区分不同地表覆盖类型所形成的不同种类生态系统，对其服务功能进行分类，每种生态系统参考食物生产等创建可量化的标准，测算不同类型生态系统各种服务功能的价值当量，最后结合各生态系统的分布面积开展评估。相对服务价值法，当量因子法则显得直观易用，而且数据需求少，所以特别适用于一定区域或者全球大尺度的生态系统服务价值评估。

7.3　河北省太行山区农业生态服务价值测算

7.3.1　数据来源及预处理

由于数据的局限，本书通过收集整理河北省 2020 年的投入产出及成本收益数据，测算其相应的收益及生态服务价值。本书中的土地利用数据来自中国科学院资源环境科学与数据中心[①]，对部分地表覆盖通过各个县的普查数据进行了部分修正，属性数据来源于河北省政府数据库[②]和国家数据。

从中国科学院资源环境科学与数据中心官网上下载的土地利用数据为栅格数据，其内嵌的属性数据是整型的，土地利用类型一共分为 6 个一级类型，包括耕地、草地、林地、水域、居民地和未利用土地，在每个一级类型下面根据类型内差别又细分为 25 个二级类型。需要利用 ARCGIS 中的 Reclassify（栅格重分级）工具来将它变为浮点型。根据表格内容统一将数据分为"耕地、林地、草地、水域、建设用地和未利用土地"六类（表 7 - 1）。

---

① 　https://www.resdc.cn/.

② 　http://info.hebei.gov.cn/hbszfxxgk/6806024/6810698/index.html.

表 7-1 土地利用一二级类型及具体分类内容

一级类型	二级类型
耕地	水田
	旱地
林地	有林地
	灌木林
	疏林地
	其他林地
草地	高覆盖度草地
	中覆盖度草地
	低覆盖度草地
水域	河渠
	湖泊
	水库坑塘
	永久性冰川雪地
	滩涂
	滩地
	海洋
建设用地 （城乡、工矿、居民用地）	城镇用地
	农村居民点
	其他建设用地
未利用土地	沙地
	戈壁
	盐碱地
	沼泽地
	裸土地
	裸岩石质地
	其他

注：该分类来自中国科学院资源环境科学与数据中心 https：//www. resdc. cn/data. aspx? DA-TAID＝347。

7.3.2 生态服务价值核算模型

（1）模型简介

基于谢高地修订后的生态系统生态服务价值当量因子表，参考河北省太行山区实际进行了修正，1 个标准当量因子的生态系统服务价值量（标准当量）

定义为单位（1 公顷）面积农田生态系统粮食生产的净利润。研究区耕地以旱地和水田为主，主要作物有小麦、玉米、大豆、花生；林地以有林地、灌木林地和疏林地为主；未利用地主要为沼泽地及裸岩石质地。

（2）模型的创新应用

在参考相关文献的基础上，结合研究区实际状况对谢高地修订后的生态系统生态服务价值当量因子表里的一些参数进行修改简化（表 7 - 2）。本书研究的尺度相对较小，区域自然地理特征较为一致，研究区内各生态系统属性近似，可以应用当量赋值的方法进行生态系统服务价值的核算。在参考相关文献的基础上，结合研究区实际状况进行标准当量的系数修订。

$$D = \frac{1}{7} \sum_{i=1}^{n} \frac{m_i \, p_i \, q_i}{M}$$

式中：D 表示 1 个标准当量因子的生态系统服务价值量（元/公顷）；i 为农作物种类；m_i 为 i 种农作物种植面积（公顷）；p_i 为 i 种农作物某年的全国平均价格（元/千克）；q_i 为 i 种农作物单位面积产量（千克/公顷）；M 为所有农作物的种植面积（公顷）；我们将从国家统计局和河北省政府数据库得来的属性数据带入公式当中计算得到 2020 年河北省的生态系统服务价值当量因子为 1 610.42 元/公顷。

在参考相关文献的基础上，结合研究区的实际情况，修改了谢高地修订后的生态系统生态服务价值当量因子表里的一些参数，我们可以得到 2020 年河北省生态系统单位面积生态服务价值（元/公顷）。

表 7 - 2 单位面积生态系统服务价值当量[①]

生态系统分类		供给服务			调节服务				支持服务			文化服务
一级分类	二级分类	食物生产	原料生产	水资源供给	气体调节	气候调节	净化环境	水文调节	土壤保持	维持养分循环	生物多样性	美学景观
农田	旱地	0.86	0.41	0.02	0.66	0.35	0.09	0.26	1.02	0.11	0.12	0.05
	水田	1.35	0.08	-2.62	1.12	0.58	0.18	2.73	0.02	0.20	0.20	0.10
森林	针叶	0.21	0.51	0.26	1.69	5.08	1.50	3.35	2.07	0.17	1.89	0.83
	针阔混交	0.30	0.70	0.36	2.34	7.04	2.00	3.52	2.87	0.23	2.61	1.15
	阔叶	0.28	0.65	0.33	2.16	6.51	1.94	4.75	2.66	0.21	2.42	1.07
	灌木	0.18	0.42	0.21	1.40	4.24	1.29	3.36	1.73	0.14	1.58	0.70

① 谢高地，张彩霞，张雷明，陈文辉，李士美. 基于单位面积价值当量因子的生态系统服务价值化方法改进［J］. 自然资源学报，2015，30（08）：1243 - 1254.

（续）

生态系统分类		供给服务			调节服务				支持服务			文化服务
一级分类	二级分类	食物生产	原料生产	水资源供给	气体调节	气候调节	净化环境	水文调节	土壤保持	维持养分循环	生物多样性	美学景观
草地	草原	0.09	0.13	0.07	0.50	1.35	0.45	0.99	0.63	0.06	0.57	0.26
	灌草丛	0.37	0.55	0.30	1.96	5.22	1.73	3.83	2.41	0.19	2.19	0.97
	草甸	0.21	0.32	0.17	1.13	3.03	1.01	2.22	1.40	0.12	1.28	0.57
湿地	湿地	0.50	0.49	2.60	1.91	3.61	3.61	24.24	2.32	0.19	7.88	4.74
荒漠	荒漠	0.00	0.02	0.01	0.12	0.11	0.30	0.22	0.12	0.01	0.11	0.04
	裸地	0.00	0.00	0.00	0.02	0.00	0.09	0.04	0.01	0.00	0.02	0.01
水域	水系	0.81	0.24	8.30	0.78	2.30	5.56	102.25	0.94	0.08	2.56	1.90
	冰川积雪	0.00	0.00	2.17	0.19	0.55	0.17	7.14	0.00	0.00	0.01	0.09

注：该表是基于对谢高地的单位面积生态系统服务价值当量表的改进。

由河北省太行山区食物生产生态服务价值测算结果可知，其单位面积数值从0到13 206.8元，从分布空间来看，坡度较低的山前平原区和经济林分布区贡献较大，以保定、石家庄、邢台的低平原区和涞源县、大名县等空间高值区集聚现象较为突出，邯郸以东的部分县市则存在中值区集聚现象。

河北省太行山区原料生产生态服务价值单位面积数值从0到8 126.22元，相对于食物生产生态服务价值偏低。从分布空间来看，总体分布较为分散，低数值区范围较广，而且存在小范围集聚现象。邯郸南部及石家庄、保定的中部山区存在高值小范围集聚，与近些年进行太行山区大开发有关。

河北省太行山区水资源供给生态服务价值单位面积数值从-7 582.88元到25 571元，从分布空间来看，水域及附近贡献较大，分布上局部集聚明显，多数区域为负值分布区。

河北省太行山区气体调节生态服务价值单位面积数值从0到29 602.6元，从分布空间来看，森林资源较为丰富的地方贡献较大，分布上呈现低值区集聚、高值区总体分散状态，邯郸南部高值区局部集聚现象明显，其他地市县区中部高值区也存在小范围集聚现象。

河北省太行山区气候调节生态服务价值单位面积数值从0到77 779.5元，从分布空间来看，森林资源较为丰富的地方贡献较大，山前平原贡献度较低，分布上呈现局部集聚。其中山前低平原区低值区集聚明显，总体低值区分布较广。

河北省太行山区净化环境生态服务价值单位面积数值从0到91 622.3元，

从分布空间来看，海拔及坡度较低的地方贡献较大，山前平原贡献度仍较低，分布上呈现局部集聚。低值区多分布在山前低平原区。

河北省太行山区水文调节生态服务价值单位面积数值从 0 到 315 365 元，从分布空间来看，水域及附近贡献较大，分布上局部集聚明显，多数区域属于低值区。

河北省太行山区土壤保持生态服务价值单位面积数值从 0 到 72 406.2 元，从分布空间来看，海拔较高的地方贡献较大，山前平原贡献度仍最低，分布上局部集聚明显，低值区分布较广且存在空间集聚。

河北省太行山区维持养分循环生态服务价值单位面积数值从 0 到 2 902.22 元，从分布空间来看，耕作较为粗放的地方贡献较大，山前平原及海拔较高地方贡献度较低，分布上局部集聚明显，总体呈分散态势。其中保定易县、邢台隆尧和邯郸南部数值较高且存在局部集聚。

河北省太行山区生物多样性生态服务价值单位面积数值从 0 到 42 096.7 元，从分布空间来看，耕作较为粗放的地方贡献较大，山前平原及海拔较高地方贡献度较低，分布上局部集聚明显，平原区较为集中，多为低值区。邯郸南部县市区仍处于高值区，局部集聚明显。

河北省太行山区美学景观生态服务价值单位面积数值从 0 到 31 201.1 元，从分布空间来看，耕作较为粗放的地方贡献较大，山前平原及海拔较高地方贡献度较低，分布上局部集聚明显。低平原区向高海拔区过渡地带美学价值高值偏多，存在局部集聚现象。

河北省太行山区生态服务总价值单位面积数值从 0 到 545 409 元，从分布空间来看，海拔较高的地方贡献较大，山前平原贡献度较低，分布上局部集聚明显，总体仍呈分散态势。低平原区多处于低值区，高值区在低平原往高海拔地区过渡地带存在局部集聚现象，保定西北山区、石家庄西部山区、邢台和石家庄交界山区及邯郸西部山区高值区较多，亦存在局部集聚现象。

河北省太行山区相较于南方山区，生态服务总价值单位面积数值偏低。低平原地区农业耕作较为频繁，生态保护力度仍偏低，对于生态服务总价值贡献度较低。今后该区域生态农业发展要兼顾生态、社会和经济效益，重点做好生态防护，发展高附加值生态农产品，实现高质量发展。

第8章 河北省太行山区生态农业发展金融扶持机制创新

8.1 生态农业金融发展状况分析

金融作为生态农业发展的重要支持力量，能够有效推进现代生态农业的高质量发展，促进形成农业金融支持体系的新格局、新面貌。随着国家大力号召金融机构投入农业发展当中，致力于从传统金融信贷、信用体系和担保体系中不断创新生态农业金融扶持机制。但由于生态农业新型经营主体多元化、资金投入额度大、农业生产周期长、自然环境因素影响大，使得收益回报效率低、周期长，因此，为进一步加大对生态农业的金融扶持力度，成功建立符合太行山区生态农业发展的多元金融服务体系，促进生态农业可持续发展，河北省不断通过政策补贴、专项资金等形式扩大农业金融规模，建立健全银行信贷、农业保险等业务，以加快生态农业的快速发展。

8.1.1 国家政策扶持

河北省针对太行山区特色生态农业，不断探索建立符合山区特色的生态农业专项发展基金以及一系列推动生态农业高效发展的财政金融政策，通过财税补贴及优惠、专项资金等方式加大扶持力度，扩大对生态农业的投资。为了适应多元化的经营主体，不断创新财政资金的使用方式，并以财政补贴税收减免的方式，保障资金成功对接政府与农业，进而建立信用担保、风险补偿等多元化生态农业投入机制。此外，随着政府的积极引导和政策实施，各类金融机构灵活运用产业资金、风险补偿资金和贴息贷款等金融政策，以降低生态农业金融发展的信贷风险。

8.1.2 金融机构支持

支持河北省太行山区生态农业金融支持体系发展主要以商业性银行中国工商银行、中国农业银行、中国建设银行以及政策性的中国农业发展银行为主，以农村信用社、农村商业银行、邮政储蓄银行、农业保险等为辅，各级金融机构依据自身业务范围和实际状况，不断创新金融扶持机制，打通农业融资困难的阻碍，以实现生态农业生产规模的迅速扩大，农业收益及金融收益显著提升。

第一，在涉农信贷方面，各类金融机构都推出了信贷服务，用来支持农业的发展和生态环境的保护。随着生态农业方面的贷款逐渐增长，河北省部分银行将企业环境保护合规程度作为调整信贷基本结构的重要标准，同时创新了"农业龙企＋银行＋农户"的多主体发展模式，扶持山区贫困县的龙头企业发展，并通过一些政策规范农业信贷业务的授信要求，促进农业信贷业务的健康发展。随着农业贷款方面的需求不断加大，信贷规模也随之扩展，进一步促进了生态农业的有序发展。第二，与中国人民财产保险股份有限公司、中华联合财产保险股份有限公司、中国人寿财产保险股份有限公司、中国大地财产保险股份有限公司等保险公司达成农业保险方面的合作，各主体在政府统一领导和银保监会的监督下，不断创新保险产品，大力探索与生态农业保险、环保责任险的联动合作模式，并通过在金融市场的合作，最大程度发挥自身资源聚集优势，创新金融工具，扩大保险业务，健全农业保险发展管理机制。

8.2　生态农业金融扶持存在的问题

8.2.1　生态农业发展不足

河北省太行山区偏远，金融机构网点无法做到全覆盖，再加上生态农业发展起步较晚，生态农业还处于起步成长阶段。首先，太行山区生态农业的科学化、标准化生产水平不高。随着水资源、土地资源等生产要素价格的上涨，生态农业的技术、生产成本显著提升，农业企业发展循环农业、多功能农业的资金投入不足，且专业的技术技能人才匮乏，农业科技成果无法及时得到落地转化，使得农业生产效益无法高速上涨，反而有下降的趋势。在农产品的种植、销售等生产环节，现代化的农业技术还未做到普及，标准化也有所欠缺，整个生产过程的监管质量、控制体系还有待完善，要想形成当地特色生态产业，仍需大量资金支持其形成完整的标准体系。其次，太行山区生态农业规模化较小，虽然河北省是农业大省，但从生态发展模式的角度来看，生态农业组织化程度低，相关生态农业产品种类缺少，而且种植业农业种类分散，产品附加值低，难以构成规模化发展，使得金融机构投资困难。另外，生态农业产品对气候、水资源、地形等生态环境要求较高，加之太行山区地理位置的不便，交通运输困难、市场信息堵塞、市场销售渠道少，农业产业链条断线断面，生产与销售难以无缝连接，导致小农户与大市场难以顺利匹配，多功能农业发展条件不足。生态文明村建设没有全面普及，部分农户由于缺乏绿色生态理念，在农业生产中会大量使用农药和化肥，导致土壤肥力下降，生态环境遭遇破坏，农产品质量无法提升，因此无法满足高端市场需求。此外，由于生态农业需要大量资金投入，而收益回报周期长，受环境因素影响大，使得风险高、预期收益不确定，效应传导致使金融投资力度小，从而制约了生态农业实现规模化发展。

8.2.2 政策扶持力度有待加强

针对太行山区生态农业发展的金融扶持问题相关的法律政策还不够完善，缺乏更加明确的金融财政、税务补贴等方面的政策支持，使得关于生态农业的政策不具有针对性和长久性，资金的导向作用并没有充分发挥出来。在初期发展阶段，由于内生资产无法满足生态农业的长期发展，因此对外部的资金扶持需求依旧紧迫。首先，国家政府在发展生态农业方面缺乏专门的法律法规，缺乏对有关经营者和金融机构义务和权利的约束规则，缺乏有关金融政策、金融制度、金融业务和税收制度的系统保障措施，无法保障生态农业的长期效益。另外，在生态农业发展的过程中，农企、合作社等经营主体容易出现不良的生产经营行为，金融服务无法常态化有序开展，影响金融业务服务农业发展的顺利进行，危害农业融资、信用体系。其次，生态农业发展十分需要政府的财政补贴和资金投入，尤其是在农业发展的早期，如果没有长久的财政支持，生态观光农业、多功能农业规模化和集约化发展就难以实现。当前，市场对绿色农产品的需求日渐增大，而传统农业过量使用农药和化肥，使得农业产品的质量不达标，出现了供不应求的状况。而生态农业的发展工程庞大，从种植到销售、运输每一个环节都需要投入人力和财力，但农业的经济基础比较薄弱，因此建设生态农业前期的资金投入还需增强针对性、倾斜性，以形成系统且标准的财政支持体系。目前，太行山区生态农业的金融扶持体系还未建立完善，政策缺乏针对性且与市场不对称，并欠缺针对农业金融的具体化操作标准，而且国家对生态农业贷款没有激励性政策，影响了金融机构参与农业的积极性。

8.2.3 缺乏创新金融产品

首先，太行山区农业的风险较大，导致金融机构对其投资意愿低，缺乏研究和创新农业金融产品的力度，并未根据农民的真实需要而创造金融产品，使得农业保险等相关产品同质性高，农民没有意愿购买金融产品。其次，太行山区地势较为偏僻，使得很多资金难以进入，阻碍程度较大，因此农民自筹资金的方式较多，银行投入的资金较少，所提供的农业金融产品种类也有所欠缺。此外，农户的信贷担保困难，银行等金融机构对小微农企信任不足，农业担保方式单一，风险共担机制不完善，使得农业信贷产品缺乏高度的灵活性和创新性。

8.2.4　金融行业结构不完善、环境脆弱

目前，未成功建成太行山区金融结构体系，其困难阻碍较多。支持生态农业发展的主体金融机构原则上有充足的数量，但太行山区的服务金融机构主体数量少，农村金融市场投资者对生态农业理解不足，出现了不愿支持、不敢支持的状况，使得金融支农扶农的作用弱化明显，无法提供充足的资金推动农业经济发展，而且法律法规缺位，制度不明晰，信息不对称，回报风险较大，使得融资数额增长慢，风险保障无法满足。另外，当前的金融扶持农业的业务范围主要是信贷产品，业务范围小，但银行更愿意为农户提供短期的信贷资金，导致金融机构与农户及企业的供需发生矛盾，使得信贷体系对农业的金融扶持力度小，作用不明显。

河北省太行山区生态农业发展的基础较为薄弱、经济水平低、融资困难，而且信用体系不健全，使得整个农业金融领域环境脆弱，针对市场的波动与变化难以快速地适应与恢复。首先，太行山区发展生态农业缺乏有效的法律和法律环境来保护银行和经营者的合法权益，制约了财政支持生态农业的规模扩大，各参与者的良性循环也受到限制。其次，河北省生态农业信用体系不健全、信息不对称、信用机制建设尚处于初级阶段，而且生态农业发展的农村金融机构少，金融服务覆盖面窄，金融领域风险控制能力存在问题，因此改善生态农业的金融环境势在必行。

8.2.5　农业保险发展相对滞后

太行山区农业保险发展程度不足以为生态农业发展提供良好制度保障和风险保障。目前，还没有专门的农业保险法律，诸多具体问题没有法律支撑，农业保险的发展受到限制。由于农业保险法律法规的空白，政府在农业保险中角色模糊，权责不明确，加之地方政府对政策性农业保险认识不足，缺乏相关人才，对政策性农业保险宣传力度不够，各级政府部门的具体保险工作没有明确安排，政府引导与市场运作相结合的模式权责界限模糊。政策性农业保险承保面较窄，针对没有成熟模式的生态农业的险种开发不足，缺乏巨大风险灾害基金，由于农业保险风险高，保险公司承保不积极，为控制成本，专职人员投入不足，灾后勘察效率低，理赔时间长，农户农企对巨额农业保险理赔综合评价不高，农业保险补贴制度不够完善，补贴金层层划拨影响效率，导致农业保险在基层推进缓慢，政策性农业保险难以得到进一步发展。

农业生产经营的不确定性风险较大，太行山区生态农业发展还不够成熟，采用新技术、新模式发展生态农业失败的风险较大，若发生洪涝、旱灾、冻灾、滑坡、泥石流等自然灾害，容易产生巨额损失，商业保险机构补偿能力有限，难以负担巨额保险理赔金，因此商业保险机构对开发农村市场积极性不大，承保范围狭窄，商业性农业保险缺乏创新，险种不全面。保险公司缺乏专业的农业保险业务人员，为节约成本，也不愿意为农险投入更多的人力，出险定损勘察进度缓慢，理赔效率低，理赔程序较为烦琐，农户与保险公司双方沟通不畅，农户不清楚能得到多少理赔金额，多久能拿到理赔，导致保险公司民众好感度、信任度低。大部分农户经营分散，保险公司人力投入不足，农业技术设备不足，人工智能自动识别、测量等技术落后，信息获取严重依赖政府官方数据，对农业保险市场划分不细化，缺乏符合山区生态农业特色的险种，容易形成农户的逆向选择，增加农险运营成本，保险公司不愿投资农业保险市场，对开发新险种不积极。

农民的风险防范认识不足，保险意识较差，存在侥幸心理，对政府承担农业生产损失依赖性较高，农业生产领域年轻人较少，以中老年人为主，他们更担心以后的养老、疾病问题，认为保费会增加经济负担，参保积极性不高。目前农业风险补偿机制不健全，若遭受重大损失，保险理赔额不足以弥补农民损失，加之农民年龄普遍偏大，相对于可支配收入，每年支付固定保费对农民来说是一种经济负担，而且农民对农业保险种类、保费、理赔程序等不够了解，接受新事物能力较差，不愿意平白让保险公司"赚走"保费，认为灾害不可能发生，更依赖于政府救济救灾，这就抑制了农民购买农业保险意愿，农业保险需求不足，农村保险发展环境脆弱，软硬实力不足。

8.2.6 农民金融素养有待提高

农民尤其是山区农民受教育水平程度有限，太行山区金融教育环节缺失，农村年轻人较少，信息获取途径单一，农民普遍不了解金融政策，金融素养相对较低。首先，太行山地区人口密度小，农业分散经营，资金需求分散，银行、保险公司、贷款公司等金融机构倾向于发展城市市场，加之在农村认知金融、宣传金融、获取金融等成本高、收益低，因此金融机构对农村市场比较排斥，未能俯下身段去了解农民对金融产品及金融知识的需求，宣传流于形式，手段没有创新，业务大厅缺少专业的金融知识讲解人员，导致农村地区金融服务水平低，农民缺少获取金融服务、金融信息的途径。由于发展生态农业缺少传统贷款抵押物，正规贷款机构单一，农村产生不良贷款风险大，农商行提高放贷门槛，农村信贷效率低，农民贷款不便，生态农业相关的金融产品不多且类型不丰富，农民接触金融产品相对较少，对金融市场不熟悉，贷款或利率高或金额少，农村金融供给不足抑制了农民对金融产品的需求，农村金融供需不均衡，农民参与金融市场受限，很多时候被挤出金融市场，缺少培养金融素养的人文环境、政策环境、实践环境。政府宣传力度不够，对金融知识的宣讲缺乏针对性、实操性、落地性，不同类型的农户对养老保险、信贷等需求存在差异，金融讲座质量参差不齐，金融政策解读粗略简单，专业性强的讲解对农民来说又难以理解，效果不明显，缺少专职干部下乡入基层进行专门讲解，农民金融知识获取途径单调、形式单一。农民自身对微博、公众号等平台的利用不充分，金融信息获取多通过村民亲友口口相传、电视、微信文章、今日头条等，获取金融知识自主性不强，大部分农户对金融产品的了解仅限于银行存款，不能明确储蓄责任与投资责任，风险防范意识不强，对金融风险与回报认识不足，不愿意承担金融风险，学习金融知识不积极，认为懂不懂金融对自己影响不大，对于利用金融知识达到增加农业收益、发展生态农业的目的性不强，金融需求意识未能提到议事日程，不能主动去挖掘项目、不知道怎样投资、投向何处？没有潜意识就没有学习金融知识的动力，甚至对政府和金融机构的金融服务存在排斥心理，金融知识储备不足，金融素养难以得到提升。

其次，农民参与金融市场不积极，认识不到可以利用自身的金融能力获取收益，理财手段单一，大多数人选择银行储蓄，对股票、基金、期货市场接触很少，而且农民普遍学历不高，金融基础技能更是不能服务于农业产业及三产融合。缺少贷前准备和通货膨胀认知，利率比较能力和复利计算能力较差，大部分农民不能充分利用金融信息分析利率，金融技能有待提高，不具备金融分析能力，对金融产品的选择不够谨慎和专业，认识不到可以通过金融投资改善农业生产模式，提升生态农业收入，农业生产经营融资存在困难。农民普遍缺少收入规划意识，投资金融产品单一，资产配置不合理，金融行为结构不合理，金融能力差且对于增强自身金融能力不积极，对农业金融政策理解不到位，不能有效利用金融产品与金融服务提高金融福祉，很大程度影响生态农业高质量运行。

8.2.7　金融资金配置失衡

首先，农村地区资金流失严重。由于太行山区生态农业法律法规缺位，农村金融具有稳定性差、成本高、效益低、功能定位不明确等特点，生态农业周期长、市场不稳定、弱质性等特点抑制了商业性金融机构在农村地区的投资。而金融机构追求经济利益，流动获利，这就导致金融投资深入乡村为农业服务的可能性小，农村的资金被聚集提走，流向金融发达地区，城乡之间金融资金配置失衡，农村资金没有用于生态农业发展。资本的逐利特性导致很多时候会出现套保、套现倾向，不能真正为生态农业发展服务，而且在农村获得的经济收益往往被投入城市等其他经济发达区域，不能形成良性循环。由于农村金融资源严重短缺，抬高了农业贷款利率，造成农村地区信贷供需矛盾，制约了太行山区生态农业的发展进程。

再次，相比于第二产业、第三产业，第一产业资金投入不足。政策性金融资源、商业性金融资源没有充分发挥应有作用，太行山区生态农业发展受资金限制。从政策性金融资源来说，由于政策性金融资源不足，二三产业是主要的财政资金来源，农业资金投入大，农业相对二三产业产出效益周期长，使得金融支持政策远离农村农业，农村金融政策导向引流效果不明显，且缺乏生态农业金融支持的相关法律法规，生态农业金融资源匮乏。财政补贴和农户存款有限，信用社、合作基金资金来源局限性强，不可避免地向商业化方向发展，农村信贷业务减少，涉农信贷利率高、额度低，农业金融产品单一，生态农业资金需求受到限制，农村资金缺失严重，生态农业基础设施建设、科研技术等进度缓慢，制约了生态农业发展。从商业性金融资源来说，商业资本以防范风险为目标、收益最大化为原则，追求短期性、大规模、流动性，而农业资本流动性差、生产周期长、收益低甚至为负。且太行山区易受洪涝、干旱、冻害、泥石流等自然灾害影响，农业生产受损减产、风险较高，生态农业采用新技术、新模式、新业态，成长阶段时间长、发展水平不完善，受农产品市场价格波动影响，寻求市场、打造市场、利用市场、拓展市场等运营环节极有可能不成功或断链，增加了产、加、销一体化不确定性，产业链风险加大。农村信用体系不完善，农村的资源性资产不能充当抵押品，在农村进行金融投资成本高、收益见效慢，还要承担可能遭受巨额损失的风险，导致商业性金融排斥农村市场。金融机构以盈利为目的，由于农业投资大、资金运转周期长、收益不稳定，金融机构对农业领域的投资比较谨慎，商业银行的农村金融供给增速下降，商业银行在农村地区营业网点稀少，股票、基金、投资公司等金融机构基本没有。农村存款大于贷款，商业性金融机构将农村资金抽走投入第二三产业，农业领域获得较少的金融投资，农户农企融资途径较少，资金借贷困难，形成金融资源失衡、错配。

8.3 生态农业金融扶持机制创新

8.3.1 生态农业金融制度创新

金融扶持机制创新的内容有很多，比如货币政策的导向性选择、农村金融制度监管等。而在生态农业发展中农业用地是一个核心的概念，随着农业经营主体的多元化发展、现代农业的快速推进，农业用地逐渐货币化、商品化，使得土地进入到金融领域。随着土地制度的改革，农地金融制度的创新也随之而来。在各级政府和有关部门的推动下，农业用地流转和规模化经营与时俱进，但当前金融制度不够完善，无法满足农用地适度、规模发展的需要，因此要创新金融制度，充分发挥金融杠杆在农用地流转过程中的重要作用。

农地金融制度的创新要遵循三大基本原则。第一，坚持农地农用、防止非农化原则。在土地制度的改革过程中，在严格保持农地承包权长久化的同时给予农地更多的权力，支持农户进行经营权的抵押、担保和股份投资，从而实现农业的规模化、集约化发展，推动农业的标准化、常态化进程，同时阻止农用地进行非农使用，要在一定的约束条件下进行创新。第二，坚持涉及农地所有权、农地经营权以及农地承包权的"三权"分置原则。农地金融制度的创新应在经营权的职权范围内，一切的农业金融行为不能触碰承包权与所有权底线，要让农户在农业生产经营过程中，通过土地流转和集约规模化的经营，获取收益，成为重要受益者。第三，坚持普惠金融原则。在农业生产经营中，融资难度大、融资金额小一直以来是农业金融中重大的障碍，因此伴随着农业经营主体多元化的同时，要以农户为核心，充分体现普惠金融的制度优势，让农户真正通过土地经营权行使金融职能，获取改革创新的重要果实。

生态农业基于农业用地，进行土地流转经营要因地制宜，选择最适宜的方式推动农业发展。首先要推行农地土地经营权的抵押融资。在相关法律的约束条件下，通过标准化的抵押贷款办理流程，对抵押对象、时间、用途等进行明确的标示和规定，将借款人、抵押登记机构、审查机构纳入平台进行连接，增强农地的财产属性，以满足生态农业各利益主体的需求。其次要由政府发起，成立关于农业信贷的专项基金，以建立健全农业发展中的信贷、担保和风险补偿等一系列制度办法，从而推动农地金融制度的创新，以增强融资数量和质量，同时对农业龙头企业、农业合作组织、农业基地、农户等各主体实行区别化支持，力求促进生态农业健康发展与金融普惠的有机结合。最后，将土地使用权、水权等生态资源产权归于抵押范畴，将保险、期货等金融工具与生态农业产品结合，经过多方有机融合，实现金融组合创新，发挥金融促进农业发展增值增效的作用。

8.3.2　生态农业金融产品创新

农业金融产品在金融扶持农业发展中是一项重要工具，所有金融扶持体系的建立和完善，都需要将金融产品作为运行载体。任何金融产品的创新都需要在农村基本经济制度下进行研究，要立足于市场，洞察需求，并服务于需求，要充分利用自身优势，规避风险，为生态农业各主体做出解决金融问题和困境的方案，创新产品。

在信贷产品上，一要创新农地经营权抵押贷款，从贷款用途、贷款金额、贷款期限、担保措施、价值评估等方面进行创新，要在保持农户土地所有权和承包权、农地用途和不损害农业生产力的前提下，凭借农村承包土地经营权作为抵押担保方式，向生态农业各利益联结主体和经营主体发放贷款。二要创新农村动产质押贷款，根据农业生产和供给所形成的即期现金流量，凭借合规合法的规划与研究，制定较为完善的信用担保措施，以保证生产资金的正常流通。

在保险产品上，一要创新农业贷款保证保险、农业区域产量指数保险、农产品价格指数保险、农业气候指数保险等，以在推动生态农业规模化生产经营中，对自然环境灾害、市场价格风险等进行规避，对于传统的农户来讲，多元化的农业主体更偏好农业类保险，因此结合实际需求，加快农业保险产品创新，促进生态农业健康发展。二要鼓励政策性农业保险产品，此类保险相比于商业保险，具有公益性和补助性，因此不会增大农户的资金压力，并且加大了农户的参保意愿。

在担保产品上，借款人在进行借款时，金融机构要考虑借款人是否有足够的现金流还款，还要考虑借款人是否有可信的担保措施和社会信用。但当前农户普遍不具有充分的担保保障，因此要加快创新担保产品，实行担保公司担保、核心企业反担保的信用措施，从而在一定程度上解决农业融资困难的问题。

8.3.3　生态农业金融组织创新

金融机构在促进生态农业发展中起着主体引导和后备支持的作用，结合不同类型金融机构的业务范围和功能，创新出以商业性金融机构为主导、以政策性金融机构为保障、以合作性金融机构为补充的金融服务组织体系。

商业性金融机构是农业商业发展的重要载体，在解决农业融资困难等问题上具有强大的引导和后盾作用，因此要加强商业金融机构的支付中介功能、信用中介功能、财富管理功能、信息服务功能等定位，构建一个组织完整、功能全面、运行安全、信息可靠、信用过硬的金融组织服务体系，以改善当前推动农业发展的基础性条件。首先要健全农业商业金融机构的准入制度，力求制度的安全有序、可管可控，其次要推深金融机构的市场化改革，通过市场化改革金融机构的功能定位和运行条件机制，规范商业金融机构，以提高农业融资需求的满足程度和促进农业的健康发展。最后要完善商业金融机构的法律体系，构建出产权明晰、安全可靠、功能完善的良好金融法治环境。

政策性金融机构是促进农业健康快速发展的重要制度安排，其具有政策性、公益性、专款专用性等特征，发挥着政策导向、生产扶持、基础设施开发、稳定价格、金融市场补充性、金融和资源诱导与扩张等功能，在金融组织服务体系中发挥着保障性的作用，从而不断强化资源的有效性。首先要完善政策性金融机构组织政策的执行保障机制，促使金融机构基于政府的宏观政策，找到促进农业发展的切入点，从而保障政策性功能的落地执行。其次要健全农村政策性金融机构的审计机制，严格监督和审查组织是否有不规正的行为，以保证金融运行轨道符合国家发展方向。此外还要建立健全政策性金融机构与政府的协调合作机制，通过搭建政银合作平台，发挥组织及融资优势，促进一体化的共生关系。

合作性金融机构是具有互助特性的组织，是农业主体的重要组成部分。在创新合作性金融机构与农业主体之间的运行机制上，要立足于"三农"原则，从准入条件、治理结构、运营规则、监管体制上进行制度安排，要在新形势下强化合作主体的标准化、规范化设计，从而做出科学系统的制度安排。

8.4 国外先进经验与启示

就目前世界范围来看，有许多国家率先进行了农村金融体系的构建，为生态农业的发展奠定了良好的资金基础。总体来看，农村金融服务体系较为完善的国家（组织）主要有美国、日本、欧盟及孟加拉国等。这些国家（组织）根据自身农业的发展特点，因地制宜地建立了富有特色的农村金融服务体系。

8.4.1 美国多位一体的金融支持模式

从世界范围来看，美国农业发展处于世界领先水平，这与美国先进的农业生产技术是分不开的，同时市场化、规模化程度也促进了美国农业的快速发展，除此之外，美国完善的农业金融支持体系也是美国农业高水平发展不可或缺的因素。完善的农业金融体系保障了农业发展过程中的资金需求能够得到满足，促进了农业的技术革新、规模化种植的实现。从美国农业金融体系金融机构的类型来看，主要由以盈利为目的的商业性质金融机构、以互助为目的的合作性质金融机构、以扶持农业产业发展为目的的政策性质金融机构，以及以提供风险管理为目的的保险机构等组成。一方面，美国农村金融机构体系保障了资金的充足供给，另一方面不同层次金融机构的设立可同时满足不同层次农业经营者的资金需求，同时还可以有效化解农业生产过程中所遇到的自然风险。

（1）商业性质金融机构

从目前的情况来看，美国商业性质的金融机构主要包括农村商业银行和信贷服务组织。美国商业性质金融机构的资金主要由三部分构成，分别为由政府出资的资本金、政府的专项拨款以及发行债券等。这些商业性质的金融机构主要为农业经营者提供短期性质的贷款，同时这些商业性质的金融机构受到农业经营者地理方位和资金的实际需求影响很大。就美国农业发展情况来看，大部分农业经营者多为农场型经营，具有一定的规模，资金实力相对其他种植模式较强，相对来说贷款的违约风险较小。这些商业性质的金融机构具有贷款灵活、便捷的特点，提高了金融运行效率。

（2）合作性质金融机构

合作性质的金融机构在扶持美国农业发展中处于主体地位，由联邦土地银行、联邦中期信用银行和合作银行系统共同构成，在三个不同的组成部分中，各自履行自己的职责，业务范围明确，责任履行过程互不干涉，具有较强的独立性。美国政府将整个农业地区分为了 12 个信贷区，三种合作性质的金融机构在这 12 个信贷区都设有分支机构。联邦土地银行除核心资本外主要通过发行债券获得资金，向农业经营者提供长期贷款；通常此类贷款业务为不动产抵押贷款，所获取资金可以用来购入农业生产机器设备、土地等。联邦中期信用银行具有分布机构数量较多的特点，主要向农业经营者提供中短期贷款。合作银行在美国农业信贷区分布着 12 家下属分支机构，合作银行最大的特点就是对于经营决策采取投票的方式，而且投票比例中农民占了大多数。美国合作性质的金融机构，具有贷款利率低、合作性质强的特点，为解决农业经营者资金匮乏的问题起到了重要的保障作用。

（3）政策性质的金融机构

美国政策性质的金融机构包括农民会计局、小企业管理局、商品信贷企业等金融机构。从各个政策性金融机构的运行特点来看，存在利率水平低于市场平均水平的特点，在扶持美国农业发展过程中起着重要的作用。美国政策性质的金融机构有效缓解了农业经营者资金匮乏的窘境，不但可以解决短期资金需求，对于一些长期项目的贷款业务也可以给予大力度的支持，对农业生产的基础设施建设也起到了积极的助推作用。另外，部分政策性金融机构贷款门槛较低，农业经营者可以较容易地获得贷款支持和一些农业的资金补贴。

8.4.2 日本农村金融体系

日本的农业发展主要以精品农业发展模式为主，在经营主体中多以小农户为主要的经营模式。针对日本精品农业发展模式的特点，日本政府设计了具有日本特色的农村金融支持体系，农村金融体系主要按照行政区域来进行划分，从上至下一共设置了中央、县级、村级三个层次的农村金融体系结构。在日本三个层次结构的农村金融体系中，不存在上下级的隶属关系，各个层次之间通过控股和参股的方式参与经营。中央一级的金融机构是农林中央金库，农林中央金库在整个日本的金融体系当中信用评级较高，在农村金融体系中农林中央金库负责县级农村金融机构的资金协调工作，根据资金需求情况，负责资金在不同县域的分配，达到优化资源的目的。县级农村金融机构可以吸收农民存款，并且县级农村金融机构负责调剂流向村级基层的资金，在进行贷款业务的时候会向基层农村倾斜。村级农村金融机构直接吸收农民的存款，形成资金池，并向基层农民提供优惠利率的贷款，此种贷款门槛较低，农民容易获得资金支持。

另外，农林渔业金融公库在向农业项目进行贷款时，具有政策性明显的特征。对于农业生产来说往往面临着贷款周期较长、投资项目收益率低、附加值低的特点，农林渔业金融公库在向农民提供贷款的时候，往往利率比市场利率要低，很大程度上减轻了农民的还款压力并降低了其贷款的利息成本。在风险防控方面，日本农村金融体系建立了运行机制较为完备的担保体系，运行模式比较成熟，使得日本的三层次的农村金融体系不但能够满足农民日常的生产经营资金需求，还能将贷款风险控制在一定的范围之内。

8.4.3 孟加拉国农村金融体系

与日本和美国农村金融体系不同的是，孟加拉国的农村金融机构体系采用了"正规金融＋民间金融"的运行模式。正规金融方面采用政府协调机构，主要包括两部分，国有银行以及金融发展机构；民间金融也主要包括两个部分，格莱珉银行以及非政府金融。格莱珉银行主要服务于一些低收入群体，通常在为低收入群体进行贷款的时候收取较低的利息；格莱珉银行还发起了农业贷款应急基金以应对较大额度的资金需求，该基金的资金池由基金成员出资。

总体来看，孟加拉国对于农业金融支持体系的管理体制较为完善。从基层实施情况来看，贷款人可以有效利用资金，并可以把控经营风险，金融部门定期展开对资金使用情况的审核，可以一定程度上做好贷款的风险防控工作，维持农村金融体系的正常运转。从政府支持力度来看，政府给予农村金融较为宽松的发展环境，一方面允许民间资本进入农村金融体系，另一方面政府资金支持力度较大，在这样一个宽松的政策环境中可以有效利用社会资金支持农业发展，有利于满足农业发展中的资金需求，促进农业持续稳定增长。信用防控措施到位，在给农户提供低利息成本的贷款同时注重信用体系的建设，违约率较低。

8.4.4 国外先进经验的启示

(1) 政府应给予大力支持，完善制度设计

农业受自然条件影响很大，存在弱质性、脆弱性、高危性等特征，从粮食安全角度出发必须保证农业的可持续、安全、高效、高质发展，必须由政府出面给予农业发展政策支持。一方面需通过基础设施等的建设来规避农业生产的风险，另一方面给予大力的资金支持，才能让农业发展资金短缺问题得到有效缓解。对于资金的供给，很大程度上由商业性金融机构提供，商业性金融机构的逐利性与农业生产的高风险性形成了矛盾，首先农业生产具有生产风险高、附加值低的特点，而商业险金融机构提供资金支持的主要目的就是获取利润收入，也正因为此，有效解决农业生产资金供给问题仅仅依靠或者以商业性金融机构为主是行不通的。因此要保障、加快农业的发展就需要政府采取一系列优惠措施，采取利率补贴、风险补偿、免税等办法。作为政府，应充分利用其国家权力机构的作用，制定相关法律法规、鼓励政策等，引导社会资金流向农业生产领域，这其中不仅仅包括商业性金融机构资金，还应包含其他类型的社会资金，只有为农业提供足够的资金支持，才能缓解农业生产发展和资金有效供给不足的窘境。

例如在上文中美国的做法，为了引导社会资金流向农业领域，以及鼓励商业性金融机构发放利农贷款，向农业及其相关产业发放贷款，并在税收方面制定优惠政策，最大程度激发了商业性金融机构的放贷热情，并在美国农村金融运行中取得了良好的效果；此外，美国政府还通过成立多种农村金融机构来满足不同农业生产者多元化需求，让不同层次农业生产者的资金需求都能最大程度上得到满足，有效提高了农村金融市场的运转效率，促进了农业生产的快速发展。日本在构建农村金融体系时，注重政府的主导作用，有效促进了农村金融体系的高效运转；成立了比较完善的农村金融体系，从担保体系构建，到贷款程序的履行，不仅可以有效防控农村金融风险，还能够有效满足农业生产者的资金需求。日本农村金融体系最大的特点就是能够针对自身精品农业的发展模式，建立符合本国农业生产发展实际情况的农村金融体系，这也是日本农村金融体系高效运转的前提之一。孟加拉国为保障农业发展所需资金，政府也采取了积极有力的措施，创立了格莱珉模式。格莱珉模式，一方面有效调动了各类型金融机构有效参与到为农业生产提供资金的贷款活动中；另一方面，在得到资金支持后，农业生产者可以有效进行利用。格莱珉模式有效缓解了农业生产资金供给不足的局面，对于促进当地农业生产顺利开展有着积极的现实意义。

（2）充分发挥农业保险的作用

农业保险是农业生产风险转嫁的主要方式之一，但由于农业保险赔付风险极大的特点，决定了农业保险必须具有政策性的特征。农业保险可以有效防范农业生产过程中的自然风险，在投保后，农民由于自然灾害等发生保险事故后，可以得到及时有效的补偿，让农业生产者能够较快地恢复再生产。由于农业保险具有赔付额极大的特点，甚至会影响到保险部门经营的稳定性，所以往往具有高额的保费与之相对应，这又与农民的承担能力相背离，多数农业保险卓有成效的国家和地区政府往往承担了很大一部分保费。另外，就我们国家的农业地区特点来看，地形复杂，且农产品品种多样，承保难度较大，所以应因地制宜地制定农业保险发展规划。就河北省太行山区来说，人们对于保险的认识还相对落后，所以应进一步加大宣传力度，提高人们对于农业保险的认知水平，加大资金支持力度鼓励开展农业保险的保险机构加入农业保险的业务当中来，有效促进农业保险市场的进一步完善和发展。

（3）因地制宜进行农村金融创新

我国幅员辽阔，地形地貌复杂多样，有平原地区、丘陵地区、半山区等，河北省太行山区属于山区、半山区地貌，规模化农业发展起来有一定困难，不易于进行机械化作业。针对这种情况，河北省太行山区应大力发展精品农业，根据自身特点不断挖掘特色生态农业发展模式，并逐步建立农民资金互助组织，参考日本精品农业模式下的金融扶持体系建设，形成不但能够满足农业生产的资金需求，而且能够有效化解自然风险的农村金融支持体系。从而为高附加值、高增长点的农业发展提供金融服务支持，进一步满足太行山区生态农业的发展需要。河北省太行山区拥有丰富的旅游资源和特色农产品资源，应做好产业融合工作，大力发展一二及一三产业融合，进一步发展农村产业链金融，丰富农村金融产品，不断创新农村金融服务。生态农业是河北省太行山区的未来发展趋势，着力打造以生态农业为特色，提高农民收入为着力点的现代农业发展模式是我国实现现代农业的需要，也是未来农业发展方向，更是向质量农业、绿色农业、有机农业转型的路径依赖。紧紧围绕生态农业的发展，做好生态资源的定价，发展生态资源抵押贷款，加大政府对生态农业支持力度等，是实现生态农业发展模式的现实需要。

8.5 加快生态农业金融扶持机制创新的对策建议

8.5.1 加快生态农业自身发展

加快生态农业集约化、规模化、产业化建设，建立健全生态农业产品从种植到销售全过程的模式体系。生态农业是农业现代化的基本要求，生态农业在运行过程中有着严格的标准和流程。在农业生产中，要严格履行农业生产的标准化流程与技术要求，科学合理的减量化使用化学药剂，如农药、化肥、饲料添加剂等，同时要基于生态理念，强调灌溉、水产养殖等方面的用水科学性和效率。此外，对于植被、牲畜的病虫害要加强检疫与防疫，避免病毒传染。注重先进技术与种植业的使用，实现良种良法，提高农业产品的质量与品质，加大农业产业化的技术推广，做好生态环境监测，严防严控生态污染物的非标准化排放，做好农业产品生产的全过程监控，提高农业产品的安全质量水平。结合山区特色，发展符合当地的农业产品品牌，从而带来品牌效应。大力扩建农业生产基地、农业生态园，联合政府、科研院所、高校、农户等主体，开拓生态农业产业化的科学技术，推动科技成果转移转化，以形成组织健全、质量优良、技术高超的农业产品生产体系。在生态农业发展进程中，农业产业化是重要的突破口和切入点，因此要创新农业利益联结机制，发挥政、企、产、学、研、用高度融合的带动作用，扩大单位或基地组织的生产规模，大力推行期货农业，让更多的农业经营主体进行密切合作，通过紧密的连接机制，实现农业产业的规模化、安全化、可持续发展。

8.5.2　优化生态农业金融扶持政策

国家首先要进行顶层设计，制定符合生态农业发展的法律法规，完善对耕地保护、污染防治、生态保护等方面的管理条例。在金融扶持政策上，要发挥政策对生态农业的针对性和有效性，国家要通过政府职权进行宏观调控，制定金融财政、税务信贷等方面的金融政策，在完全发挥金融财税的经济杠杆作用时，出台一系列支持农业生态发展的财税政策，以指导金融支持生态农业高效健康发展。并通过设立专项基金，对农业技术开发、农业产业化发展、农业生产销售等方面给予财政支持。实行定向税收减免措施，引导各类金融机构转变信贷资金投入方向，将其放入新兴的生态农业当中去，并出台一些税收优惠政策，针对商业性金融机构、政策性金融机构和合作式商业机构，鼓励他们组成金融支农的合作服务体系，推动生态农业的健康可持续发展，但由于生态农业回报周期长、风险大等特点，可对金融机构实行财政贴息政策，对向生态农业提供信贷和金融服务的机构提供贴息补偿，以使得大量的金融机构的资金流入生态农业领域，激发金融机构服务农业发展的积极性。只有强有力的金融扶持政策，才能激发各方活力，才能建立有效的农村金融市场，为生态农业的发展提供强有力的资金支持和动力源泉。

8.5.3　加快金融创新与提升金融能力

结合地域特色、产业特点、社会环境、市场结构等方面创新金融产品。金融创新是时代发展的需要，也是社会进步的表现，在发展生态农业过程中，必须以生态农业发展所需为出发点，有针对性地对现有金融体系进行创新，不断地满足生态农业在发展过程中的资金需求。可根据季节变化开发具有产品特色和针对性的金融信贷产品，像农业生产资料淡季储备等，这种方式可以根据当地的社会和自然环境特点进行开发，对农户的需求满足程度更大。此外，可以通过内外部融资的金融运行机制，发展生态农业产业链融资模式。其一依托核心龙头企业进行增信，从而提高农户进行信用贷款和抵押担保的信用，其二是以农产品作为质押，发展仓储质押贷款业务，将监管公司引入组织流程中，解决抵押担保不足的困难。此外，根据当地社会经济水平，在服务方式、组织流程、市场营销、管理监督等方面创新信贷体系，为生态农业发展提供满足多元化主体的金融需求。

8.5.4　优化生态农业金融扶持环境

首先要建立健全生态农业多元主体及利益相关者之间的合法权益，通过制定相关法律法规，形成有利于生态农业发展的金融法律体系，同时要根据法律法规加强司法和执法力度，营造安全稳定良好的农业金融法治环境。其次要建设完善农村社会信用体系，使农业主体与金融机构之间形成互相监督健康共生机制，并通过良好的风控，对生态农业的财务状况进行监督审查，评估农业收益是否足以支撑信用贷款，以实现资金风险预测及控制。同时，金融机构加大更新迭代信贷产品的力度，简化审核流程，提高金融管理水平。此外，要根据种植业、养殖业、畜牧业等产业类型，制定具有针对性的保险政策和优惠政策，不断激发生态农业多元化主体的兴趣。还可以通过设立保险保障机构，专门服务于生态农业发展，为相关主体和机构提供审核通过后的风险保障服务，以促进生态农业规范化发展，降低金融风险，营造良好的金融生态环境。

8.5.5　加快农业保险发展

由于农业保险具有高风险、高赔付的特点，结合太行山区生态农业实际发展情况，应以政策性农业保险为主。要加大农业保险补贴力度，增加政策性农业保险附加支农惠农政策，激发农户农企投保意愿。设立乡镇基层政策性农业保险服务中心，组织相关人员不定期学习，培育农业保险人才，由农林专家进行农业保险定损理赔工作，完善相关业务管理，形成规范的农业保险业务程序。做好农业保险政策宣传工作，积极推广农业保险，利用宣传标语、广播、群众会等形式传播农业保险知识，普及保险知识动员农民积极参保。政府给予保险公司农险运营补贴和相关税费优惠政策等，建立再保险制度和重大灾害风险准备金制度，有效分散风险，为保险公司进行巨额赔偿时还能平稳运营提供制度保障与政策保障，鼓励保险机构开发针对太行山区生态农业新险种，推动农险产品创新。完善农业保险服务体系、监督机制和农业保险管理系统，建立绩效评价体系，考核保险公司的理赔效率、业务创新能力等，改善农户与保险机构的关系，促进农业保险高质量发展。

积极引进商业保险机构，农业保险市场主体多元化发展，市场竞争环境能够激发保险公司活力，促进农业保险创新发展。提高保险公司职员业务水平，为农民提供专业的农业保险讲解，推荐合适的农业保险产品，避免目的性太强的产品推销，保持农业保险为农业提供保障的良好印象，维护保险公司亲民形象。保险公司要多研究太行山区农业资源禀赋与农业市场大数据，引入专业的农林技术人员，针对太行山特色农业合理设计农业保险险种、费率等。优化农险理赔程序，增加人力和技术投入，出险定损时由政府农林干部协作，避免农民与保险公司产生矛盾纠纷，提高理赔效率，改善农民对保险公司的认知态度，推进农业保险在农村地区的深入发展。

太行山区生态农业经营主体自身也要具有风险防范意识，正确对待农业保险，增进对农业保险的了解，主动学习农业保险知识，学习农业保险政策宣传手册，通过技术人员、多媒体等多种方式了解农业保险相关问题，形成农业保险风险防范观念。区分政策性农业保险与商业性农业保险，选择合适的农业保险产品组合，有效规避农业生产运营风险。农业保险政策宣传范围要扩大，要深入基层普及农业保险知识，增强农民保险意识，提高风险防范意识，推进农村保险工作顺利开展。农民农业收入提高对投保意愿有正向影响，太行山区生态农业发展水平越好，收益越高，农民越愿意增加农业投入，投保意愿越强，所以加强生态农业自身发展与加快农业保险发展要同时进行，相互促进，农业保险保障生态农业平稳健康发展，增加农民农业收入，以生态农业带来的效益互促农业保险业发展。

8.5.6 培育农民金融素养

政府加大金融政策宣传力度，重视金融教育，利用讲座、网络、电视、村民大会、村喇叭等组织村民学习基础金融知识，内容要通俗易懂，形式要别开生面，以农民喜闻乐见的方式开展，避免形式化无效学习。根据不同县域的经济发展水平制定具有针对性金融宣传计划，基层干部要深入群众，由政府专职人员为农民答疑，增强农民获得金融服务的便捷性，保持农民学习金融知识的积极性。推广农村普惠金融，提供政策优惠，鼓励农业银行、信用社、小额信贷公司等金融机构的稳步发展，改善农村金融机构服务水平，创新金融服务方式，避免群众产生排斥心理，通过金融机构宣传金融知识，将金融普及工作渗透在业务办理过程中，业务大厅有专职人员为农民讲解金融产品，改善服务方式，避免出现目的性太强的金融产品业务推销，防止农民对金融出现排斥心理。不断提升金融机构为发展太行山区生态农业服务的能力，挖掘农村金融需求潜力，加大信贷资金投入力度，满足太行山区生态农业经营主体的资金需求，促进农业发展为农民带来增收，改善农民对农村金融的认识，调动农民积极参与到金融市场中去。搞好生态农业产业链，创造经济效益和更多就业岗位，吸引年轻人回乡创业，留住人才，年轻人对金融理念接受程度较高，能够提高农业生产经营主体的平均受教育水平和金融素养水平，通过接触身边金融素养较高的熟人，耳濡目染带动农民学习了解金融知识。农民也应该认识到自身金融知识储备不足，主动提升自身金融素养，增强学习金融知识的自主性与能动性，主动学习努力运用基础金融知识和金融工具，积极参与到金融市场中去。

不仅要让农民增加金融知识，还要让农民提高金融能力。在农村的学校教育中加入金融教育，完善太行山区的金融教育体系，从学生时期抓起，从小培养学生金融能力，创造学习金融的氛围，由孩子带动家庭成员主动了解金融知识。政府鼓励农商行、小额贷等金融机构在农村发展，同时完善土地经营权抵押制度和农业风险补偿机制，促使金融机构在农村拓展业务，增加农民获得更多金融产品可能性，激发农村金融市场活力，农民能更活跃地参与金融市场，在金融活动实践中不断学习金融知识，形成正确的金融理念，将金融与农业联系起来，锻炼金融能力，助力生态农业发展。农民还可以利用互联网，通过手机、电脑学习网上金融产品，培养自己的金融能力。

发展生态农业需要农业经营主体具备良好的金融素养，农户农企能够自主应用金融知识、金融能力有效进行农业生产投资以提高农业收入，理性看待农村金融产品，选择正规融资渠道，防范非法金融活动，有效规避风险，避免高额损失。提高自身金融素养，有效利用金融增加收入，为生态农业生产经营选择最好的保障。

8.5.7　优化生态农业金融资金布局

农村金融供给侧改革，完善农村金融体系，规范生态农业金融市场，限制农村金融资金投放领域，强化农村金融为农业发展服务的理念，完善太行山区生态农业法律法规，为金融扶持生态农业发展提供法律支撑，营造良好的生态农业金融发展氛围，保护农村金融稳定健康发展，让金融为农业服务，减少资金流失。加强财政支持，完善农村产权制度，发展集体经济，为农业借贷提供担保物，完善农村金融服务，鼓励农企农户进行金融资金信贷业务。提高农村基础性金融机构覆盖率，进行农村金融机构分层，完善政策性金融机构、大型银行机构、基层金融机构和草根金融机构的组织定位，金融供给能够满足不同类型的农村金融需求。引导农村金融机构实施支持生态农业发展承诺，健全农村金融监管机制，考核农村金融机构支农绩效。

政府积极引导金融支持生态农业发展，引进商业性金融机构，提供税收优惠政策、利息补贴等，建立生态农业风险补偿机制，减轻金融机构对生态农业投资风险的担忧。支持小额信贷机构发展，形成多层次的金融组织体系，农村金融机构要以支持生态农业发展为首要任务，下沉经营重心，回归农村金融本源，在防范风险的前提下，加大对农业的信贷支持，使农村的钱应用于农村生产，避免出现农村信贷/储蓄指数低、增速慢甚至降低的情形，保证农村信贷金融资源供给。加大政策性金融机构对生态农业的支持力度，政策性金融机构要积极作为，大力发展普惠金融，增加农村信贷资金投入，制定针对太行山区生态农业的金融扶持政策，创新生态农业金融产品，为农企农户提供信贷优惠。完善农村金融服务体系，简化农企农户贷款程序，满足农村资金需求。创新农村金融制度，发展新型农村合作金融，合作社内部金融信息搜集成本几近于零，能有效克服信息不对称，避免交易费用陷阱，聚集社区内部资金，为发展生态农业提供资金保障，防止农村资金外流，同时还要拓宽农村合作金融获取金融资源的渠道，保障农村金融供给。

要想留住资金、吸引资金，还要完善太行山区生态农业自身的发展，推进农业供给侧改革，优化生态农业产业结构，充分利用太行山区农业资源禀赋，探索具有太行山区特色的生态农业发展模式，支持新型农业经营主体，应用智慧农业技术，有效防范生产经营风险，保持生态农业健康平稳发展，提高生态农业发展质量，增加生态农业产业效益，打造生态农业发展的良好前景，顺应一二三产业融合发展趋势，吸引金融机构投资，留住农村金融资源。

第9章 河北省太行山区生态农业发展的路径优化研究

多年来河北省太行山区多措并举，通过开发治理并进的发展模式，取得了显著成就，很多人认识到了生态农业的重要性及未来发展趋势，由于太行山区具有重要的生态维护功能，必须走高质量发展路径才能在有限资源禀赋基础上，通过三产融合实现供给侧结构性改革，提高土地、水资源、太阳能等要素产出率，实现帕累托最优。发挥好太行驿站等农业组织科技创新优势，捋顺山区产业结构，拓展产业链、智慧供应链、提升价值链，提高山区居民幸福指数和获得感。

9.1 生态农业发展路径优化的要求

生态农业的发展一定要以科学的指导思想为指引，同时要符合生态农业发展的要求。

一是要兼顾农业生产发展和生态环境保护。根据 2017 年《第二次全国污染源普查公报》可知农业生产过程中的污染量已远超过工业所带来的污染量，成为第一大污染源。环境是农业可持续发展的根本，也是人们赖以生存的基础保障。但是农业在生产过程中所产生的面源污染已严重影响我们的生态环境。农业作为一个有生命的产业，要通过生态农业的发展，减少化肥的使用，增加耕地的有机质，将农业由碳排放逆转为碳吸收。所以生态农业的发展必须采取更加注重资源节约、生态保育、环境友好和产品质量的农业生产方式，推动农业生产与生态环境修复同步推进、协调发展。

二是生态农业的发展需要以市场为主体，发挥政府组织的引导作用。生态农业是农业未来发展的重要方向，在政府政策指引下，结合现代市场经济发展特点，准确把握政策导向和市场机制相融合的关键点，才能更好地推动生态农业的发展。通过机制创新和制度改革，最大程度发挥市场对生态农业的推动作用。例如，通过对生态农业的一些工程项目实行利益补偿机制，保证投入主体的受益程度，有些项目可以采用签订有效合同进行拍卖、承包等方式实施，由市场对农业资源的利用和保护进行管控，在运行过程中，切实维护生态农业的整体利益。借助市场化的经营方式和多元化的社会力量来加快生态农业建设是十分必要的，但是市场主体的逐利性和生态农业的公益性之间仍然存在着矛盾，因此政府必须清醒地认识到市场机制存在的缺陷，运用多种政策手段进行干预、补偿与安排，保证市场力量的局部利益服从生态农业发展的整体利益。生态农业模式的发展建设是一项十分复杂的系统工程，需要科学合理规划、依托区域自然资源和生态诉求，重点发展、建设和推广适应当地生态、经济和社会条件的并且具有强大生命力的生态农业模式。重点发展科技含量较高、经济效益较为明显的生态农业发展模式，逐渐以高科技力量助推生态农业建设。政府在生态农业建设中充分发挥监督管理作用，采用微观政策对生态农业建设进行宏观调控。微观政策要确保管理、资金和技术满足生态农业发展的前提条件，坚持以市场需求作为生态农业发展的方向，更好满足人民群众对绿色、有机农产品的消费需求[①]，促进农业供给侧的改革。

三是生态农业要向规模化、产业化方向发展。目前，我国有 97% 的农户耕地面积不足 50 亩，所以生态农业的发展必须通过土地流转、入股、置换、外租等方式，让土地可以更大面积的集中利用。目前 80% 以上的农村青壮年劳动力从事非农就业和创业，留在农村种田的多数是 50 岁以上的中老年，他们文化程度普遍不高，生产方式较为落后，对此需要通过一些优惠政策鼓励青壮年以及大学生返乡创业，结合不同形式的培训指导，让农民提高认识，转变观念。生态农业规模化发展，可以县域为单元，对各村农民发展土地规模经营的意愿进行调查，在此基础上，选择农民意愿较高的村进行试点，由企业主体、基层干部、种养大户、合作经济组织等进行牵头，建设具备一定规模的农业生态园区，在园区经营运行过程中，及时总结经验，促进农业生态园区经济效益和生态效益的双重提升，同时带动周边村庄及周边县市进行土地规模化经营。土地规模化经营主要有以下三种方式：第一，是由村集体经济组织带领农民进行土地流转，整合土地，从而实现规模化经营；第二，由农业龙头企业、农民专业合作社和农业专业大户参与和引导土地规模化经营；第三，扶持和鼓励农户扩大连片种植面积，从而实现农业规模化运作。

相关职能部门要对农村土地流转和农业规模化经营进行积极正确地指导、监督和管理。集体资产管理部门切实负责好农村土地流转工作的问题；农委要立足经济效益、生态效益和社会效益，负责规划土地规模化经营内容以及处理经营过程中遇到的问题；财政部门负责好土地规模化经营中补贴资金的投入、使用和监督。村两委在农户和土地承包方之间应积极发挥组织协调的作用，在

---

① 马世骏，王如松．社会-经济-自然复合生态系统 [J]．生态学报，1984（01）：1-9．

农户和土地承包方讨论有关问题时，如土地流转条件、流转价格、合同期限等，应注意切实维护好双方利益，对农民意愿度较高以及土地较为成片的村庄，在建设高效生态农业园区之前，应注重铺设好前期基础条件，完善农村基础设施，包括水利、交通、供电等。同时民间组织也要充分发挥中介职能，帮助农村土地规模化经营制定相应的行业规范标准，从而提升高效农业生产的组织化程度。政府在制定扶持政策时，应充分考虑提高地区农业生态发展的内驱力。结合当地农业发展现状的差异性，分类、分级制定农业政策。省政府在宏观层面制定扶持政策，帮助促进农业规模化经营单位更好更快地发展；各县（市、区）要根据当地农业发展的实际现状，在微观层面对农业规模化经营所需的农业机械、农业设备、综合服务等方面进行完善的配套扶持。当农技推广部门有组织培训或提供生产资料时，如科技入户指导、补贴培训、农机作业、绿肥种植、有机肥、新农药、农业新品种等，土地规模化经营者享有优先学习和使用的权利。

尤其是太行山区很多地方土地分散、土质较差、面积小，实现规模化、产业化难度较大，可以结合物联网、大数据、云计算等技术，开展智慧园区建设，节约土地的同时提高单位面积产量，既保护了生态又增加旅游、体验收入。如山东寿光蔬菜产业园区，一颗西红柿经过科学管理，信息技术的应用创造了奇迹，在太行山区可以借鉴寿光的"西红柿树"，采用普通栽培番茄品种，通过多杆整枝的管理手段和科学的营养调控以及综合环境调控技术集成精心培育而成，单株冠幅可达 150 平方米以上，单株累计结果 6 000 多斤，果实风味独特、品质高。西红柿树展示了西红柿单株高产的巨大潜力，在农业观光和栽培学研究方面具有重要参考价值。此外，还有传动式多层立体轨道栽培，充分利用纵向空间，采用多层结构设计，通过自动旋转，保证了每棵植物都可以获得均匀的光照，从而有效地促进了植物生长，极大提升了蔬菜品质和产量，该模式结合营养液浇灌控制，实现每棵植株都可以通过物联网技术，现场或远程控制，利用精准定位，自动控制，实现定时浇灌、定时采收，栽培效率是其他种植方式的 3 倍以上。

生态农业的发展要建立在高效利用自然资源的基础上，结合不同地域的自然资源禀赋，选择适宜的农业种植和养殖结构，增加生态系统的多样性，从而促进生态系统稳定性的提升。将物质和能量进行分层、分级利用，提高光能和空间利用率，复合生态系统中的多样性物种，可以使有机剩余物得到充分利用，种植业的有机剩余物可以作为养殖业的饲料，养殖业的粪便可以作为种植业的肥料，减少了化学肥料的使用。借助多样性的生物也可以为有害病虫防控提供天然屏障，减少化学药剂的使用量，促进生态农业的绿色可持续发展。要在自然资源可承载的能力范围之内利用资源，合理开发利用水土资源，控制开发强度，改进农业种养结构和产业布局，减少化学肥料和药剂的使用量，增加土壤有机质含量，着力建设资源节约型、环境友好型、生态保育型农业。

四是逐步健全关于生态农业的法律法规，并在执行过程中加强监管，使之严格遵守国家有关生态经济发展的法律法规，并严格落实关于生态农业发展的政策措施，对不适用的环境保护补贴政策给予取消，建立并实施可以促进资源节约和环境保护的农业补贴政策。当前，我国虽出台了一些生态农业的支持政策，如绿色补贴政策、生态补偿、减免税和贴息、政府补助、项目基金扶持等，但是对生态农业发展建设的覆盖面仍不够广泛，实施力度也有待加强。对上述有关生态农业政策制定与实施的不足之处进行总结，在生态农业政策的整体性、广泛性方面应继续提升，同时制定更加详细的生态农业发展规划，逐步加大资金支持，同时加快《农业生态环境保护法》《生态农业补偿条例》《绿色农产品质量安全法》等配套法律的制定，加快提升和调动广大农民发展生态农业的主动性和积极性。对涉及农业资源、生态和环境方面的违法行为，给予严厉处罚，并在问题整改后，继续实行严格监督检查，部门之间可通过合作执法和联动执法，提升农业生产要素和农产品的监督力度，建立健全的举报制度，借助新闻媒体的宣传加强全社会的监督，对信息进行实时更新和及时公布。①

9.2　生态农业发展路径优化的理念

一是坚持绿色的发展理念。对农业资源进行多级利用，提高资源利用效率，从而达到节约资源的目的，扩大立体化、空间化方向的农业生产，在提升农业生产效益的同时促进农业的绿色可持续发展。通过发展循环农业进一步提高资源利用效率，如采用秸秆还田、畜禽粪便加工成有机肥等，推动形成资源节约、环境保护、效益提升的农业发展模式。统筹农产品投入使用和农业面源污染治理的发展理念。没有特别严谨科学的设计及生产过程，种养殖肯定会产生废弃物，若处理不当，就必然产生污染，这不仅仅是山区生态农业需要注意和克服的，也是平原地区农业需要解决的，因此树立生态农业理念至关重要。

二是树立生态农业发展的创新理念。生态农业属于现代农业，而非传统农业，在生态农业的发展过程中要注重新技术的应用。生态农业技术创新主要集

---

① 骆世明. 系统论、信息论和控制论与我国农业生态学的发展［J］. 中国生态农业学报（中英文），2021，29（02）：340-344.

中在农业种植结构、农牧循环、病虫害防御和治理方面，同时要注重提高土地产出率和劳动生产率，进一步优化特色农产品的布局，改善区域布局，提升农产品产业带的产业化和专业化水平，将农产品加工业由初加工转向深加工和精加工，提升一二三产业融合程度。① 依据生态学原理，在养殖业方面加强传统中医的应用，研发新的技术，考虑用中药替代抗生素，充分实现传统中医与现代养殖业发展的融合。② 现实中很多领域已经取得了显著成效，比如中药配比饲料可以降低牛、羊、猪、鸡等病害发生率，提高动物免疫力、产品质量，减轻动物异味，为健康护航。此外还需要进一步扩大测土配方施肥的使用面积，采用有机肥代替化肥、水肥一体化、施用绿肥等方式减少化肥的使用量，通过技术创新，保护土壤环境。按照生产规模与利用效率相协调、产业布局与资源条件相匹配的要求，构建具有高科技含量的农业节水技术体系。研发并推广应用特色优势生物资源，增强特色农业产业的竞争力。③ 此外，我国生态农业的发展要借鉴国外生态农业发展的成功经验，积极引进优质成熟的生态农业技术，同时我国要增加科技研发的投入，通过地方政府与高等院校之间密切的交流合作，加强自主研发能力的提升，在综合考虑技术引进与自主研发后，尽可能节省农业生产成本。同时，以物联网技术优势，提升生态农业在生产、管理、销售和服务等方面的效率，以网络环境助推生态农业的跨界融合。④

三是树立保持农业基本功能与培育多功能并重理念。在确保农业生产功能的前提下，以采摘、旅游、康养、文化等多产融合的理念，创新和拓展农业与服务业结合的新兴功能，实现经济、社会、生态的综合价值。⑤ 通过在生态农业园区中创建休闲观光农业景区、生态农庄、农家院等，发展旅游业，注重生态农业第一产业价值的同时，逐渐延伸其第三产业的价值。借助农村文化站和农家书屋在乡村中宣传讲解生态农业的基础知识和绿色的发展理念，提升乡镇居民对生态农业发展的支持力度，紧密结合当地特色农产品和乡村特色文化，借助网络电商平台、自媒体平台销售特色农产品和文化纪念品等，开发潜在的经济价值，促进生态农业的经济价值和生态价值的共同提升。

---

① 骆世明．传统农业精华与现代生态农业［J］．地理研究，2007（03）：609－615．

② 赵春江．智慧农业发展现状及战略目标研究［J］．智慧农业，2019，1（01）：1－7．

③ 骆世明．农业生态转型态势与中国生态农业建设路径［J］．中国生态农业学报，2017，25（01）：1－7．

④ 薛领，胡孝楠，陈罗烨．新世纪以来国内外生态农业综合评估研究进展［J］．中国人口·资源与环境，2016，26（06）：1－10．

⑤ 六大现代生态农业模式助推农业绿色发展［J］．北方牧业，2017（03）：15．

9.3 太行山区生态农业发展路径优化的具体措施

9.3.1 生态农业生产基地的优化

太行山区的总体区位条件较差，交通较为落后，信息相对闭塞，农业技术水平和农产品商品率均较低，是我国经济发展水平相对落后的地区，但其拥有生态条件较好，环境污染较小的优势，因此农产品有害物质含量较低，是天然的生态农业生产区，适合发展农林产品、畜农产品和干果等。偏远地区由于市场发育程度较低，经济较为落后，适宜建设绿色农业产业化生产基地。

第一，应当以大区域市场需求为导向，发展商品率高的特色农产品。生态农业新产品开发是促进农民增收的有效途径和生态农业发展的战略重点。太行山区当地政府应把这项工作放在重中之重的位置，以求真务实的作风和改革创新的精神，扎扎实实向前推进。要在切实保障和尊重农民利益、经营自主权和市场主体地位的前提下，从技术帮扶、资金倾斜、政策引导等方面，充分发挥和调动农民和龙头企业两方面的积极性。以科技创新引领生态农业的发展，提升生态农产品的品质，从而增强其市场竞争力。通过开发、引进新的现代信息技术和生物技术对传统农产品进行优化升级，突出农产品的特色，提升农产品价值与市场竞争力。同时加快建设一批高质量发展的生态农业科技示范园区，树立良好形象，充分发挥他们的引导示范作用，提升农民发展生态农业的意愿，并促进农民积极采取行动。

第二，应继续加强生态环境的保护，以及开展农业生态治理，并保持良好的环境质量。推进太行山水系林网、生态涵养区和村镇绿美廊道建设，需抓好太行山绿化和三北防护林，加大露天矿山的综合治理，并对其进行严格测评，对于没有达到安全生产标准的决不允许投入使用，积极开发森林康养旅游以及林下经济。基本农田是有限的，节约、集约利用土地是保护农田、提升要素效率的可行路径，这样才能严守环境质量底线、严控资源消耗上线、严把生态保护红线，切实加强生态监管，同时严厉打击破坏生态环境的违法行为。构建产业创新公共服务平台，拓展产业创新服务综合体服务职能。创建生态示范农场，延伸、借鉴、发挥共享经济优势，实现农产品信息可追溯、产地环境可优化、资源消耗零增长、消费者服务信息一体化。完善政府信息公布公开机制，通过建立奖惩机制，依托黑白名单制、第三方监测、预警及信息公开等链条式服务平台，加大并完善农业资源环境的基础设施建设，依托行业协会信息发布与提示，及时公布、公示农产品的质量安全状况、销售情况及效益、产地的生态环境状况、投诉等负面清单问题等，以生态、绿色、高端为品牌引领，从需求侧逆向推动供给侧结构性改革，引导生产者从事清洁农业生产，以保障消费者对安全农产品选择权、知情权、投诉权，倒逼农业生产者维护、改善、保护、优化农业生态环境，把生态农业要素注入现代农业转型升级全过程。同时产业联盟的创建助推生态农业提质增效，通过整合涉农支持单位的资源、资金、设备、项目等，集成了生态农业创新技术与管理效率，提升了生态农业组织化、协同化档次，为生态农业健康发展提供新动能，为生态农业新型经营主体的创新发展提供全链条服务的新型载体与业态。

第三，积极引进资金，运用可持续发展理念和生态农业的生产技术对传统的农业生产方式进行改造。生态农业生产过程要求严格，需要的科技含量也较高，因此需要充足的资金、先进的技术和素质较高的劳动力作为保障。统筹各类资金投入，将资金有效整合起来，推动集中连片治理，提高资金使用效率，政府出台相应的生态农业金融扶持政策和信贷支持政策，将尽可能多的金融资源引入生态农业的发展。对生态农业发展过程可能遇到的风险进行评估，并将建立风险基金和市场价格风险托底等作为生态农业发展的安全保证。制定适宜的生态农业基金支持政策，拓宽生态农业发展所需资金的来源渠道，维护好生态农业经营者的利益，为生态农业的发展提供必要的前提条件。充分发挥市场在资源配置中的决定性作用，创造良好稳定的市场环境，通过鼓励、支持和引导的方式，促进金融资本和社会资本更多地投向农业资源利用和生态环境保护等方面，促进生态农业发展资本来源多样性的形成。①

9.3.2　生态农业发展的人才质量提升

扩大生态农业在乡村中的宣传力度，帮助农民全面了解生态农业，从而带动农民参与生态农业的积极性，推动生态农业的快速健康发展。通过电视、广播、手机等大众媒体形式进行生态农业发展模式的讲解，同时选择农闲时间经常性地举办讲座，组织农业专家下乡进行座谈讲解，还可以采用线上和线下结合的方式，将生态农业的宣传深入农村基层，帮助农民了解现阶段传统农业在自然资源、经济价值和生态环境等方面存在的问题，并分析发展生态农业给农民带来的各方面益处，包括增加农民收入、改善农村生态环境等。此外，将生态农业生产、农产品销售过程中可能遇到的问题以及解决方案也如实详细地告

---

① 六大现代生态农业模式助推农业绿色发展 [J]. 北方牧业，2017（03）：15.

知农民，解决农民发展生态农业的后顾之忧。[①]

农村首先要完善基础设施，并且依靠相关有利政策吸引大型企业进驻农村，才能吸引青年人才、农业专业人才回到农村，留在农村，建设美丽乡村。对返乡的青年人才、农业专业人才给予一定的物质奖励和精神鼓励。严格公正地对村干部进行选拔，通过构建数字化平台协助高效处理农村事务。目前农村生态农业的发展需要大量农业专业人才，但是考虑到现阶段人才供给不足的现状，农村可以鼓励并培养学习能力较强、农业经营管理经验丰富、农机技术熟练的农民进行转型，通过给他们讲授理论知识、教授大型农机的实际操作，逐步锻炼他们自主学习的能力和意识，帮助他们成为新型农民，成为生态农业发展所需的人才。政府协助配齐村级农技人员，对农民进行农业技术的现场示范和推广，实施农民教育工程，通过举办讲座、交流会等，把生态农业科技信息真正送到乡镇、村庄、田间地头，促进太行山区全体农民科技素质的提升。在引进人才的同时，做好农村人才储备工作，借鉴以往免费师范生的政策，对在农业院校读书的学生减免学费，入学前签订相关协议，毕业后定向就业。生态农业的发展需要经营管理者具备创新的勇气的能力，并且能够及时掌握市场供需信息，做出正确分析和决策，推动生态农业又好又快地发展。最后政府要制定引导、鼓励优秀人才返乡的政策，通过实际利益激励返乡人员就业、创业，通过发展生态农业，让更多农民对农业发展充满信心且愿意投入。政府还要鼓励农村有胆识、有能力的人才对农业发展建言献策，积极发挥特色农业和示范企业的带头作用，带动更多农民快速发展农业产业。

9.3.3 加快支持生态农业发展的法律法规创设

制定更加多元化、全方位的农业政策，加大资金支持力度，制定细致完善的生态农业发展规划，这些为生态农业发展奠定了坚实的基础，同时还加快制定与生态农业发展配套的法律，如《绿色农产品质量安全法》《农业生态环境保护法》《生态农业补偿条例》等，从而提升农民发展生态农业的意愿和积极性。[②] ①强化生态法律政策体系并促进实施部门的系统协调。②加强法律法规配套实施的行动项目与计划。③加快基于生态补偿的生态农业激励机制建设。④强化监测方法和定量考核评价指标体系的建设。借助科技的支持，制定完善

---

① 田晓鹏. 关于中国生态农业发展的理论探讨［J］. 农业技术与装备，2020（11）：99-100，102.

② 唐志红，罗广元，阮国杰. 河西走廊生态农业新业态发展模式及对策［J］. 乡村科技，2020，11（29）：38-39.

的评价考核指标，采用科学精确的监测方法，对农产品质量、环境健康、生态安全等方面进行定量测评。⑤加强生态环境保护教育的相关法规建设。[①] 同时加强生态信用体系建设，让政府、市场、农民各层次、各环节恪守职业操守，做到有法可依，有法必依。信用体系可以提高清洁生产保证率、提高高端产品真实率、降低违规违法概率与频率、提升生态农业利润率，极大提升人们参与生态农业创意兴趣，降低突然事件比如疫情、猪瘟带来的风险及损失。

9.3.4　采用循环经济模式，提高资源利用率

美国生态经济学家鲍尔丁首先提出了生态经济，指出要以消耗最少的自然资源，同时对环境的污染也最小，实现最大的经济效益。太行山区拥有丰富的自然资源和多样化的农业产业，这为发展循环经济奠定了良好的自然基础和经济基础。目前河北太行山区已经有试行循环经济模式的产业，并且取得了显著的成果。例如，太行山区临城绿岭果业有限公司采用的林间种草、草中养鸡、鸡粪进入沼气池、沼液沼渣还田的模式，大幅度提高物质能量的利用率。此外，河北省太行山的部分地区已重点开展了农膜的回收利用与污染防治工作，如保定市印发了《保定市农业农村局 2021 年农膜回收利用工作方案》和《2021 年保定市农业面源污染防治工作方案》，全市利用广播、互联网、科技大集、技术培训等途径，先后开展地膜污染防治宣传工作。保定市涞水县作为河北省地膜回收示范县，项目建设正在有序开展，五个农膜回收点建设正在施工，农膜以旧换新已完成 2 300 斤。为落实保护耕地质量的任务，部分县开始实行化肥减量增效的具体措施，如尽可能多的用有机肥代替化肥，采用测土配方施肥，水肥一体化，通过推广物理防治、生物防治、农业防治等绿色防控技术，开展农作物病虫害专业化统防统治，促进农药控量增效。涞水县、阜平县确定为 2021 年农业农村部化肥减量增效示范县，同时被确定为化肥包装废弃物回收试点县，开展了大量的工作。畜禽养殖废弃物资源化利用，按照"一场一策"要求，提升畜禽粪污处理设施装备水平，对配套设施装备不符合要求的，落实整改措施，推行种养结合，科学消纳畜禽粪污，探索推进养殖密集区和规模以下养殖场粪污综合利用。加强与国土资源、生态环境、科学技术部门的沟通和协调，通过科技手段及实验结果，破解田间地头贮存处理粪肥（污）在国土资源、环境保护方面政策障碍，也就是通过科技部门认可的方式方法，获得土地、环保部门的认可并能通过他们与基层（县级）沟通得以实施。开展受污染耕地的治理工作，一是加强耕地土壤环境质量类别清单管理，加强部门

---

① 郑卫欣．我国高效生态农业发展的必要性和路径研究［J］．农家参谋，2020（19）：16，25．

沟通联系，进一步精准识别受污染耕地面积、分布等。二是持续落实风险管控措施。指导相关县（市、区）制定受污染耕地安全利用和严格管控实施方案，并根据农时持续落实风险管控措施，保证每季作物都得到管控。三是探索开展耕地安全利用和治理修复技术应用示范。目前已印发《2021年保定市受污染耕地安全利用工作方案》，相关县（市、区）已经按照文件要求制定《2021年安全利用工作方案》。

河北省太行山区种植业所占比重较大，所以要注重提高作物秸秆的综合利用率，调整优化秸秆综合利用结构，重点推进秸秆腐熟还田、秸秆饲料化、秸秆基料化（赤松茸种植）"三大主推技术"和"构建秸秆收储体系"。目前部分县市区已完成2020年秸秆资源台账系统填报，指导各县市区积极申报2021年项目秸秆综合利用整县推进项目和生物质基地项目，并组织专家对项目实施方案进行论证、批复，保定市制定了《保定市2021年秸秆综合利用实施方案》和《关于加强夏季秸秆综合利用工作的通知》。一是持续推进秸秆腐熟还田，提高秸秆还田质量。二是重点推广秸秆生物饲料、秸秆压块饲料、秸秆型全混合配合饲料等。三是发展以秸秆为原料的食用菌产业，以食用菌规模化发展带动秸秆基料化利用。四是构建本域全覆盖的秸秆收储运网络，逐步增强秸秆收储能力。此外，畜禽养殖业也具有较大的发展潜力，将传统注重数量的经营模式转向"资源—养殖—废弃物—再生资源"的模式。在种植业、畜禽养殖以及沼气池之间建立资源多级利用，形成食物链式的发展模式，既提高了资源的利用效率，又减少了废弃物的排放，在提升农产品绿色品质的同时，缩减了农业生产成本。循环经济模式除了在农业生产中节约资源，提升价值以外，还可以通过发展休闲农业观光点，让来自城市中的游客欣赏体会乡村风情，品味乡村文化，了解美丽乡村，进一步增加农民收益。创造有利条件，积极申请国家级和省级有关项目的支持，打造和拓展种养循环农业示范区。

9.3.5 整合资源打造特色品牌，绿色产品质量标准化

打造优质品牌农业的特色基地建设，推进特色农产品优势区示范与推广，重点支持和打造河北省太行山区农产品区域公用品牌，将县区级区域公用品牌列入河北省太行山区重点打造品牌名录。持续提升河北省太行山区地理标志农产品市场影响力和美誉度，提高农产品竞争力。支持企业自主创新，开发高端产品，增强企业品牌科技含量。与阿里巴巴、京东商城等知名电商合作，开辟网上特色馆，开通即时线下配送服务，实现社区直达，满足城市消费需求。积极对接央视媒体，对优秀农业企业、农业创业项目、优质农产品等进行集中宣传报道。积极筹办各类品牌宣传活动，积极创新品牌形式。

河北省太行山区绿色产业类型多样，空间分布广泛且较为分散，目前多数产业由于经营方式不完善、资源利用不充分等问题，阻碍了山区特色产业的延伸和农业的可持续发展。太行山区可以通过采取以下四个方面的措施，做好战略规划，推进农业绿色产业化发展进程，将山区特色品牌做大做强。第一，太行山区政府要通过制定优惠政策，加大资金扶持力度，扩大招商引资力度，吸引科技含量高且农业特色产品发展较好的龙头企业进驻太行山区，开发附加值高的绿色农产品，以此带动太行山区特色产业的发展。第二，政府积极组织农业产业的宣传教育和培训活动，太行山区农户由于常年在山区，对经济知识和科技含量较高的技术缺乏了解，但是它们是山区农业经营主体，所以要提高它们对生态农业发展模式的了解程度，政府可以鼓励科研院所、高校组建科技特派员或科技特派团，利用二者的资源优势、研发优势、学科优势、人才优势，通过多渠道、多元化、数字化、平台化、整合化等方式引导农户合理开发利用当地绿色资源，进行集约化生产经营。第三，严格把控绿色产品质量，进行标准化生产，提升特色农产品的竞争力。在农业产前、产中、产后各环节均采用标准化的管理，进一步完善农产品标准化体系，大力推进农产品质量安全追溯管理系统建设，构建农产品产地准出和市场准入的监管衔接机制，保证上市销售农产品基本实现"生产有记录、信息可查询、流通可追踪"，推进主要农产品产地检验检测全覆盖。促进太行山区农民绿色标准意识的提升，参考国内外农业产业标准，制定实用性强且操作性强的绿色标准规程，改善安全标准生产的配套服务，推进山区绿色标准生产进程。第四，在龙头企业的带动下建立绿色标准化生产示范基地，让太行山区更多特色产品加入绿色标准化生产的进程中。

目前，太行山区仍以第一产业和第二产业的发展为主，深山区更是以种植业和养殖业为主，传统农业主要是根据山区自然地理优势，近年来太行山区逐步发展自己的优势产业，包括顺平桃子、阜平大枣、灵寿食用菌和甘薯、阜平香菇、岗底苹果、绿岭核桃等，已经形成自己特有品牌，而且很多特色农产品实现了溢价。考虑到对生态环境的影响，太行山区养殖业的模式也在逐步进行调整，从而减轻对环境的压力，有些地区已采用种养结合的发展模式。近年来，太行山区依托农业规模化生产，开始逐渐发展与现代旅游业相结合的观光农业，可以在完成农业生产的同时，改善生态环境，拓展乡村游乐功能，农民可以获得农业在生产和观光层面的双重收益。实施休闲农业和乡村旅游精品工程，结合农业结构调整，创建一批特色休闲农业精品线路，打造绿色生态环保的休闲农业产业链。

第 10 章　结论和建议

通过对河北省太行山区生态农业现状的总结、归纳、分析，发现了一些普遍问题并针对具体问题进行了剖析，提出了一系列生态农业发展模式、特色、优势，归纳总结了国内外生态农业发展取得成绩的典型案例，为河北省太行山区生态农业高质量发展提供了借鉴和参考，并为河北省太行山区生态农业高质量发展指明了方向。

(1) 发挥农业多功能性，激活山区综合发展动能

随着信息技术日益精准，数字农业、平台农业、品牌农业、绿色农业、质量农业、生态农业等逐渐兴盛，从精准扶贫到乡村振兴承载生态文明转型的重任，农业的多功能性激活了山区经济、生态、社会综合发展新动能，实现了观光、采摘、体验、康养于一体的休闲农业和生态农业，推进了一二三产业融合发展，比如富岗苹果从不值钱卖到了 100 元一个，集农业的标准化、信息化、智能化、绿色化为一身，打造生态农业新范式。从供给侧结构性改革推动三产融合发展，充分利用山区自然资源禀赋，执行 128 道工序，严把生态质量关，极大提高果农收入，稳固了精准脱贫成果，奠定了乡村振兴的物质、技术、人才、资金基础，充分利用了国内外两个市场，逐步实现共同富裕。同时重视山区文化、历史积淀，挖掘文化元素注入乡村创意题材，发展创意农业，增值山区农产品价值，借力太行高速公路优势，突破山区发展的瓶颈，激活山区综合发展动能与业态，满足现代市场经济中人们对物质、文化、精神高品质需求。

(2) 培育生态农业优质品牌，发挥品牌溢价功效

品牌是生态农产品竞争实力和发展潜力的集中体现。中国经济已经由高速增长步入高质量发展新时代，品牌拉动经济发展是大势所趋。提升品牌价值和影响力，不仅是我们在市场竞争中必须争夺的制高点，也是目前推进供给侧结构性改革的重要战略举措。充分利用山区资源的优势，结合当地特色，围绕现代制种、蔬菜瓜果、特色林果、食药同源、草食畜牧、农畜加工等六大主导产业，依托产业化龙头企业、产业联盟、行业协会，探索建立生态农产品品牌目录制度，积极打造特色优势，改造提升传统名优品牌，发布河北省太行山区区域公用品牌，将山区产业优势充分转化为品牌优势与发展优势。提高生态农产品品质、注重农产品的创新、进行合理的产品定位、制定合理的价格方案是发挥好品牌溢价功效的基础。与此同时，品牌更需具有一些独特的东西（比如故事、理念、联想等），建立鲜明的品牌区隔，给予消费者丰满的附加价值，引发消费者对于美好生活的向往，这样才能充分发挥品牌溢价的功效。

（3）挖掘综合优势，刺激生态农业高质量发展

山区沟岭纵横的地貌，既给农业发展带来严重制约，又给发展生态农业提供了优质、独特的自然有利条件。山区不同海拔、高度、坡度、气候、土壤、地质母岩，打造了生物多样性特质，维护了生态农业可持续发展所需要的物理、种群、生态环境，可以从种植业、养殖业、加工业等挖掘综合优势，形成循环经济产业链条，汲取大山泉水、矿物质、绿色无污染有机质、清新空气，开发成具有不同优势的有机、优质、特色、功能的农产品、康养品。利用现代物流，整合山区的综合优势，追求更大的经济效益、更少的资源消耗、更低的环境污染和更多的劳动就业。在"绿水青山就是金山银山"的政策指导下，借力太行驿站普惠影响合理优化发展路径，把保护生态环境、提高经济效益、扩大就业、增加农民收入几个方面统筹考量，刺激生态农业高质量发展，有效提高山区资源的循环利用率和资源产出率。

（4）优化生态环境，助力生态农业可持续

生态资源的有限性、可贵性、稀缺性警示人们必须不能单纯追求经济利益，把资源定价结合市场，采取切实可行政策措施，助力生态环境友好优化。生态农业着重农业生态系统总体效益的提高和产出结构的优化，突出生态系统各要素的整体性、高效性、协调性、综合性的有机统一，强调经济效益、社会效益和生态效益的统一，是协调经济发展与资源利用、环境保护之间的关系，形成经济、资源、生态彼此之间的良性循环。生态环境是重要资本，从生态修复入手，变单纯的恢复治理生态环境为经营生态环境，实现生态效益、经济效益与社会效益的共赢和提升。一些山区乍看起来生态良好、郁郁葱葱，实际上生态环境脆弱，如过度砍伐获取了一时的经济效益，但却引致滑坡、泥石流、物种减少等一系列"灾难"，众所周知，要恢复原有生态要付出百倍甚至千倍代价，抑或不能完整修复。山区发展要从靠山吃山、靠水吃水转向靠山养山、养山吃山、靠水养水、养水吃水。要把自然界良性循环的生态规律引入整个经济运行的大系统、社会运行的大系统中，组织多方力量共同破解发展生态农业、有机农业所需肥料、药物、饲料等环境友好投入品的难题，要大力发展绿色化肥，大量施用农家肥和沼液、沼渣、菌渣、蚯蚓粪等各种有机肥。在洁净的土地上，用洁净的生产方式发展生态农业，助力生态农业的可持续发展。

（5）优化生态补偿机制，为共同富裕奠定基础

长时间以资源粗放型的发展模式为主，造成了太行山区有些地方资源消耗巨大、环境污染严重的局面，而且山区和收入较低的地区重叠程度很高，农民生活水平普遍偏低，因此，构建出一套以生态系统的服务功能为科学基础，切实可行的生态补偿机制，研究整个太行山区内资源的利用效率和生态的经济互补性尤为重要。划分生态功能保护区，建立森林生态圈、引入市场机制，优化生态补偿模式、拓宽资金来源渠道，建立生态补偿基金、加强地域合作，建立跨界补偿机制、规范生态补偿制度，建立有效的监督机制、建立环保数据共享平台，实现联防联控、完善奖惩机制，激发生态补偿内在动力优化生态补偿路径。健全太行山区内生态林补偿机制，有助于国家重点生态功能区提高经济发展水平，实现乡村振兴，才能为共同富裕奠定基础。

参 考 文 献

安国强，黄海浩，刘沼，孔凡彪，刘凯，徐跃通，2022. 中国土地利用与生态系统服务价值评估研究进展 [J]. 济南大学学报（自然科学版），36（01）：28-37.

白清敏，2021. 南阳市沼气生态循环农业发展现状存在问题及对策 [J]. 安徽农业科学，49（01）：214-217.

鲍铁辉，孙保权，齐恒玉，等，2016. 发展林粮菌复合系统的意义及发展趋势 [J]. 防护林科技（5）：50.

曹宝群，2014. 湖北省龙感湖沼气发电工程现状调查与思考 [J]. 农业工程技术（新能源产业）（07）：27-33.

曹淑娟，谢彦，刘世伟，2021. 永宁县农业废弃物资源化利用模式探讨 [J]. 宁夏农林科技，61（4）：30.

陈欢欢，2020. "互联网＋农业"发展的瓶颈及创新路径 [J]. 人民论坛·学术前沿（18）：124-127.

陈利洪，闫云，李莹，2017. 我国农业废弃物沼气生产现状 模式 主要问题分析 [J]. 安徽农业科学，45（30）：67-70.

陈培彬，张精，曾芳芳，朱朝枝，2019. 基于主成分分析的浙江省生态农业综合效益评价 [J]. 浙江农业科学，60（08）：1345-1349.

陈学法，王传彬，2010. 论企业与农户间利益联结机制的变迁 [J]. 理论探讨（01）：83-86.

陈豫，杨改河，冯永忠，任广鑫，2008. "四位一体"生态农业模式区域适宜性评价与实证研究 [J]. 西北农林科技大学学报（自然科学版）（09）：45-50.

程磊磊，郭浩，卢琦，2013. 荒漠生态系统服务价值评估研究进展 [J]. 中国沙漠，33（01）：281-287.

程亮，胡礼伟，余玉珠，2012. 钦廉林场谱写林下经济新篇章——林—草—牧—沼循环发展模式的有益实践 [J]. 中国林业（04）：24.

程琳琳，黄婷，刘焱序，2019. 基于改进价值当量因子的1992—2015年青藏高原生态系统服务价值演化分析 [J]. 水土保持通报，39（05）：242-248，345-346.

迟茜，白雪飞，2008. 蒙牛澳亚示范牧场大型沼气发电综合利用必要性研究 [J]. 农村牧区机械化（01）：39-40.

崔军，2011. 低碳技术在现代循环农业中的应用模式研究及案例分析 [J]. 可再生能源，29（6）：163.

崔文超，焦雯珺，闵庆文，吴敏芳，孙业红，2020. 基于碳足迹的传统农业系统环境影响评价——以青田稻鱼共生系统为例 [J]. 生态学报，40（13）：4362-4370.

戴清秀，王鹏程，2019. 低碳背景下四位一体循环农业模式研究——以新疆南疆棉花秸秆资源循环利用为例 [J]. 塔里木大学学报，31（01）：64-74.

邓强辉，潘晓华，吴建富，石庆华，2007. 稻鸭共育生态效应及经济效益 [J]. 生态学杂志（04）：582-586.

地道农旅. 休闲观光类农业园，"天下第一村"江苏华西村如何化挑战为大发展！[EB/OL]. https：//www.sohu.com/a/319880722_120086998.

杜金鸿，刘方正，周越，张立博，冯春婷，王伟，2019. 自然保护地生态系统服务价值评估研究进展 [J]. 环境科学研究，32（09）：1475-1482.

杜英杰，2019. 襄城县桃之源沼气生态循环农业模式 [J]. 河南农业（25）：24.

樊彩平，2019. "精细农业"的实践与农业科技创新 [J]. 农家参谋（16）：88.

方志仿，2011. 浅谈森林生态系统服务价值评估方法研究进展 [J]. 山西建筑，37（19）：191-192.

冯鲁文，2020. 基于当量因子的土地经济价值 AHP 评估 [J]. 技术与市场，27（01）：64-65.

弗里曼，2006. 战略管理：利益相关者方法 [M]. 上海：上海译文出版社.

高书凝，胡丹，苏春硕，张婷，郅梦成，刘进辉，2021. 发展种养结合生态农业模式的可行性分析 [J]. 湖南畜牧兽医（06）：12-14.

葛天航，2020. 辽宁省生态循环农业发展存在的问题及对策 [J]. 农家参谋（18）：14，18.

顾冬冬，关付新，2020. 耕地流转、土地调整与小麦种植技术效率分析——基于随机前沿生产函数和 Tobit 模型的实证 [J]. 农业现代化研究，41（6）：988-998.

郭素萍. 太行山干旱丘陵区果草畜结合的立体生态型农业发展模式研究 [D]. 保定：河北农业大学.

郭显鹏，黄应绘，2022. 生态农业、乡村旅游和乡村振兴协调性研究——以重庆市为例 [J]. 湖北农业科学，61（02）：29-34.

郭晓娜，董喜涛，2020. 河南省高效生态农业发展模式研究 [J]. 安徽农业科学，48（14）：244-247.

国内休闲农业规划四大经典案例 [EB/OL]. https：//news.cnhnb.com/rdzx/detail/87568/.

韩大勇，王步忠，费利民，吴红，缪国辰，裴森，2020. 基于种养结合循环模式的家庭农场效益评价——以江苏西来原生态农业有限公司为例 [J]. 安徽农学通报，26（22）：24-26，90.

郝耕，孙维佳，2020. 农业生产方式变革是乡村振兴的根本出路 [J]. 西安财经大学学报，33（06）：66-74.

郝文革，2012. 用现代农业思维认识绿色农业树立发展农村经济新理念 [J]. 农业部管理干部学院学报（04）：74-82.

何琼，杨敏丽，2017. 基于国外循环农业理念对发展中国特色生态农业经济的启示 [J]. 世界农业（02）：21-25，36.

胡启兵，2007. 日本发展生态农业的经验 [J]. 经济纵横 (21)：64 - 66.

胡涛，齐晔，孙鸿良，2021. 中国生态农业四十年：回顾与展望——纪念生态农业理念倡导者马世骏先生逝世 30 周年 [J]. 中国生态农业学报 (中英文)，29 (12)：2107 - 2115.

胡晓燕，于法稳，徐湘博，2022. 用效益转移法评估生态系统服务价值：研究进展、挑战及展望 [J]. 长江流域资源与环境，31 (09)：1963 - 1974.

姜力玮，李绍辉，陈强强，2020. 甘肃省农业生态系统可持续性评价 [J]. 新疆农垦经济 (08)：23 - 30.

蒋高明，郑延海，吴光磊，等，2017. 产量与经济效益共赢的高效生态农业模式：以弘毅生态农场为例 [J]. 科学通报，62 (04)：289 - 297.

李登科，2002. 美国农业与农业科技发展 [J]. 陕西气象 (1)：47.

李国飞，徐广才，邱明明，2016. 涞水县太行山区山地特色农业发展研究 [J]. 湖南农业科学 (07)：106 - 111.

李佶椿，张春林，路红梅，2014. 招远市大户陈家小流域综合治理开发模式 [J]. 山东水利 (04)：9 - 10.

李金才，邱建军，任天志，孙贝烈，郭继业，2009. 北方"四位一体"生态农业模式功能与效益分析研究 [J]. 中国农业资源与区划，30 (03)：46 - 50.

李麦泥，2022. 基于人工智能技术的生态农业特色旅游的研究 [J]. 南方农机，53 (04)：112 - 115.

李娜，2015. 日本农业废弃物循环利用及产业发展的经验与启示 [J]. 世界农业 (08)：162 - 166.

李淑英，刘志军，2010. 向"菜篮子"要效益 [N]. 邯郸日报 (04).

李文斌，胡涵，王昌梅，尹芳，赵兴玲，吴凯，柳静，杨红，张无敌，2019. 种养结合生态农业模式探析 [J]. 现代农业科技 (13)：189 - 190.

李文华，刘某承，闵庆文，2010. 中国生态农业的发展与展望 [J]. 资源科学，32 (06)：1015 - 1021.

李文杰，张时煌，王辉民，2011. 基于 GIS 和遥感技术的生态系统服务价值评估研究进展 [J]. 应用生态学报，22 (12)：3358 - 3364.

李晓红，2017. 国际生态农业旅游的模式比较与启示 [J]. 改革与战略 (9)：200.

李晓红，等，2006. 国外节约型农业模式对我国农业的启示 [J]. 商场现代化 (8)：157.

李雪梅，李桂林，2009. 浅谈农作物的间作、轮作和套作 [J]. 生物学教学，34 (04)：68 - 69.

李英，王治良，罗金明，刘复刚，王香红，李智慧，2020. 基于当量因子法的嫩江流域生态系统服务价值再评估 [J]. 高师理科学刊，40 (02)：56 - 62.

李宇亮，温荣伟，陈克亮，2017. 海洋生态系统服务价值研究进展 [J]. 生态经济，33 (06)：120 - 126.

李志翠，2010. 新疆农业区域差异与生态农业产业化模式分区设计 [J]. 新疆农垦经济

（03）：57-62.

李治兵，沈涛，肖怡然，张江峰，刘越铭，2020. 西北地区农业生态和经济系统协调发展研究 [J]. 中国农业资源与区划，41（12）：237-244.

梁吉义，2018. 林果地粮经立体种植生态农业模式与案例 [J]. 科学种养（09）：60-62.

林爱红，张建芬，李东伟，2011. 新郑市林业生态效益评价 [J]. 安徽农学通报（上半月刊），17（15）：166-167.

林东平，张海峰，2017. 基于模糊数学的我国生态农业效益分析 [J]. 江苏农业科学，45（14）：277-280.

蔺全录，包惠玲，王馨雅，2016. 美国、德国和日本发展家庭农场的经验及对中国的启示 [J]. 世界农业（11）：156-162.

刘绍吉，2011. 农业产业化经营利益联结机制比较研究——以云南曲靖为例 [J]. 安徽农业科学，39（24）：15075-15076，15079.

刘思华，1989. 理论生态经济学若干问题研究 [M]. 南宁：广西人民出版社.

刘文胜，2020. 基于生态农业区划的安徽省农田水利建设效益评价研究 [J]. 水利技术监督（06）：144-145，164，208.

刘星辰，杨振山，2011. 日本稻作生态农业发展途径与模式 [J]. 经济地理，31（11）：1891-1896.

刘彦，张晓敏. 荷兰怎样发展高效生态农业 [N]. 学习时报，2021-11-19（002）.

刘洋，2016. 生态系统服务时空分异特征及驱动力研究 [D]. 南京：南京大学.

刘影，杜小龙，邹萌萌，张静静，李建龙，2017. 各类生态系统功能与生态服务价值定量评估的理论与方法研究进展 [J]. 天津农业科学，23（11）：106-112.

刘永，刘勇，李纯厚，黄洪辉，齐占会，陆琴燕，2011. 湿地生态系统服务价值评估研究进展与展望 [J]. 广东农业科学，38（24）：132-135.

刘云云，2018. 广西生态农业现状及效益分析 [D]. 南宁：广西大学.

刘振波，2007. 户用沼气内燃机及其发电装置试验研究 [D]. 郑州：河南农业大学.

刘振波，徐广印，杨群发，陈亮，夏祖印，张全国，2007. 户用沼气发电装置的设计与研究 [J]. 河南农业大学学报（03）：333-337.

刘征，赵晴，2011. 太行山生态脆弱区农业经济—资源—生态系统协调发展研究——以行唐县为例 [J]. 石家庄学院学报，13（03）：36-40.

柳妍，王鹏，2016. "互联网+"背景下生态农业发展路径研究——以武汉市广地农业科技有限责任公司为例 [J]. 现代商贸工业，37（20）：12-13.

六大现代生态农业模式助推农业绿色发展 [J]. 北方牧业，2017（03）：15.

卢春华，2009. 农业产业化经营利益联结机制构建 [J]. 延边大学学报（6）：114.

罗冰凌，2020. 张掖市生态农业发展水平评价研究 [D]. 兰州：甘肃农业大学.

罗旭辉，卢新坤，刘岑薇，张丽君，陈恩，Gordon W. Price，翁伯琦，2019. 基于能值分析的蜜柚园生草模式生态经济效益评价 [J]. 中国生态农业学报（中英文），27（12）：1916-1924.

骆世明，1997. 以生态农业建设作为发展农业经济的龙头［J］. 广东经济（06）：30-31.

骆世明，2007. 传统农业精华与现代生态农业［J］. 地理研究（03）：609-615.

骆世明，2009. 论生态农业模式的基本类型［J］. 中国生态农业学报，17（03）：405-409.

骆世明，2017. 农业生态转型态势与中国生态农业建设路径［J］. 中国生态农业学报，25
　　（01）：1-7.

骆世明，2021. 系统论、信息论和控制论与我国农业生态学的发展［J］. 中国生态农业学
　　报（中英文），29（02）：340-344.

马世俊，李松华，1987. 中国的农业生态工程［M］. 北京：科学出版社.

马世骏，王如松，1984. 社会—经济—自然复合生态系统［J］. 生态学报（01）：1-9.

马崎英，王红，周大迈，2012. 太行山区农业生态经济开发战略研究［J］. 河北农业大学
　　学报（农林教育版），14（06）：1-4.

孟范平，李睿倩，2011. 基于能值分析的滨海湿地生态系统服务价值定量化研究进展［J］.
　　长江流域资源与环境，20（S1）：74-80.

孟菲，2021. 探析生态观光农业经济发展现状及技术措施［J］. 黑龙江粮食（11）：59-60.

闵庆文，2006. 全球重要农业文化遗产——一种新的世界遗产类型［J］. 资源科学（04）：
　　206-208.

闵庆文，2020. 重要农业文化遗产及其保护研究的优先领域、问题与对策［J］. 中国生态
　　农业学报（中英文），28（09）：1285-1293.

农业部重点推广的十大生态农业模式及配套技术［J］. 世界热带农业信息，2017（04）：
　　20-22.

农一帮. 生态循环农业：农业＋科技新模式［EB/OL］. https：//view. inews. qq. com/
　　a/20220207A031PX00.

欧亚丽，2014. 太行山区生态观光农业资源现状与开发对策——以邢台市为例［J］. 邢台
　　职业技术学院学报，31（06）：82-83.

潘冬荣，闫浩文，韩天虎，孙斌，姜佳昌，柳小妮，李霞，王红霞，2021. 基于当量因子
　　法的甘肃省草原生态系统服务价值评估［J］. 草业科学，38（09）：1860-1868.

潘发存，2018. 餐厨垃圾资源化利用产沼气发电的生命周期评价［D］. 南宁：广西大学.

逢锦彩，2010. 日、美、法现代农业比较研究［D］. 长春：吉林大学.

裴孟杰，陈中义，史玉虎，周文昌，2022. 基于当量因子法评估不同时期洪湖湿地生态系
　　统服务价值［J］. 湖北大学学报（自然科学版），44（02）：154-161.

普琼，郝明德，史培，陈旭，2010. 长武县生态农业建设效益评价［J］. 水土保持通报，
　　30（05）：168-172.

钱林清，1979. 从光照条件看小麦玉米套作行向和带宽的确定［J］. 山西农业科学（02）：
　　13-15.

黔农在线. 370选10! 农业部重点推广这10大生态农业模式［EB/OL］. https：//mp.
　　weixin. qq. com/s?＿＿biz＝MzAxNzgzMDY3MQ==&mid＝2652152049&idx＝5&sn
　　＝d5189928b28fa97f83f3c96a59b91873&chksm＝803f8691b7480f87ec7396c37ba6ebd96bdcf

67a40128c5cfc932e3f05229cb289de4e8138ea&-scene＝27.

曲福田，1987. 农业生态经济评价及其指标体系探讨 ［J］. 农业经济问题（04）：31－34.

全斌，李壁成，陈其春，2010. 日本"MIDORI"模式对华南现代都市生态农业发展的启示
［J］. 热带地理，30（01）：50－56.

邵辉军，2017. 小麦玉米套作水分利用研究进展 ［J］. 石河子科技（04）：1－2，5.

邵卫东，陈末，刘浩然，2021. 功能价值法和当量因子法在生态价值核算中的比较 ［J］.
农业与技术，41（01）：105－107.

世界领先的现代农业新模式 ［J］. 农业科技与装备，2021（5）：3.

孙宝娣，崔丽娟，李伟，康晓明，张曼胤，2018. 湿地生态系统服务价值评估的空间尺度
转换研究进展 ［J］. 生态学报，38（08）：2607－2615.

孙凡，2018. 台湾中东部地区休闲农业园区景观设计研究 ［D］. 无锡：江南大学.

孙刚云，陈建波，2014. 浅谈沼气发电工程及气体的净化处理与安全输送 ［J］. 山东工业
技术（22）：85－87.

孙鸿良，2007. 生态技术进步造就了作物高产不衰的典型——重访青海香日德地区春小麦
高产田的启示 ［J］. 中国生态农业学报（02）：181－183.

孙鸿良，齐晔，2017. 从生态农业到生态文明建设——纪念马世骏先生诞辰100周年暨生
态工程理念发表36周年 ［J］. 中国生态农业学报，25（01）：8－12.

孙鸿良，齐晔，顾武，李博，1986. 生态农业效益综合评价的原则方法与指标体系 ［J］.
农业现代化研究（03）：26－29.

孙锦华，2008. 清洁发展机制项目研究与案例分析 ［D］. 大连：大连海事大学.

孙黎康，2016. 四川省生态农业绩效评价指标体系的构建 ［J］. 时代金融（23）：58，62.

汤丽斌，2011. 福建省农业循环经济发展模式的选择 ［J］. 宁德师专学报（哲学社会科学
版（04）：58.

唐国滔，姚焕玫，李小明，覃楠钧，顾富敏，2012. 生态系统服务价值评估的研究进展
［C］//. Proceedings of Conference on Environmental Pollution and Public Health（CEPPH
2012）：588－592.

唐志红，罗广元，阮国杰，2020. 河西走廊生态农业新业态发展模式及对策 ［J］. 乡村科
技，11（29）：38－39.

陶庆华，李颖，2018. 农业生态观光旅游发展模式现状及优化策略 ［J］. 农业工程，8
（12）：129－131.

陶卫民，陈媛，2000. 荷兰的设施农业 ［J］. 新农村（11）：24.

田晓鹏，2020. 关于中国生态农业发展的理论探讨 ［J］. 农业技术与装备（11）：99－
100，102.

王春华，赵忠良，闫景凤，2020. 秸秆"三化"复用还田生态农业模式初探 ［J］. 农机使
用与维修（07）：7－8.

王翠平，2018. 农业生态旅游资源评价体系实证研究——以"太行山大峡谷景区"为例
［J］. 中国农业资源与区划，39（01）：66－70，98.

王东飞，2013. 基于生态循环理论的村镇生物质能源消费分析及规划利用研究［D］. 泰安：山东农业大学.

王宏，闫慧玲，李为民，李艳，李仁娜，2020. 商南县建设生态农业问题及对策［J］. 绿色科技（15）：151－152，155.

王莉玮，王春丽，易廷辉，卞京军，2018. 重庆市生态农业建设实践与模式分析［J］. 现代农业科技（10）：240－242.

王丽丽，2012. 沼气产业化基本理论与大中型沼气工程资源配置优化研究［D］. 长春：吉林大学.

王璐，2022. 体验经济视角下生态农业绿色营销困境与对策［J］. 山西农经（02）：151－153.

王乃亮，李雪丽，陶伟，魏婧，黄慧，王鹏，2022. 生态系统服务功能价值评估研究进展［J］. 绿色科技，24（10）：44－49.

王树刚，曹家平，窦军，葛维佳，2021. 美丽乡村建设途径探析——以河北邢台白牛生态农业产业园为例［J］. 农村·农业·农民（B版）（03）：15－16.

王涌权，2019. 生态农业的发展模式研究综述［J］. 中国商论（08）：207－209.

卫进东，马喜珍，2014. 河北省太行山区生态经济型产业群构建模式研究——以农业产业群为例［J］. 河北软件职业技术学院学报，16（01）：17－19，23.

尉郁，杨平宇，2018. 日本生态农业的新模式研究［J］. 世界农业（05）：138－143.

魏中辉，付学谦，2021. 以色列现代农业用能对我国建设农业能源互联网的启示［J］. 电力需求侧管理，23（04）：20，21.

吴群，2013. 农业废弃物资源化利用的现实意义与对策建议［J］. 现代经济探讨（10）：3.

吴素文，宋军，张燕，袁泽轶，张跃，2022. 海洋生态系统服务价值及评估研究进展［J］. 海洋预报，39（01）：104－116.

吴晓燕，许海云，宋琪，陈方，丁陈君，郑颖，2020. 精准农业领域专利竞争态势分析［J］. 世界科技研究与发展，42（01）：64－78.

吴玉峰，李霞，李翠香，刘巧英，2010. "四位一体"生态农业模式的效益分析［J］. 内蒙古科技与经济（13）：46－47.

现代农业规划. 日本农业循环经济的发展模式及经验借鉴［EB/OL］.［2018－08－28］. https://f. qianzhan. com/xiandainongye/detail/180828－4c580269. html.

谢斐，2013. 生态系统服务价值评估理论的发展现状［J］. 经济研究刊（16）：207－209.

谢高地，张彩霞，张雷明，陈文辉，李士美，2015. 基于单位面积价值当量因子的生态系统服务价值化方法改进［J］. 自然资源学报，30（08）：1243－1254.

谢艺，汪正祥，雷耘，等，2009. 自然保护区庭院生态农业发展模式与效益分析——以湖北七姊妹山张记华户庭院经济为个案［J］. 环境科学与管理（05）：150－153.

辛红霞，2011. 种草养畜的高效生态农业模式研究［D］. 南京：南京农业大学.

辛绣程，支玲，谢彦明，张媛，2017. 基于单位面积价值当量因子法的西部天保工程区生态服务价值测算——以西部六省份为例［J］. 生态经济，33（09）：195－199.

熊鹰，2021. 基于价值当量因子分析的四川省农业生态系统服务价值评价研究 ［J］. 中国农学通报，37（02）：154-160.

徐晓秋，王钢，刘伟，李北城，秦国辉，2011. 畜禽粪便厌氧消化沼气发电行业的现状分析 ［J］. 应用能源技术（06）：1-3.

薛领，胡孝楠，陈罗烨，2016. 新世纪以来国内外生态农业综合评估研究进展 ［J］. 中国人口·资源与环境，26（06）：1-10.

薛明皋，邢路，王晓艳，2018. 中国土地生态系统服务当量因子空间修正及价值评估 ［J］. 中国土地科学，32（09）：81-88.

颜春起，高歌阳，王玉坤，1987. 生态农业效益评价指标体系探讨 ［J］. 自然资源研究（03）：24-31.

颜复文，2021. 我国生态农业模式分析及发展观念的哲学反思 ［J］. 现代化农业（03）：55-58.

阳丽芳，2020. 赣西生态农业系统协同演化研究 ［J］. 营销界（51）：94-95.

姚晓雅，2017. 德国：每个农民年收入 24 万元人民币，国家补贴占七成 ［J］. 营销界（农资与市场）（22）：53-55.

易霞仔，王震，2012. 能源农业战略研究 ［J］. 世界农业（4）：2.

殷楠，王帅，刘焱序，2021. 生态系统服务价值评估：研究进展与展望 ［J］. 生态学杂志，40（01）：233-244.

尤丹，2020. 玉米花生间作对花生生长的影响 ［J］. 园艺与种苗，40（11）：38-40.

于晓. 日本爱东町循环农业为何如此成功？中国要学习哪些 ［EB/OL］. https：//baijiahao. baidu. com/s？id=1643307333638248395&wfr=spider&for=pc.

虞依娜，徐曼，叶有华，2020. 近 5 年森林生态系统服务价值评估研究进展——基于 CiteSpace 文献计量学分析方法 ［J］. 生态环境学报，29（02）：421-428.

袁平夫，叶仁南，曾长荣，胡晓青，2006. 生态农业综合效益评价方法探析 ［J］. 中国生态农业学报（03）：184-187.

曾梦婷，李志刚，2021. 基于改进价值当量因子的北京市生态—经济协调度实证分析 ［J］. 生态经济，37（04）：163-169.

翟挺楷，储玉凡，林碧英，钟路明，2020. 生态农业模式和技术研究进展 ［J］. 福建热作科技，45（03）：69-72.

张彪，2019. 麦棉套作边行优势及产量分析 ［J］. 现代农业（04）：40.

张斌，金书秦，2020. 荷兰农业绿色转型经验与政策启示 ［J］. 中国农业资源与区划，41（05）：1-7.

张博，沈万根，2022. 延边地区文化旅游产业与生态农业融合发展路径——以安图万宝镇为例 ［J］. 延边党校学报，38（01）：80-84.

张进财，2021. 政府管理视角下的农业生态化发展困境与对策 ［J］. 农业经济（01）：24-26.

张君媚，周秋慧，田芦明，杨刚，2014. 庆元县"猪—沼—果、牧草—猪"循环农业模式

发展探析 [J]. 现代农业 (08)：40 - 41.

张莉，2022. 贫困山区生态农业产业化发展研究——以湖北省幕阜山片区为例 [J]. 湖北
科技学院学报，42 (01)：34 - 41，51.

张立元，于存洋，2010. 浅谈果园生态养鸡综合技术 [J]. 中国畜禽种业，6 (07)：
138 - 139.

张壬午，计文瑛，徐静，1997. 论生态农业模式设计 [J]. 生态农业研究 (03)：3 - 7.

张秀兰，白根峰，2009. 太行山山地丘陵农业生态环境分析 [J]. 邢台学院学报，24
(02)：84 - 85.

张振明，刘俊国，2011. 生态系统服务价值研究进展 [J]. 环境科学学报，31 (09)：
1835 - 1842.

张中正，赵庆蔚，2021. 我国生态农业产业化发展问题与对策研究 [J]. 农业经济 (08)：
38 - 40.

赵春江，2019. 智慧农业发展现状及战略目标研究 [J]. 智慧农业，1 (01)：1 - 7.

赵杰，杨以哲，安静，王梁，2014. 基于SWOT分析的太行山区农业产业园规划研究——
以河北团山红生态农业园为例 [J]. 天津农业科学，20 (09)：9 - 24，33.

赵其国，段增强，2010. 中国生态高值农业发展模式及其技术体系 [J]. 土壤学报，47
(06)：1249 - 1254.

赵瑜，陈超，胡振琪，2018. 中国西部生态脆弱区生态系统服务价值评估研究进展 [J].
林业经济问题，38 (04)：91 - 97，112.

赵云龙，汪汇源，徐磊磊，侯媛媛，金琰，2020. 海南绿色生态农业发展存在问题及对策
[J]. 安徽农业科学，48 (12)：249 - 251，254.

赵振利，翟晓巧，2020. 泡桐农林复合经营模式及效益评价 [J]. 河南林业科技，40
(04)：6 - 7，15.

郑卫欣，2020. 我国高效生态农业发展的必要性和路径研究 [J]. 农家参谋 (19)：16，25.

智清双，苟兴朝，蒲勇健，2021. 我国生态农业技术的推广及实践 [J]. 南方农业，15
(35)：104 - 106，111.

中农富兴. 农村庭院种植生态农业模式与案例探析 [EB/OL]. [2020 - 10 - 12]. https：//
www. sohu. com/a/424052596_120752328.

钟敏，2017. 土地规模、兼业水平对小麦种植户生产技术效率的影响研究 [D]. 咸阳：西
北农林科技大学.

周晨，李国平，2018. 生态系统服务价值评估方法研究综述——兼论条件价值法理论进展
[J]. 生态经济，34 (12)：207 - 214.

周峰，2019. 运用科技创新助力循环农业绿色发展的可行性策略探究 [J]. 产业科技创新，
1 (4)：25 - 26.

周丽娜，2015. 生态文明视角下河北省太行山区农业与旅游业融合发展研究 [J]. 北京农
业 (32)：165 - 167.

周其淋，2018. "家庭农场＋农民专业合作社" 的经济效益分析 [J]. 云南农业大学学报

（社会科学），12（03）：58-63.

周岩，2019. 艾米农场：美国小型生态农场的样板［J］. 中国农垦（04）：67-68.

周衍平，陈会英，1992. 农业生态经济系统评价指标体系研究［J］. 生态经济（02）：14-20.

周益添，崔绍荣，2005. 生态技术在设施农业中的应用探析［J］. 中国生态农业学报（02）：170-172.

周子元，孙海军，2022. 生态农业理念下我国农业产业创新发展研究［J］. 商业经济（02）：121-124，136.

朱孔来，张华，1991. 生态农业综合效益评价方法的研究［J］. 农业技术经济（02）：62-65.

朱印酒，2017. 我国生态系统服务价值研究进展及问题探析［J］. 环境工程，35（06）：118-121.

邹波，朱婧，2016. 我国生态系统服务价值研究进展及现实问题探析［J］. 北京行政学院学报（03）：95-99.

最农公社. 干货｜想做好农业，这18种农业类型你必须知道！［EB/OL］. https：//www. sohu. com/a/218825774_100069746.

FURRUKH B，2015. Energy consumption and agriculture sector in middle income developing countries：a panel data analysis［J］. *Pakistan Journal of Social Sciences*（35）：479-496.

HOODESL，SLIGHM，BEHARH，et al，2010. From the margins to the mainstream, advancingorganic agricultureintheUS［M］. Pittsboro：Rural Advancement Foundation International.

MOLLISON，B. C.，Holmgren，D，1978. Permaculture 1：A perennial agriculture system for human settlements［M］. Hobart：University of Tasmania.

WORTHINGTONMK，1981. EcologicalAgriculture：Whatitisandhowitworks［J］. *Agriculture and Environment*.

YUE HONGGUANG，QI JIZHONG，ZHAO YONGCHUN，等，1999. 水土保持与生态农业建设［J］. 中国生态农业学报，7（3）：80-81.

后　记

　　生态农业是在生态学、农学、经济学等学科学理集成基础上，采取现代科学技术和管理手段，将农业各生产要素按照最佳的方式科学有效的配置。习近平总书记的"绿水青山就是金山银山""绿色发展、循环发展、低碳发展"等生态文明理念指导着生态农业的发展方向，一改传统农业的高投入、高能耗、高污染、高产出生产模式，以生态、绿色、品质、共享为目标，以期实现生态效益、经济效益和社会效益最大化的高效农业生产方式。近年来，以"石油农业"为主导的河北省太行山区在经济开发、脱贫攻坚过程中，造成水土流失、土地退化、生物多样性锐减、森林和草地生态功能退化等，已经成为制约生态农业高质量发展的主要障碍。河北省太行山区具有独特的政治、经济和区位特点，生态农业高质量发展可以实现河北省太行山区经济、社会、生态全方位协调推进。本书为河北省太行山区生态农业发展从理论和实践层面上积累了经验，研究成果为政府有关部门制定政策提供一定的参考和指导。

　　《河北省太行山区生态农业发展模式与推进机制研究》是在习近平生态文明思想指导下遵循生态文明理念进行的微观探索，顺应了"五位一体""四个全面"战略布局，在历史和现实、理论和实践、国内和国际的交互发展过程中，生态农业作为最基本物质、品质保障走进了人们的生活和视野。生态农业采取学科交叉、产业融合、高新科技、网络营销、现代管理多措并举，集成比较优势、资源禀赋、生态绿色、农业多功能性、智慧农业、品牌溢价、金融扶持、利益分配、生态服务价值等于一体，提出并优化了河北省太行山区生态农业发展模式及推进机制，实现生态效益、经济效益和社会效益帕累托最优。

　　《河北省太行山区生态农业发展模式与推进机制研究》是河北省科技厅

软科学研究专项"河北省太行山区生态农业高质量发展路径与机制创新研究"（项目编号：20557667D）的研究成果。从 2020 年项目立项以来课题组走访了保定市的阜平县、曲阳县、易县、唐县、顺平县、涞水县，邢台市的临城县、内丘县、邢台县，石家庄市的平山县、井陉县，邯郸市的涉县、磁县、峰峰矿区等，获得了大量的一手资料和切实感受。

　　本书从研究设计、起草、撰写，几易其稿，经过与马峙英院士、王慧军教授、孙建设教授、李博文教授、齐国辉教授、庞宏杰工程师等专家充分交流和课题组成员的不懈努力，终于定稿。本书由李辉副教授、刘佳、孙星宇主笔第 1 章、第 10 章，崔永福副教授主笔第 2 章、第 7 章，王涵颖、卢秀茹教授主笔第 3 章、第 4 章，范晓梅副教授、孙祎主笔第 5 章，卢秀茹教授、张建杰主笔第 6 章，李辉副教授、高祥晓博士主笔第 8 章，高策、崔永福副教授主笔第 9 章。卢秀茹教授、李辉副教授进行整体框架的构建、优化、整合、统稿。参与资料收集、数据处理的有王淼、王世玉、孙星宇、王莉珊、保定市农业技术推广工作站杨铮、河北省发展改革委国民经济综合处副处长梁旭等。参与校稿工作的有卢秀茹教授、李辉副教授、崔永福副教授、范晓梅副教授、高祥晓博士、刘佳、王涵颖、孙祎、张建杰、高策等，在此一并表示感谢。本书对河北省太行山区生态农业发展模式及其推进机制进行了研究和分析，仅是阶段性成果，其中一项提案被省级领导批示、两项提案被政府部门决策参考。尽管取得了一定的创新性成果，但受研究水平和能力所限，难免存在一些错误和不足之处，在此恳请同行专家和读者朋友给予批评指正，以便在后续研究过程中加以改进、完善和提高。

　　成稿之际感谢河北省乡村振兴研究中心、河北省"三农"问题研究中心、河北省农业经济发展战略研究基地、河北省软科学项目（20557667D）、河北农业大学现代林业学科群项目（XK1008601519）为本书出版提供的资助！

　　非常感谢国际欧亚科学院马峙英院士，河北省委省政府决策咨询委副主任、农业组组长王慧军教授；感谢河北省政协苏银增副主席对阶段性研究成果的肯定与批示；感谢河北省民盟冯俊生副主委；感谢河北省社科院樊雅丽研究员；感谢河北省科技情报研究院曾少华正高级工程师、王雷鸣工程师；感谢河北工艺美术职业学院霍燃副教授封面设计；感谢河北省民盟、邢台市民盟、保定市民盟领导及相关工作人员对调研的大力支持；感谢河北省内丘县侯家庄乡岗底村党总支书记杨双牛，河北富岗食品有限责任公司总经理杨振宇、副总经理齐兴朝，富岗苹果生产管理中心主任杨双奎、梁国军、安建军、王立敏，岗底村党支部书记杨沣军，河北绿岭果业有限公司董事长高胜福，副总经理王兴国、赵小宁，技术总监陈利英，河北鸣翠洲农业开发有限公司经理李占芳大力支持；感谢保定市文化广电和旅游局耿彦瑞局长、高勇处长；感谢保定市农业农村局党组成员刘建民副局长；感谢我的学生河北省发展改革委国民经济综合处副处长梁旭帮忙搜集资料、传递材料等；感谢有关市、县相关部门给予的支持和帮助；感谢河北农业大学齐国辉教授、李博文教授、财务处李玉霞和霍海伟科长、经管学院赵慧峰教授、宗义湘教授、赵君彦教授、张玲教授、杨海芬教授、刘晓东副教授、宋晓慧副教授、周剑副教授等同事们对该研究的大力支持；感谢课题组成员的辛苦努力以及家属的奉献、理解与支持；感谢所有在本书创作过程中提供大力支持和帮助的有关政府部门领导、朋友、同仁及我的家人，在此一并致谢！

不忘初心、笃定前行、不负韶华、春华秋实终成果，书稿收官，献礼二十大，献礼河北农业大学120周年校庆。欣喜之际仍感责任重大，如何在保留山区生态功能的基础上，更好地发挥山区的自然优势，培育绿色支柱产业，使生态农业且行且远，优化推广区域特色发展模式，为乡村振兴、共同富裕奠定物质、文化、生态、资源、技术、资金、产业、福利基础，为京津冀协同发展、雄安新区千年大计提供和谐、绿色、宜居、宽松软硬环境，实现绿水青山、金山银山协同共荣，全面推广生态农业高质、高效、高端，切实落实生产、生活、生态融合发展仍需继续努力。

卢秀茹

2022年10月　于古城保定

河北农业大学经管学院